한미란의 니트교실
코바늘 뜨기
기초부터 마무리

KNIT DESIGNER 한미란

STEP 1 배우고
▼
STEP 2 혼자 해보고
▼
STEP 3 응용하고

Green Home

CONTENTS

- 책과 동영상을 효과적으로 활용하는 방법   006
- 코바늘 뜨기에 필요한 도구와 사용 방법   008

STEP 01 : 배우고
코바늘 뜨기의 기초부터 마무리

1 코바늘 뜨기의 기본 상식
- 01 코바늘 뜨기의 특징과 활용   010
- 02 코바늘 뜨기에 사용하는 실의 종류와 라벨 보기   011
  - 실의 종류   011
  - 라벨 보기   012
  - TIP. 코바늘의 국가별 규격과 표기   013
- 03 실의 굵기와 알맞은 코바늘의 선택   014
  - 모사용 코바늘   014
  - 레이스용 코바늘   014
  - 점보 코바늘   014

2 코바늘 뜨기의 기호와 뜨는 방법
- 01 실 빼내는 방법   016
- 02 코바늘과 실을 바르게 잡는 방법   016
  - 실 거는 방법   016
  - 바늘 쥐는 방법   016
  - 뜰 때의 손놀림   016
- 03 코바늘 뜨기 기호와 명칭   017
  - TIP. 기둥코에 대한 이해   019
  - TIP. 미완성코   019
- 04 코바늘 뜨기 기법
  - **기본 뜨기**
    - 사슬뜨기   020
    - 짧은뜨기   021
    - 빼뜨기   021
    - 긴뜨기   022
    - 1길긴뜨기   022
    - 2길긴뜨기   023
    - 3길긴뜨기   024
  - 4길긴뜨기   025
  - TIP. 뜨개코의 명칭   026
  - TIP. 코바늘 뜨기 기호의 기본 규칙   026
  - **코줄이기**
    - 짧은뜨기2코 모아뜨기   027
    - 짧은뜨기3코 모아뜨기   027
    - 짧은뜨기3코 모아뜨기(가운데 1코 건너뛰기)   028
    - 긴뜨기2코 모아뜨기   029
    - 긴뜨기3코 모아뜨기   029
    - 1길긴뜨기2코 모아뜨기   030
    - 1길긴뜨기3코 모아뜨기   031
    - 1길긴뜨기4코 모아뜨기   032
    - 1길긴뜨기5코 모아뜨기   033
  - **코늘리기**
    - 짧은뜨기2코 늘려뜨기(1코에서)   034
    - 짧은뜨기2코 늘려뜨기(1코에서, 사이 사슬 1코)   034
    - 짧은뜨기3코 늘려뜨기(1코에서)   035
    - 긴뜨기2코 늘려뜨기(1코에서)   035
    - 긴뜨기2코 늘려뜨기(코 아래 구멍에서)   036
    - 긴뜨기3코 늘려뜨기(1코에서)   037
    - 긴뜨기3코 늘려뜨기(코 아래 구멍에서)   037
    - 1길긴뜨기2코 늘려뜨기(1코에서)   038
    - 1길긴뜨기2코 늘려뜨기(코 아래 구멍에서)   038
    - 1길긴뜨기2코 늘려뜨기(1코에서, 사이 사슬 1코)   039
    - 1길긴뜨기2코 늘려뜨기
      (코 아래 구멍에서, 사이 사슬 1코)   040
    - 1길긴뜨기3코 늘려뜨기(1코에서)   040
    - 1길긴뜨기3코 늘려뜨기(코 아래 구멍에서)   041
    - 1길긴뜨기5코 늘려뜨기(1코에서)=솔잎무늬   042
    - 1길긴뜨기5코 늘려뜨기(코 아래 구멍에서)   043
    - 1길긴뜨기4코 늘려뜨기
      (1코에서, 사이 사슬 1코)=조개무늬   045

- 1길긴뜨기 4코 늘려뜨기
  (코 아래 구멍에서, 사이 사슬 1코)   046
- 피코뜨기   047
- 피코빼뜨기   048
- 1길긴뜨기 피코빼뜨기   049
- 사슬에서의 피코빼뜨기   050
- 이랑뜨기 1(2단마다 이랑이 생기는 경우)   051
- 이랑뜨기 2(단마다 이랑이 생기는 경우)   052
- 긴뜨기 이랑뜨기   053
- 1길긴뜨기 이랑뜨기   054
- 바늘 돌려 짧은뜨기   054
- 되돌려 짧은뜨기   055
- 긴뜨기 3코 구슬뜨기(1코에서)   056
- 긴뜨기 3코 구슬뜨기(코 아래 구멍에서)   057
- 긴뜨기 3코 변형 구슬뜨기(1코에서)   058
- 긴뜨기 3코 변형 구슬뜨기(코 아래 구멍에서)   059
- 1길긴뜨기 3코 방울뜨기(1코에서)   060
- 1길긴뜨기 3코 방울뜨기(코 아래 구멍에서)   061
- 1길긴뜨기 5코 방울뜨기(1코에서)   062
- 1길긴뜨기 5코 방울뜨기(코 아래 구멍에서)   063
- 1길긴뜨기 5코 팝콘뜨기(1코에서)   064

TIP. 팝콘뜨기의 특징   064

- 1길긴뜨기 5코 팝콘뜨기(코 아래 구멍에서)   065
- 짧은뜨기 앞걸어뜨기   066
- 짧은뜨기 뒤걸어뜨기   066
- 긴뜨기 앞걸어뜨기   067
- 긴뜨기 뒤걸어뜨기   067
- 1길긴뜨기 앞걸어뜨기   068

TIP. 걸어뜨기 이해   068

- 1길긴뜨기 뒤걸어뜨기   069
- 1길긴뜨기 앞걸어 교차뜨기(사이 사슬 1코)   070
- 1길긴뜨기 앞걸어 2코늘려뜨기   071
- 1길긴뜨기 앞걸어 2코모아뜨기   072
- 긴뜨기 1코 교차뜨기   073
- 1길긴뜨기 1코 교차뜨기   074
- 1길긴뜨기 1코 교차뜨기(사이 사슬 1코)   075
- 2길긴뜨기 1코 교차뜨기   076
- 1길긴뜨기 3코와 1코 교차뜨기(왼 1코 위)   077
- 1길긴뜨기 1코와 3코 교차뜨기(오른 1코 위)   078
- 1길긴뜨기 X자뜨기   078
- 2길긴뜨기 X자뜨기   080
- Y자뜨기   081
- 역Y자뜨기   082
- 긴뜨기 3코구슬 2코모아뜨기   083
- 1길긴뜨기 3코방울 2코모아뜨기   084

링뜨기

- 짧은 링뜨기   085
- 1길 링뜨기   086
- 칠보뜨기   087
- 감아뜨기   089

3 코바늘 뜨기의 기초

01 왕복으로 뜨는 평뜨기 — 090
- 사슬뜨기로 시작코 뜨기 — 090
- 사슬의 겉과 안 — 091
- TIP. 사슬뜨기로 시작코를 뜰 때 주의할 점 — 091
- 사슬에서 코를 줍는 방법 — 092
- TIP. 시작코가 남을 경우 — 092
- 짧은뜨기 평뜨기 — 093
- 1길긴뜨기 평뜨기 — 094
- TIP. 시작코와 끝코 찾기 — 095
- 배색뜨기 — 096
- 꿰매기 — 097

02 겉면만 보며 한 방향으로 뜨는 환편뜨기 — 099
- 모티브 도안 읽기 — 099
- 모티브 시작코 만들기 — 099
- 환편뜨기의 끝마무리 — 101
- 모티브 뜨기 — 102
- 모티브 연결하기 — 103

03 마무리단(테두리) 뜨기 — 109
- 코줍기 — 109
- 바깥쪽 모서리 뜨기 — 111
- 안쪽 모서리 뜨기 — 112
- 바깥쪽 곡선단 뜨기 — 112
- 안쪽 곡선단 뜨기 — 113
- 단춧구멍과 단춧고리 만들기 — 113
- 단추 달기 — 115
- 뜨다가 중간에 실 잇기 — 116
- 마무리와 실 정리 — 116
- 완성품 모양 다듬기 — 118

STEP 02 : 혼자 해보고
혼자서 원피스 완성하기

1 치수재기 — 120

2 표준 의복 사이즈
- 01 신체 사이즈의 활용 — 122
- 02 아동복의 연령별 표준 의복 사이즈 — 122
- 03 남성복의 표준 의복 사이즈(기성복의 니트스웨터 기준) — 123
- 04 여성복의 표준 의복 사이즈(기성복의 니트스웨터 기준) — 123

3 게이지(Gauge)
- 01 코바늘 뜨기의 게이지 — 124
- 02 코바늘 뜨기의 게이지 측정 — 124
  - 코가 규칙적으로 나열되는 조직 — 124
  - 다양한 무늬의 복잡한 조직 — 125
  - 모티브로 연결된 조직 — 125
- 03 게이지 계산과 도안 그리기 — 126
  - 게이지 계산 — 126
  - 사선 도안 그리기(원피스 옆선의 사선 줄임) — 127
  - 곡선 도안 그리기(진동과 목선) — 128
  - 모티브 자르기 — 143

4 혼자서 원피스 뜨기
- **뒤판** — 147
  - ❶ 시작 — 147
  - ❷ 옆선 — 147
  - ❸ 뒤판 진동 — 149
  - ❹ 뒤트임과 왼쪽 어깨 — 149
  - ❺ 뒤트임과 오른쪽 어깨 — 149
- **앞판** — 151
  - ❶ 시작과 옆선 — 151
  - ❷ 앞판 진동 — 151
  - ❸ 앞목과 왼쪽 어깨 — 151
  - ❹ 앞목과 오른쪽 어깨 — 152

마무리	153
❶ 옆선과 어깨선 잇기	153
❷ 진동둘레 마무리단	153
❸ 목둘레 마무리단	153
❹ 밑단 마무리단	153
모티브 뜨기와 연결하기	153
❶ 1번째 모티브 뜨기와 연결하기	153
❷ 2번째~9번째 모티브 뜨기와 연결하기	154
❸ 10번째(마지막) 모티브 뜨기와 연결하기	154

STEP 03 : 응용하고
다양하게 응용하는 코바늘 패턴과 장식

1 한국 사람이 즐겨 쓰는 코바늘 무늬	
■ 코바늘 패턴 1~30	156
2 한국 사람이 즐겨 쓰는 모티브	
■ 작은 모티브 1~10	186
■ 큰 모티브 1~10	196
3 한국 사람이 즐겨 쓰는 코사지와 모양	
■ 꽃 1~10	216
■ 잎 1~9	221
■ 하트 1~2	224
■ 별 1~2	224
■ 나비 1~2	225
■ 포도송이	225
4 한국 사람이 즐겨 쓰는 마무리 장식	
■ 좁은 끝단 무늬 1~10	226
■ 넓은 끝단 무늬 1~10	228
■ 러플(ruffle) 장식단 1~10	233
■ 프린지(fringe) 장식단 1~5	239
■ 좁은 브레이드(braid) 1~5	241
■ 넓은 브레이드(braid) 1~5	244
5 다양하게 활용하는 여러 가지 장식	
01 끈 만들기	
빼뜨기로 만드는 끈	247
이중 사슬뜨기로 만드는 끈	247
실을 걸어 사슬뜨기로 만드는 끈	248
새우코드뜨기로 만드는 끈	249
매듭으로 만드는 끈	250
끈뜨기로 만드는 매듭단추와 장식	251
02 방울 뜨기	252
03 방울 만들기	253
방울틀이 있을 때	253
방울틀이 없을 때	253
04 술 만들기	254
6 니트의 생활 상식	255
7 편물 자격 제도와 시험	256
8 뜨개로 함께하는 사랑 나누기	257

YouTube의 저자 동영상 강의

PART1 코바늘 뜨기의 기법
① 짧은뜨기 평뜨기
② 1길긴뜨기 평뜨기
③ 짧은뜨기 원형뜨기
④ 1길긴뜨기 원형뜨기
⑤ 사각형 모티브 뜨기
⑥ 코사지 뜨기 1
⑦ 코사지 뜨기 2

PART2 혼자서 원피스 완성하기
① 옆선
② 뒤판 진동
③ 뒤트임과 어깨기울기
④ 앞판 진동
⑤ 앞목과 어깨기울기
⑥ 꿰매기와 잇기
⑦ 마무리단
⑧ 모티브 연결하기
⑨ 밑단 모티브의 마무리

책과 동영상을 효과적으로 활용하는 방법

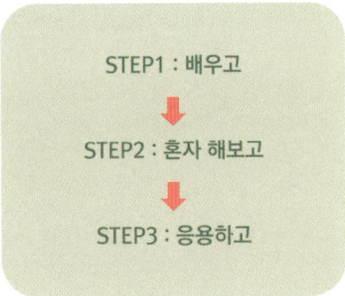

각 단계에서 최소한 익혀야 할 내용을 정리해 보았다.

STEP1 : 배우고

기초부터 마무리까지 코바늘의 모든 뜨기 기법을 배우는 단계이다.
80여 가지의 코바늘 뜨기 기법이 편물의 마무리 과정 등 필요한 기본기를 익힌다.

- 책 〈코바늘 뜨기의 기호와 명칭〉을 익히고 〈코바늘 뜨기 기법〉을 연습한 다음
  꿰매고, 잇고, 테두리 단을 뜨는 편물의 마무리 과정을 연습한다.
- YouTube 「한미란의 니트교실」에서 〈PART 1_코바늘 뜨기의 기법〉을 보면서 코바늘 뜨기의 기본 조직인 평뜨기, 원형뜨기,
  모티브 뜨기 등의 기본 뜨기 방법을 연습한다.

STEP2 : 혼자 해보고

전문가의 도움 없이 STEP1에서 배운 코바늘 뜨기의 기법을 이용하여 원피스를 혼자서 직접 떠보는 과정이다.
혼자 게이지를 계산하고, 원하는 치수에 맞춰 도안을 그리고, 도안을 읽으면서 직접 떠봄으로써 기법을 완벽하게 연습한다.

- 책 원피스를 처음부터 끝까지 마무리할 수 있도록 뜨는 전 과정을 순서대로 나열하였다.
  〈게이지 계산〉과 〈도안 그리는 방법〉 등의 내용을 하나하나씩 짚어가면서
  동시에 동영상 〈혼자서 원피스 완성하기〉를 함께 본다면 앞에서 배운 이론을 보다 완벽하게 익힐 수 있다.
- YouTube 「한미란의 니트교실」에서 〈PART 2_혼자서 원피스 완성하기〉를 보면서 원피스의 옆선, 뒤판 진동, 뒤트임과 어깨기울기,
  앞판 진동, 앞목과 어깨기울기, 꿰매기와 잇기, 마무리단, 모티브 연결하기, 밑단 모티브의 마무리까지
  원피스를 뜨는 전 과정을 책과 함께 따라하면서 연습한다.

STEP3 : 응용하고

지금까지 배우고 익힌 것을 다양하게 응용하는 과정이다.
한국 사람이 좋아하는 30가지의 패턴과 20가지의 모티브, 19가지의 코사지, 45가지의 장식단, 끈과 매듭 장식 만드는 방법 등
120여 가지의 무늬, 패턴, 모티브, 장식 기법을 알려준다. 니트, 패션 소품, 인테리어 소품 등에 다양하게 응용한다.

- 책 〈코바늘 패턴〉과 〈모티브〉, 〈장식단〉 등의 도안을 응용하면 스스로 작품을 디자인할 수 있다.
- YouTube 「한미란의 니트교실」에서 〈PART 1_코바늘 뜨기의 기법〉에서 〈코사지 뜨기〉의 기법을 따라 배운다.
  머플러나 숄 등의 패션 소품에 다양하게 응용할 수 있다.

STEP 01 : 배우고

코바늘 뜨기의
기초부터 마무리

코바늘 뜨기에 필요한 도구와 사용 방법

코바늘
끝이 갈고리 모양으로 된 바늘.
금속이나 경금속, 뿔, 플라스틱,
대나무로 만든 것 등이 있으며,
금속제를 가장 많이 사용한다.
실의 굵기에 따라서는 크게
모사용과 레이스용으로 나눈다.
'모사용 코바늘'은 1~10호까지
있고 호수가 클수록 바늘이
굵은데, 10/0호보다 굵은 바늘은
mm로 굵기를 표시하며
'점보 코바늘'이라고 한다.
2/0보다 가는 바늘은
'레이스용 코바늘'이라 하고
0~14호까지 있으며,
호수가 클수록 바늘이 가늘다.
모양은 대부분 한쪽만 갈고리
모양으로 되어 있으나 양쪽이
각각 다른 호수의 갈고리로
되어 있는 코바늘도 있다.
편물의 크기가 크거나
굵고 뻣뻣한 실을 사용하는 경우,
한쪽만 갈고리 모양으로 되어 있고
다른 한쪽에는 손잡이가 달린
코바늘을 사용하는 것이
손의 피로가 덜해서 좋다.

모사용 코바늘

점보 코바늘

레이스용 코바늘

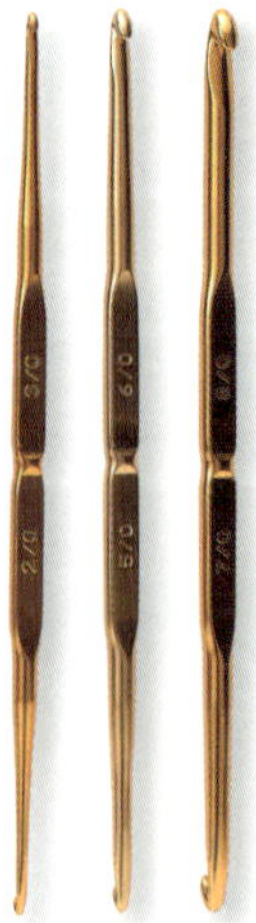

양쪽 코바늘

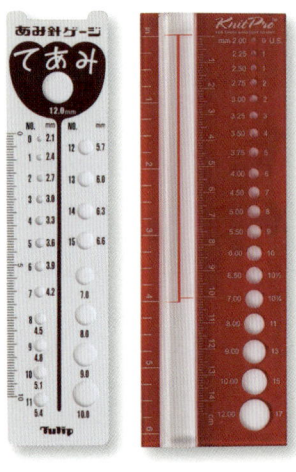

게이지 자
가로, 세로 10cm 안의 단수와 콧수를
한 번에 셀 수 있는 편리한 도구.
게이지를 낼 때 편물 위에 올려놓고
단수와 콧수를 센다.

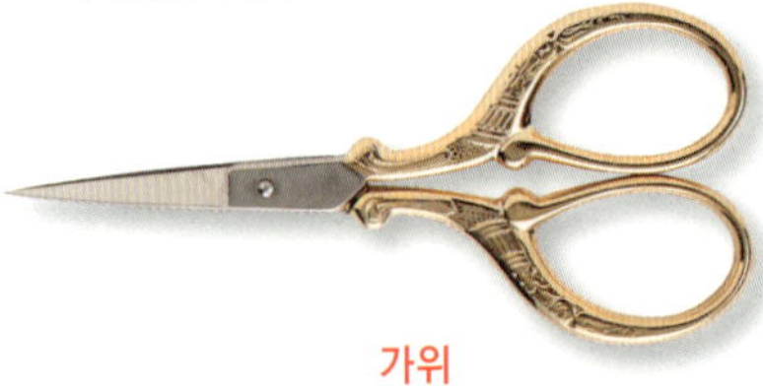

가위
주로 실을 자르는 데 사용하므로
크기가 작은 것이 편리하다.

줄자
몸의 치수를 재거나
편물의 길이를 잴 때 사용한다.

방울틀
털실로 방울을 만들 때 사용하는 도구로
원하는 방울의 크기에 따라 사이즈를 선택할
수 있다. 방울틀을 사용하지 않았을 때보다
실의 낭비를 줄일 수 있어 실용적이다.

단수 콧수 표시링
뜨개질하는 동안 단과 코를 표시하는 데 필요한 도구. 중요한 부분마다 걸어두면 일일이 단수와 콧수를 세지 않아도 되므로 편리하다.

돗바늘(사이즈별)
편물의 솔기를 잇거나 꿰맬 때, 코의 마지막 마무리를 할 때 쓰인다. 일반 바늘보다 바늘귀가 커서 실을 끼우기 쉬우며, 바늘 끝이 둥그스름한 것이 사용하기 좋다. 중세사나 보통 굵기의 실에는 15번을 가장 많이 사용하고, 여름용 실에는 바늘 굵기가 가는 20번을 주로 사용한다.

뜨개용 시침핀
바늘 끝이 둥글게 되어 있는 뜨개용 시침핀. 편물의 솔기나 소매 등을 붙일 때 사용한다.

배색용 보빈
여러 가지 색으로 배색할 때 배색실을 감아 놓고 사용하면 편리하다.

SKILL STUDY 1 코바늘 뜨기의 기본 상식

01. 코바늘 뜨기의 특징과 활용

코바늘 뜨기는 코바늘을 사용하여 코를 가로로 연결해가면서 뜨는 것으로 핸드 크로셰팅(hand crocheting)이라고 한다. 가장 큰 특징은 대바늘 뜨기와 달리 짜임새에 변화가 많으며, 바늘 1개로 간단히 뜰 수 있다는 점이다. 대바늘 뜨기의 조직에 비해 신축성이 적고 조직이 두껍다. 성긴 조직의 니트를 뜨기에 좋고, 입체적인 여러 다양한 모양을 표현하기 쉬워서 모자, 가방, 인테리어 소품 등으로 활용도가 높다.

코바늘 뜨기의 기호들은 모두 상형문자 같고 실제의 떠진 모양과 기호의 형태가 비슷해서 정해진 기호만 알아보면 뜨기는 쉽다. 도안에 시작하는 코부터 마지막 끝나는 코까지 모두 표기가 되어 있어서 표기 기호를 그대로 따라서 뜨기만 하면 된다. 뜨는 방법에는 대바늘 뜨기처럼 곡선이나 직선의 형태를 만들어가면서 뜨는 방법과 모티브를 떠서 이어 붙여 만드는 방법이 있다.

그 밖에 대바늘로 뜬 조직의 끝단을 마무리하거나, 기성품에 코사지나 브레이드를 떠서 장식 효과를 높이는 데도 많이 사용된다.

01 모티브를 연결하여 뜬 풀오버
02 대바늘 조직의 끝단을 코바늘로 장식
03 브레이드를 떠서 칼라를 장식
04 코사지를 떠서 스카프를 장식
05 곡선이나 직선의 형태를 만들면서 뜬 민소매 셔츠

02. 코바늘 뜨기에 사용하는 실의 종류와 라벨 보기

실의 종류

코바늘 뜨기는 모든 뜨개실을 사용할 수 있다. 다만 계절에 따라 만들고자 하는 아이템의 특성에 따라 실의 선택이 달라진다. 일반적으로 코바늘 뜨기에는 꼬임이 많은 실을 사용한다. 꼬임이 적은 실은 뜨면서 실 가닥이 빠져나와 모양이 깔끔하지 않고 형태도 안정감이 덜하다. 인테리어 소품에는 세탁하기 쉽고, 세탁 후 강도가 떨어지지 않는 면사나 마사를 주로 사용한다. 옷이나 패션 소품에는 모사와 면사 모두 많이 사용하는데 모사는 겨울에, 면사는 여름에 주로 사용한다. 레이스를 뜰 때는 가는 전용 면사를 사용한다.

리넨사
마 소재의 일종으로 내추럴한 발색과 부드러운 촉감이 특징. 여름용 의류와 소품에 주로 사용한다.

모사
보온성과 촉감이 좋아 따뜻한 느낌을 준다. 겨울용 의류와 소품에 주로 사용한다.

면사
흡수성이 뛰어나고 촉감이 부드러우며 시원한 느낌을 준다. 여름용 의류에 주로 사용한다.

모헤어
모사의 일종으로 가볍고 털이 많아 따뜻하고 푹신한 느낌을 준다. 겨울용 의류와 소품에 주로 사용한다.

가는 면사
가늘고 작은 무늬, 섬세한 무늬를 뜨기에 좋다. 레이스 액세서리와 테이블 깔개를 뜰 때 주로 사용한다.

굵은 면사
매트나 방석 같은 인테리어 소품에 많이 사용하며, 18합, 24합이 주로 쓰인다.

마사
거칠고 내추럴한 느낌이 특징. 여름용 소품에 주로 사용한다.

라벨 보기

뜨개실의 라벨에는 실의 성분, 특수가공법(방충가공·방축가공·머서라이징 등), 세탁 방법, 포장 단위, 원산지, 제조회사, 실의 이름, 색상번호와 염색번호 등 니트를 만들 때 필요한 중요한 정보들이 많이 들어 있으므로 라벨을 잘 읽어두면 큰 도움이 된다. 특히 표준게이지와 바늘의 굵기는 바늘을 선택하는 기준이 되므로 세심하게 보아야 한다. 사용하던 실을 추가로 구입할 경우를 위해 라벨을 보관해두는 것이 좋다.

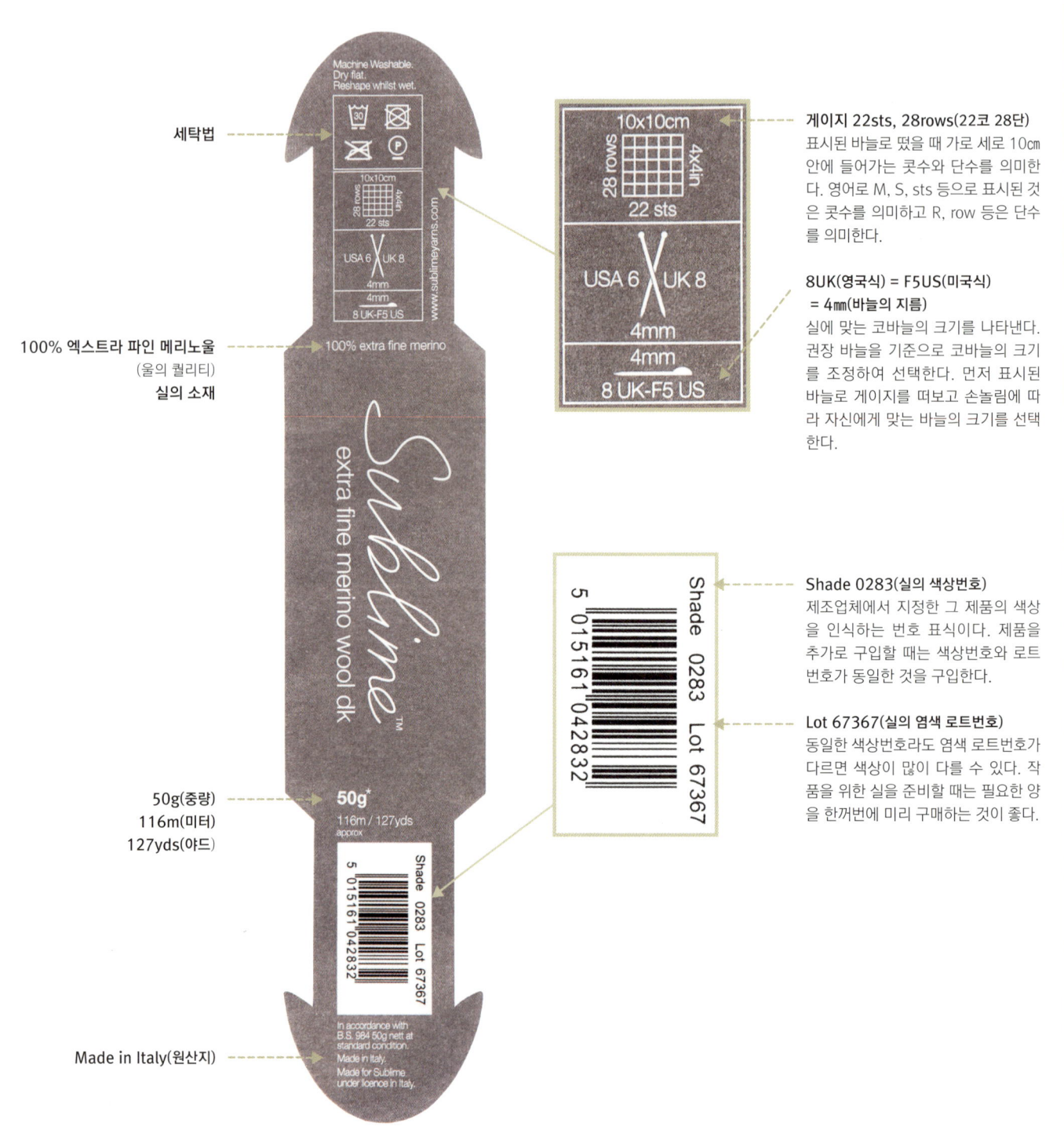

세탁법

100% 엑스트라 파인 메리노울
(울의 퀄리티)
실의 소재

50g(중량)
116m(미터)
127yds(야드)

Made in Italy(원산지)

게이지 22sts, 28rows(22코 28단)
표시된 바늘로 떴을 때 가로 세로 10cm 안에 들어가는 콧수와 단수를 의미한다. 영어로 M, S, sts 등으로 표시된 것은 콧수를 의미하고 R, row 등은 단수를 의미한다.

8UK(영국식) = F5US(미국식) = 4mm(바늘의 지름)
실에 맞는 코바늘의 크기를 나타낸다. 권장 바늘을 기준으로 코바늘의 크기를 조정하여 선택한다. 먼저 표시된 바늘로 게이지를 떠보고 손놀림에 따라 자신에게 맞는 바늘의 크기를 선택한다.

Shade 0283(실의 색상번호)
제조업체에서 지정한 그 제품의 색상을 인식하는 번호 표식이다. 제품을 추가로 구입할 때는 색상번호와 로트번호가 동일한 것을 구입한다.

Lot 67367(실의 염색 로트번호)
동일한 색상번호라도 염색 로트번호가 다르면 색상이 많이 다를 수 있다. 작품을 위한 실을 준비할 때는 필요한 양을 한꺼번에 미리 구매하는 것이 좋다.

TIP 코바늘의 국가별 규격과 표기

용도	바늘의 지름	한국·일본	미국	영국
레이스용	1.75㎜	NO 0	US 6	-
	1.60㎜	NO 1	US 7	UK 4
	1.50㎜	NO 2	US 8	UK 4½
	1.40㎜	-	US 9	UK 5
	1.30㎜	NO 3	US 10	UK 5½
	1.25㎜	NO 4	-	-
	1.10㎜	NO 5	US 11	UK 6
	1.00㎜	NO 6	US 12	UK 6½
	0.95㎜	NO 7	-	-
	0.90㎜	NO 8	-	-
	0.85㎜	NO 9	US 13	UK 7
	0.75㎜	NO 10	US 14	-
	0.70㎜	NO 11	-	-
	0.60㎜	NO 12	US 16	-
	0.55㎜	NO 13	-	-
	0.50㎜	NO 14	US 18	-
모사용	1.80㎜	1/0	-	-
	2.00㎜	2/0	US AB	UK 14
	2.20㎜	3/0	US B/1	UK 13
	2.50㎜	4/0	US BC	UK 12
	2.75㎜	-	US C/2	UK 11
	3.00㎜	5/0	US CD	-
	3.25㎜	-	US D/3	UK 10
	3.50㎜	6/0	US E/4	UK 9
	3.75㎜	-	US F/5	-
	4.00㎜	7/0	US G/6	UK 8
	4.50㎜	7.5/0	US 7	UK 7
	5.00㎜	8/0	US H/8	UK 6
	5.50㎜	9/0	US I/9	UK 5
	6.00㎜	10/0	US J/10	UK 4
	6.50㎜	-	US K/10.5	UK 3

03. 실의 굵기와 알맞은 코바늘의 선택

코바늘은 크게 3가지로 나눌 수 있다. 일반적으로 많이 쓰는 모사용 코바늘, 얇은 레이스를 뜰 때 사용하는 레이스용 코바늘, 그리고 7mm 이상의 굵은 점보 코바늘이다. 모사용 코바늘은 2/0호에서 10/0호까지 있고, 호수가 커질수록 바늘이 굵어진다. 10/0호 코바늘의 굵기는 6.0mm이고, 이보다 굵은 코바늘은 점보 코바늘이라 하며 mm(바늘의 지름)로 굵기를 나타낸다. 레이스용 코바늘은 0호에서 14호까지 있고, 호수가 커질수록 바늘이 가늘어진다.

모사용 (실제 크기)

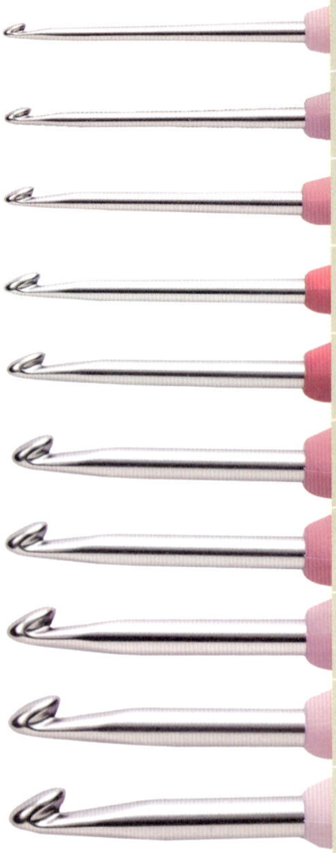

코바늘 호수	실					실의 굵기(실제 굵기)
2/0호 (2.0mm)	극세사 1~2줄로 뜨기		중세사 1줄로 뜨기			
3/0호 (2.2mm)						극세사
4/0호 (2.5mm)		합세사 2줄로 뜨기		합태사 1줄로 뜨기		합세사
5/0호 (3.0mm)	극세사 2줄로 뜨기		중세사 1~2줄로 뜨기			중세사
6/0호 (3.5mm)						합태사
7/0호 (4.0mm)				병태사 1줄로 뜨기		
7.5/0호 (4.5mm)			중세사 2줄로 뜨기			병태사
8/0호 (5.0mm)					극태사 1줄로 뜨기	극태사
9/0호 (5.5mm)				병태사 1~2줄로 뜨기		
10/0호 (6.0mm)						초극태사

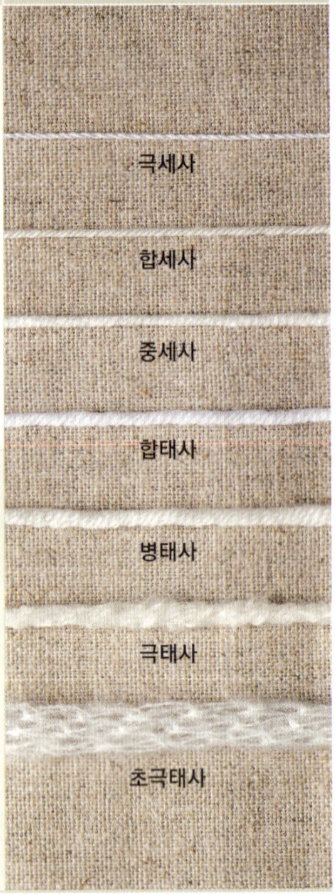

레이스용 (실제 크기)

0호(1.75mm)
2호(1.50mm)
4호(1.25mm)
6호(1.00mm)
8호(0.90mm)
10호(0.75mm)
12호(0.60mm)
14호(0.50mm)

점보 코바늘 (실제 크기)

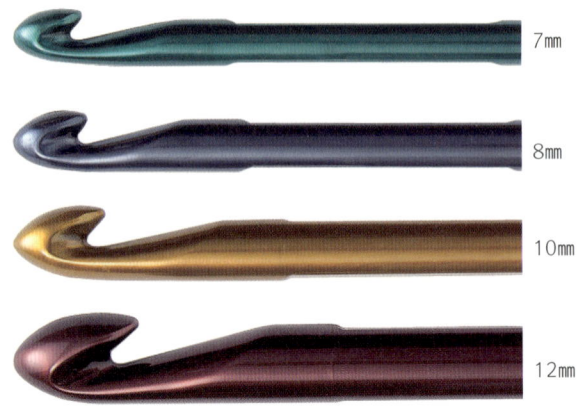

7mm
8mm
10mm
12mm

2 코바늘 뜨기의 기호와 뜨는 방법

01. 실 빼내는 방법

실타래의 안쪽에서 실 끝을 찾아내 바깥쪽으로 당긴다. 바깥쪽의 실 끝을 사용하면 뜨개질을 하는 내내 실타래가 굴러다녀서 불편하다. 단, 여름용 면사나 가는 레이스용 실처럼 안에 딱딱한 종이심이 들어 있는 경우에는 바깥쪽 실 끝을 사용한다. 이때 실을 비닐봉투 안에 넣어서 사용하면 실이 엉키거나 굴러다니면서 더러워지는 것을 막을 수 있다.

실타래의 가운데에 손가락을 넣어 실 끝을 찾는다.

딱딱한 종이심이 있는 실타래는 겉에서부터 풀어 쓴다.

02. 코바늘과 실을 바르게 잡는 방법

실 거는 방법

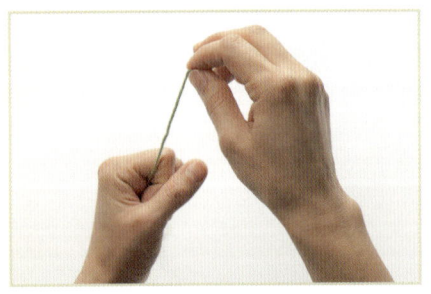

01 오른손으로 실 끝자락을 잡고, 왼손으로 실을 움켜 잡는다.

02 엄지와 검지를 펴서 검지에 실을 감고, 엄지와 중지로 실 끝을 잡는다.

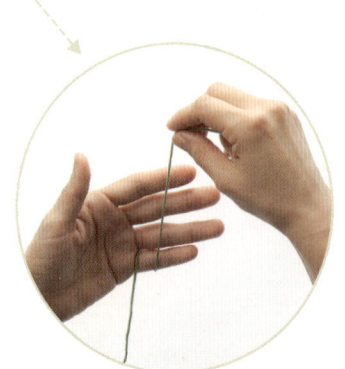

실이 가늘거나 헐거울 때는 새끼손가락에 실을 한 번 감은 다음 실을 건다.

코바늘 쥐는 방법

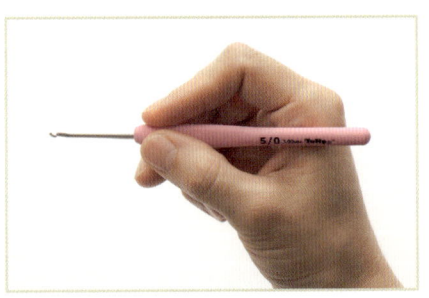

연필을 쥐는 것과 같은 방법으로 쥐는데, 바늘 끝의 갈고리가 아래로 향하게 잡는다.

뜰 때의 손놀림

엄지와 중지로 바늘 아래에 떠진 부분을 잡고, 바늘을 위로 들어 올리듯이 코를 빼낸다.

03. 코바늘 뜨기 기호와 명칭

기호	명칭	쪽수	기호	명칭	쪽수
◯	사슬뜨기	20	V	긴뜨기2코 늘려뜨기 1코에서	35
+(×)	짧은뜨기	21	V	긴뜨기2코 늘려뜨기 코 아래 구멍에서	36
●	빼뜨기	21	W	긴뜨기3코 늘려뜨기 1코에서	37
T	긴뜨기	22	W	긴뜨기3코 늘려뜨기 코 아래 구멍에서	37
ꜛ	1길긴뜨기	22	V	1길긴뜨기2코 늘려뜨기 1코에서	38
ꜛ	2길긴뜨기	23	V	1길긴뜨기2코 늘려뜨기 코 아래 구멍에서	38
ꜛ	3길긴뜨기	24	V	1길긴뜨기2코 늘려뜨기 1코에서, 사이 사슬 1코	39
ꜛ	4길긴뜨기	25	V	1길긴뜨기2코 늘려뜨기 코 아래 구멍에서, 사이 사슬 1코	40
⋀	짧은뜨기2코 모아뜨기	27	W	1길긴뜨기3코 늘려뜨기 1코에서	40
⋀	짧은뜨기3코 모아뜨기	27	W	1길긴뜨기3코 늘려뜨기 코 아래 구멍에서	41
⋀	짧은뜨기3코 모아뜨기 가운데 1코 건너뛰기	28	₩	1길긴뜨기5코 늘려뜨기(솔잎무늬) 1코에서	42
⋀	긴뜨기2코 모아뜨기	29	₩	1길긴뜨기5코 늘려뜨기 코 아래 구멍에서	43
⋀	긴뜨기3코 모아뜨기	29	₩	1길긴뜨기4코 늘려뜨기(조개무늬) 1코에서, 사이 사슬 1코	45
⋀	1길긴뜨기2코 모아뜨기	30	₩	1길긴뜨기4코 늘려뜨기 코 아래 구멍에서, 사이 사슬 1코	46
⋀	1길긴뜨기3코 모아뜨기	31	⦰	피코뜨기	47
⋀	1길긴뜨기4코 모아뜨기	32	⦰	피코빼뜨기	48
⋀	1길긴뜨기5코 모아뜨기	33	⦰	1길긴뜨기 피코빼뜨기	49
V	짧은뜨기2코 늘려뜨기 1코에서	34	⦰	사슬에서의 피코빼뜨기	50
V	짧은뜨기2코 늘려뜨기 1코에서, 사이 사슬 1코	34	±	이랑뜨기1 2단마다 이랑이 생기는 경우	51
V	짧은뜨기3코 늘려뜨기 1코에서	35	±	이랑뜨기2 단마다 이랑이 생기는 경우	52

기호	명칭	쪽수	기호	명칭	쪽수
T	긴뜨기 이랑뜨기	53		1길긴뜨기 앞걸어 교차뜨기 사이 사슬 1코	70
T	1길긴뜨기 이랑뜨기	54		1길긴뜨기 앞걸어 2코늘려뜨기	71
	바늘 돌려 짧은뜨기	54		1길긴뜨기 앞걸어 2코모아뜨기	72
	되돌려 짧은뜨기	55	X	긴뜨기1코 교차뜨기	73
	긴뜨기3코 구슬뜨기 1코에서	56	X	1길긴뜨기1코 교차뜨기	74
	긴뜨기3코 구슬뜨기 코 아래 구멍에서	57		1길긴뜨기1코 교차뜨기 사이 사슬 1코	75
	긴뜨기3코 변형 구슬뜨기 1코에서	58		2길긴뜨기1코 교차뜨기	76
	긴뜨기3코 변형 구슬뜨기 코 아래 구멍에서	59		1길긴뜨기 3코와 1코 교차뜨기 오른 1코 위	77
	1길긴뜨기3코 방울뜨기 1코에서	60		1길긴뜨기 1코와 3코 교차뜨기 왼 1코 위	78
	1길긴뜨기3코 방울뜨기 코 아래 구멍에서	61		1길긴뜨기 X자뜨기	78
	1길긴뜨기5코 방울뜨기 1코에서	62		2길긴뜨기 X자뜨기	80
	1길긴뜨기5코 방울뜨기 코 아래 구멍에서	63		Y자뜨기	81
	1길긴뜨기5코 팝콘뜨기 1코에서	64		역Y자뜨기	82
	1길긴뜨기5코 팝콘뜨기 코 아래 구멍에서	65		긴뜨기3코구슬 2코모아뜨기	83
	짧은뜨기 앞걸어뜨기	66		1길긴뜨기3코방울 2코모아뜨기	84
	짧은뜨기 뒤걸어뜨기	66		짧은 링뜨기	85
	긴뜨기 앞걸어뜨기	67		1길 링뜨기	86
	긴뜨기 뒤걸어뜨기	67		칠보뜨기	87
	1길긴뜨기 앞걸어뜨기	68		감아뜨기	88
	1길긴뜨기 뒤걸어뜨기	69			

TIP 기둥코에 대한 이해

대바늘 뜨기는 일정한 크기의 코와 단의 반복으로 이루어진다. 이와 달리 코바늘 뜨기는 코의 크기는 일정하지만 뜨는 방법에 따라 단의 높이가 달라진다. 빼뜨기를 제외한 다른 코들은 모두 일정한 높이를 가지고 있고, 이 높이로 코를 구분한다. 단이 시작되는 부분은 처음부터 높은 코를 뜨기가 어렵기 때문에 먼저 필요한 높이만큼 사슬코를 뜨는데, 이 사슬코를 '기둥코'라고 한다. 짧은뜨기를 제외한 나머지 기둥코들은 모두 1코의 기능을 한다.

코바늘 도안에서 진동이나 목선같이 좌우 대칭의 곡선일 경우 오른쪽이나 왼쪽의 한쪽 도안만 보여줄 때가 많다. 이때는 주어진 한쪽 도안을 보고 반대편의 기둥코를 유추하여 떠야 한다. 코바늘이 어렵다고 느끼는 이유 중 대부분이 이렇게 도안을 유추하는 과정이 익숙하지 않기 때문인데, 반복해서 연습하면 곧 익숙해진다.

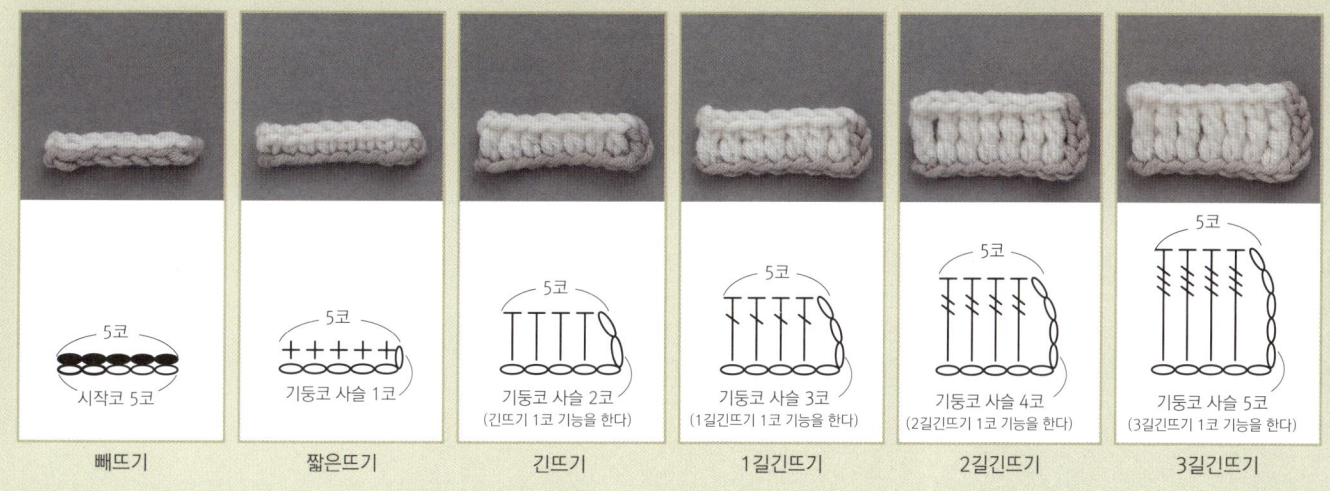

TIP 미완성코

뜨개코를 뜨는 동작에서 마지막 고리를 빼내기 직전의 상태, 즉 바늘에 고리가 남아 있는 상태를 '미완성코'라고 한다. 코를 줄이거나 구슬뜨기를 뜰 때 사용한다. 또, 색을 바꾸거나 실을 새로 연결할 때도 미완성코 상태에서 하면 뜨개 조직이 더 깔끔하다.

짧은뜨기 미완성코

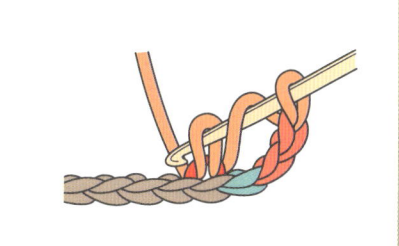
긴뜨기 미완성코

1길긴뜨기 미완성코

04. 코바늘 뜨기 기법 | 기본 뜨기

사슬뜨기

PART1 - ① 짧은뜨기 평뜨기

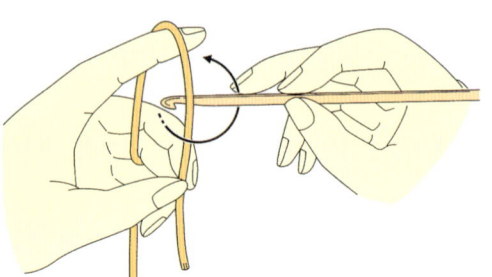

01 코바늘을 실의 뒤에 대고 화살표 방향으로 한 바퀴 돌려 감는다.

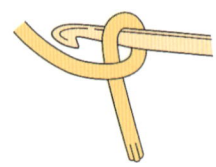

02 코바늘에 실을 감은 모습.

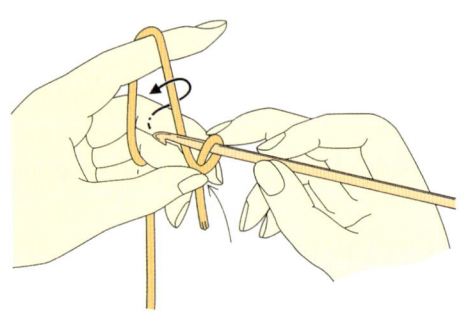

03 화살표 방향으로 코바늘을 돌려서 실을 건다.

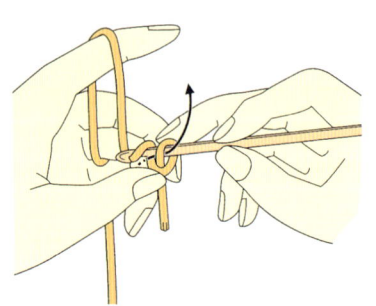

04 실을 빼낸다.

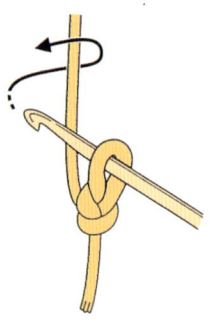

05 화살표 방향으로 코바늘을 돌려서 실을 건다.

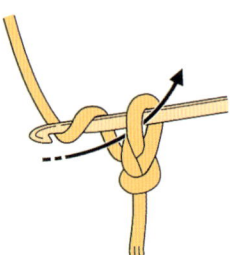

06 코바늘에 걸린 코 사이로 실을 빼면 사슬 1코가 떠진다.

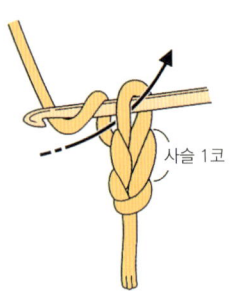

07 실을 걸어 코바늘에 걸린 코 사이로 빼내면 2번째 사슬코가 만들어진다.

짧은뜨기 +(X)

PART1 - ① 짧은뜨기 평뜨기

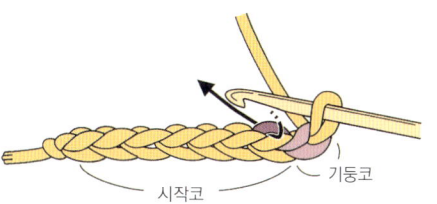

01 기둥코인 사슬 1코를 뜬 다음 그림처럼 사슬코의 뒷산에 코바늘을 넣는다.

02 코바늘에 뒤에서 앞으로 실을 걸어 사슬 1코 높이로 빼낸다.

03 다시 한 번 코바늘에 실을 걸어 바늘에 걸려 있는 2개의 고리를 한꺼번에 빼낸다.

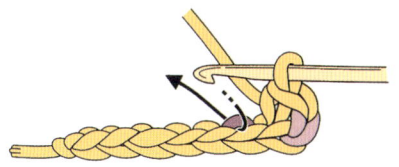

04 짧은뜨기 완성. 01~03을 반복한다.

빼뜨기

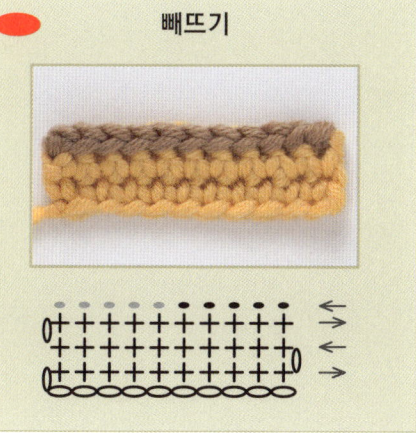

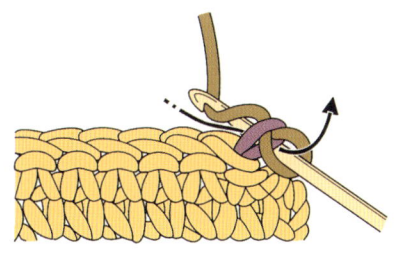

01 실을 코바늘 뒤에 놓고, 그림처럼 아랫단의 첫코에 바늘을 넣는다.

02 코바늘에 실을 걸어 화살표 방향으로 빼낸다.

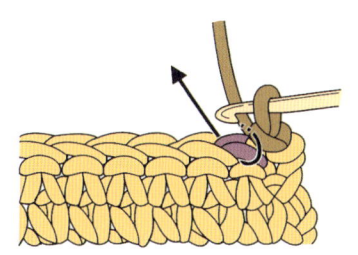

03 2째코도 화살표 방향으로 코바늘을 넣고, 실을 걸어 빼낸다.

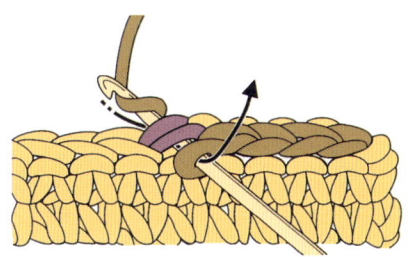

04 03을 반복한다.

긴뜨기

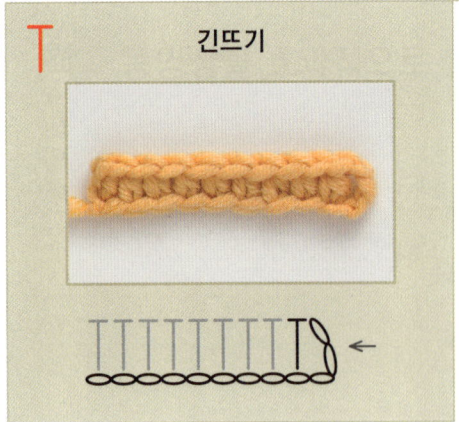

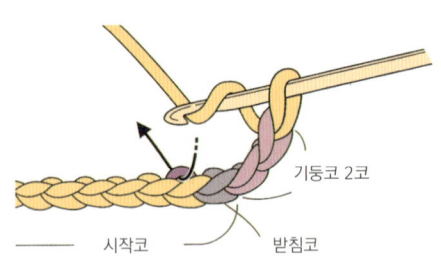

01 기둥코인 사슬 2코를 뜬 다음 코바늘에 실을 걸어 바늘에 걸려 있는 코에서 4번째 사슬코의 뒷산에 그림처럼 코바늘을 넣는다. 기둥코가 1코의 기능을 한다.

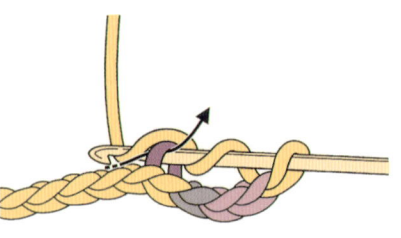

02 코바늘에 실을 걸어서 화살표 방향으로 빼낸다.

03 실을 사슬 2코 높이로 빼낸다.

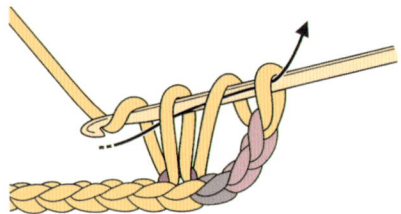

04 다시 한 번 코바늘에 실을 걸어 그림처럼 바늘에 걸려 있는 3개의 고리를 한꺼번에 빼낸다.

05 긴뜨기 완성.

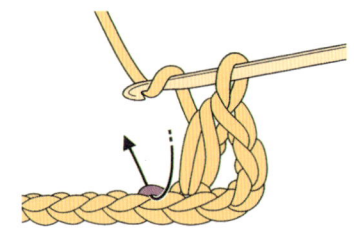

06 다음 코도 코바늘에 실을 걸고 사슬코의 뒷산에 화살표 방향으로 넣어서 긴뜨기를 뜬다.

1길긴뜨기

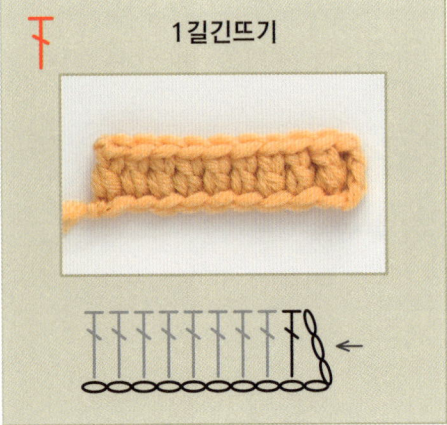

▶ PART1 - ②1길긴뜨기 평뜨기

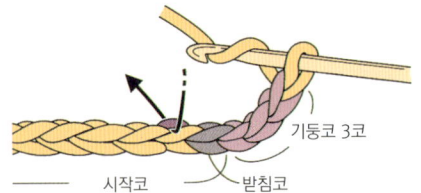

01 기둥코인 사슬 3코를 뜬 다음 코바늘에 실을 걸고, 바늘에 걸려 있는 코에서 5번째 사슬코의 뒷산에 그림처럼 바늘을 넣는다. 기둥코가 1코의 기능을 한다.

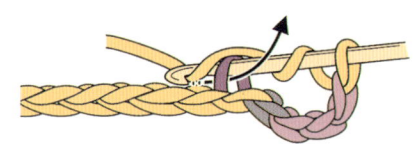

02 코바늘에 실을 걸어서 화살표 방향으로 빼낸다.

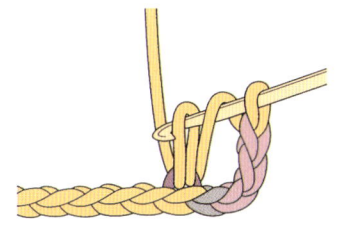

03 실을 사슬 2코 높이로 빼낸다.

04 다시 한 번 코바늘에 실을 걸어 바늘의 앞쪽에 걸려 있는 2개의 고리를 화살표 방향으로 빼낸다.

05 다시 한 번 코바늘에 실을 걸어 바늘에 남아 있는 2개의 고리를 한꺼번에 빼낸다.

06 1길긴뜨기 완성.

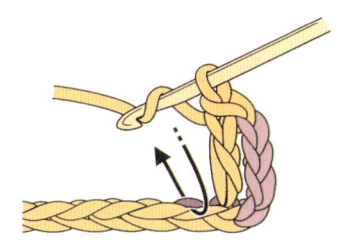

07 다음 코도 코바늘에 실을 걸고 사슬코의 뒷산에 화살표 방향으로 바늘을 넣어 1길긴뜨기를 뜬다.

2길긴뜨기

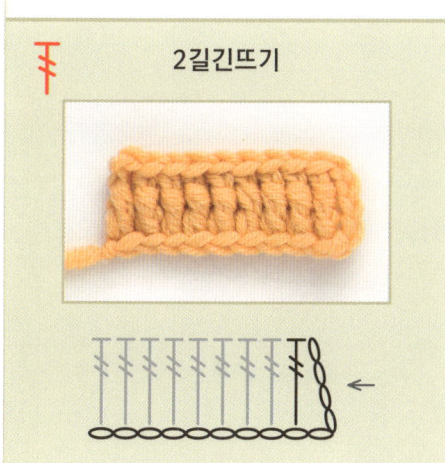

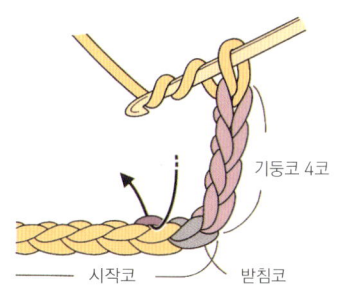

01 기둥코인 사슬 4코를 뜬 다음 코바늘에 실을 2번 감고, 바늘에 걸려 있는 코에서 6번째 사슬코의 뒷산에 그림처럼 바늘을 넣는다. 기둥코가 1코의 기능을 한다.

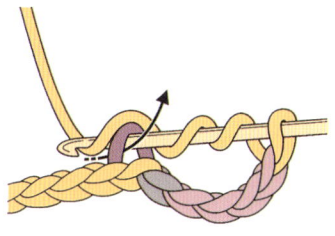

02 코바늘에 실을 걸어서 화살표 방향으로 빼낸다.

03 실을 사슬 2코 높이로 빼낸다.

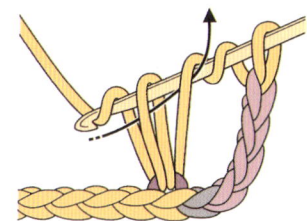

04 다시 한 번 코바늘에 실을 걸어 바늘에 있는 2개의 고리를 화살표 방향으로 빼낸다.

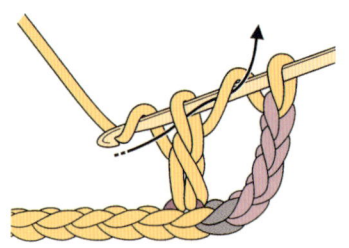

05 코바늘에 실을 걸어 바늘에 있는 2개의 고리를 한 번 더 빼낸다.

06 다시 한 번 코바늘에 실을 걸어 바늘에 남아 있는 2개의 고리를 한꺼번에 빼낸다.

3길긴뜨기

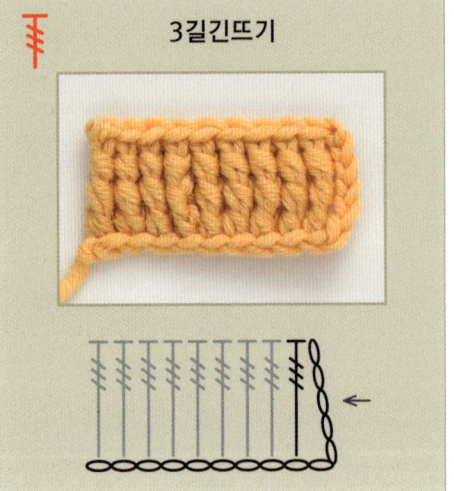

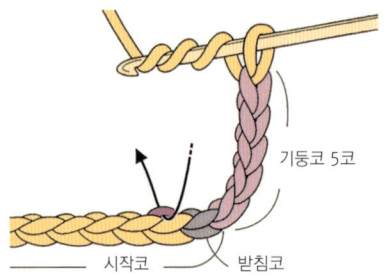

01 기둥코인 사슬 5코를 뜬 다음 코바늘에 실을 3번 감고, 바늘에 걸려 있는 코에서 7번째 사슬코의 뒷산에 바늘을 넣는다. 기둥코가 1코의 기능을 한다.

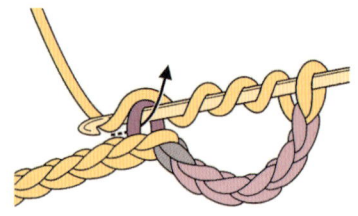

02 코바늘에 실을 걸어 사슬 2코 높이로 빼낸다.

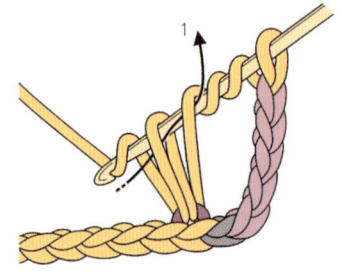

03 코바늘에 실을 걸어 바늘 앞쪽에 있는 2개의 고리를 빼낸다.

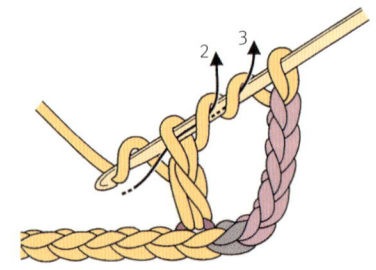

04 다시 한 번 코바늘에 실을 걸어 2개의 고리를 빼내고, 다시 실을 걸어 2개의 고리를 빼낸다.

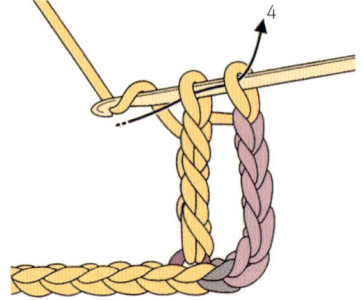

05 다시 한 번 코바늘에 실을 걸어 남은 2개의 고리를 빼낸다.

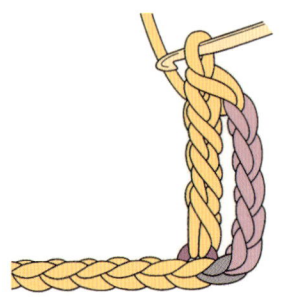

06 3길긴뜨기 완성.

4길긴뜨기

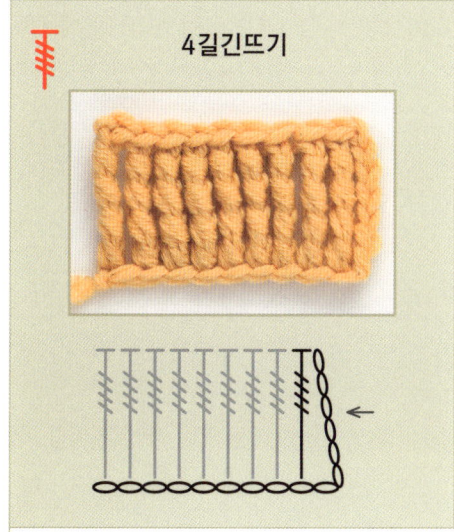

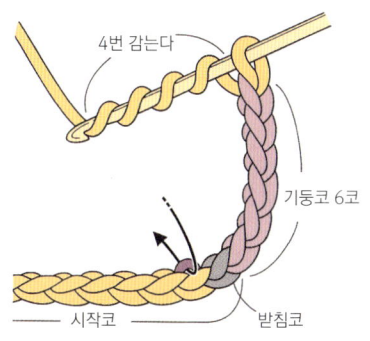

01 기둥코인 사슬 6코를 뜬 다음 코바늘에 실을 4번 감고, 바늘에 걸려 있는 코에서 8번째 사슬코의 뒷산에 그림처럼 바늘을 넣는다.

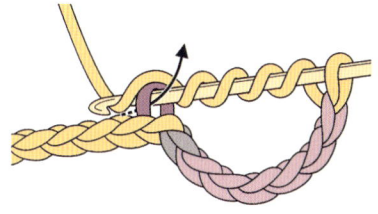

02 코바늘에 실을 걸어 사슬 2코 높이로 빼낸다.

03 사슬 2코 높이로 빼낸 상태.

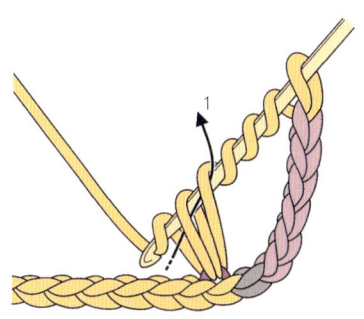

04 코바늘에 실을 걸어 바늘의 앞쪽에 있는 2개의 고리를 빼낸다.

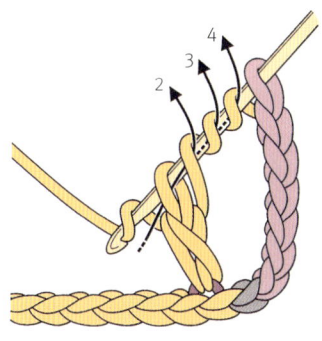

05 코바늘에 실을 걸어 2개의 고리를 빼낸 다음, 이를 2번 더 반복한다.

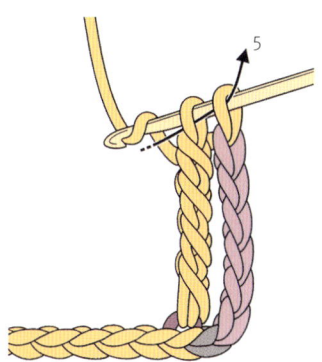

06 다시 한 번 코바늘에 실을 걸어 남은 2개의 고리를 빼낸다.

07 4길긴뜨기 완성.

TIP 뜨개코의 명칭

뜨개코는 다리와 머리로 이루어지는데, 머리가 다리의 약간 오른쪽에 위치한다. 편물 조직의 안쪽에서 보면 머리가 다리의 약간 왼쪽에 위치하게 된다. 따라서 겉면과 안쪽면을 번갈아가며 뜨는 평뜨기 조직과 달리 겉면만 보면서 한 방향으로 뜨는 환편뜨기는 단의 시작 부분이 약간씩 오른쪽으로 이동하게 된다. 이는 코바늘 뜨개코의 특징이라서 피할 수가 없다.

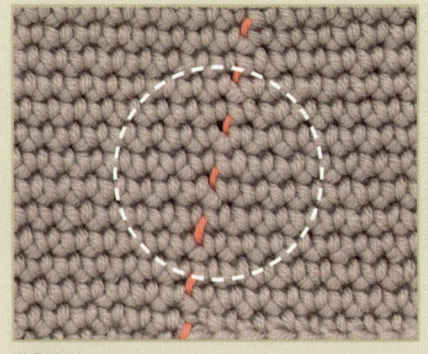

짧은뜨기
단의 시작 부분이 조금씩 오른쪽으로 이동한다.

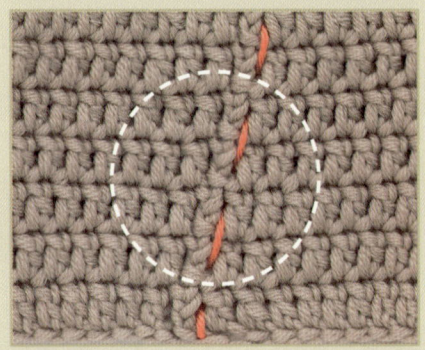

1길 긴뜨기
단의 시작 부분이 조금씩 오른쪽으로 이동한다.

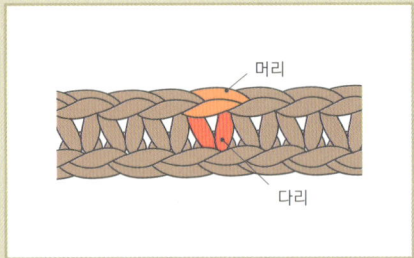

짧은뜨기 겉면

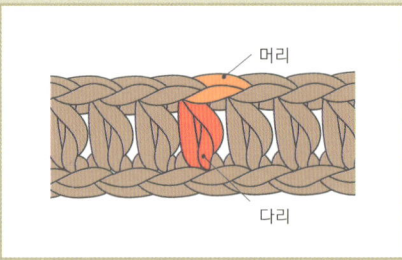

긴뜨기 겉면

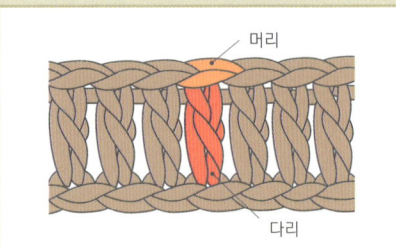

1길긴뜨기 겉면

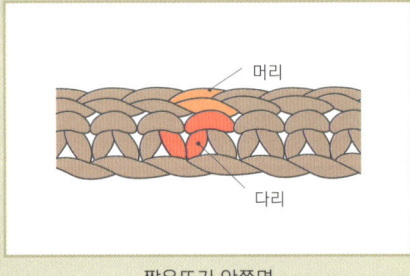

짧은뜨기 안쪽면

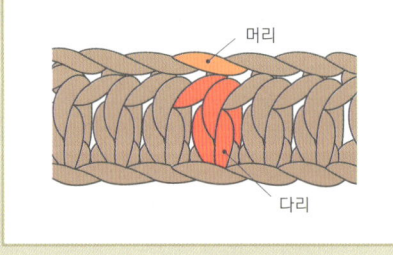

긴뜨기 안쪽면

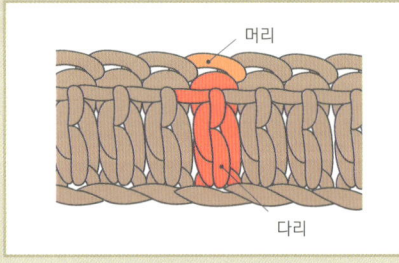

1길긴뜨기 안쪽면

TIP 코바늘 뜨기 기호의 기본 규칙

코바늘 뜨기 기호에는 일정한 규칙이 있다. 예를 들어 뜨기 기호의 아래쪽이 모여 있으면 코늘리기가 된다. 기호의 끝이 완전히 붙어 있으면 1코에 늘려뜨고, 끝이 벌어졌으면 아랫단의 사슬로 이루어진 구멍에 늘려뜬다. 또, 뜨기 기호의 위쪽이 모여 있으면 여러 코가 모여 1코가 된다. 뜨기 기호의 아래쪽에 다른 모양이 있으면 떠 넣는 위치가 달라진다는 의미이다.

 1길긴뜨기

 3코 늘려뜨기 (1코에서)

 3코 늘려뜨기 (코 아래 구멍에서)

코가 늘어난다

 3코 모아뜨기

3코 방울뜨기

5코 팝콘뜨기

코가 줄어 1코가 된다

 1길긴뜨기 이랑뜨기

 1길긴뜨기 앞걸어 뜨기

떠 넣는 위치를 바꾼다

04. 코바늘 뜨기 기법 | 코줄이기

짧은뜨기 2코 모아뜨기

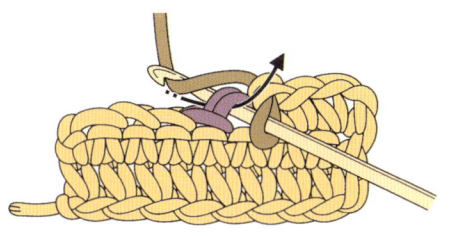

01 그림처럼 코바늘을 넣고, 실을 걸어서 사슬 1코 높이로 빼낸다(미완성 짧은뜨기).

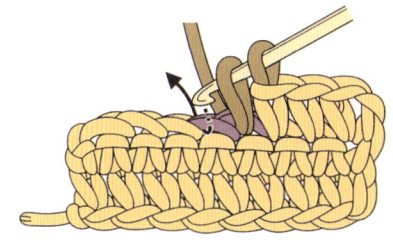

02 다음 코도 화살표 방향으로 코바늘을 넣는다.

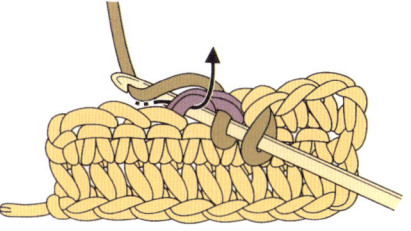

03 코바늘에 실을 걸어 사슬 1코 높이로 빼낸다.

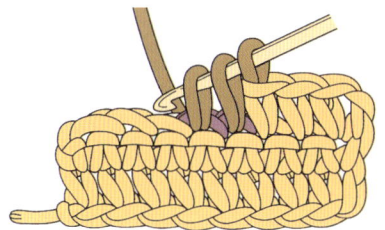

04 미완성 짧은뜨기 2코 완성.

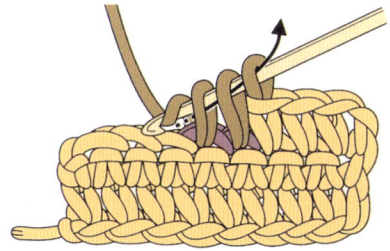

05 코바늘에 실을 걸어 바늘에 걸려 있는 3개의 고리를 한꺼번에 빼낸다.

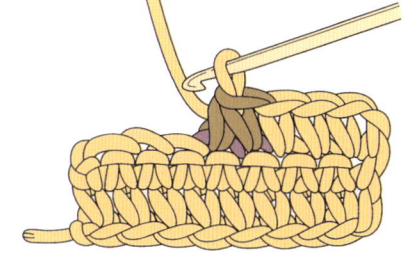

06 짧은뜨기 2코 모아뜨기 완성(1코가 줄어든다).

짧은뜨기 3코 모아뜨기

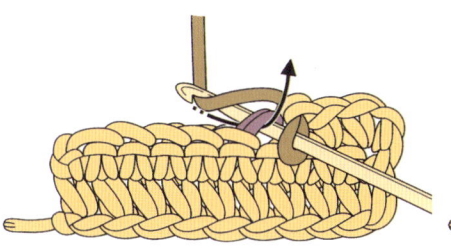

01 그림처럼 코바늘을 넣고, 바늘에 실을 걸어서 사슬 1코 높이로 빼낸다(미완성 짧은뜨기).

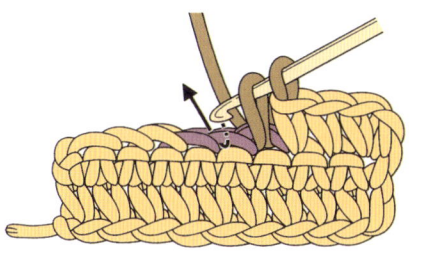

02 다음 코도 화살표 방향으로 코바늘을 넣는다.

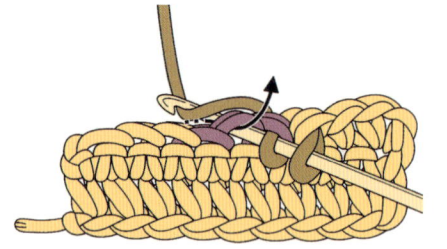

03 코바늘에 실을 걸어 사슬 1코 높이로 빼낸다.

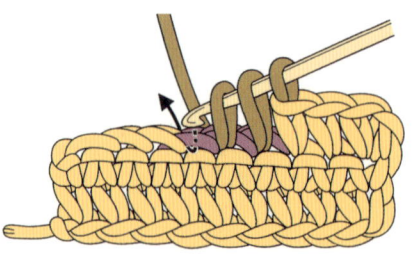

04 3째코도 화살표 방향으로 코바늘을 넣고, 실을 걸어 사슬 1코 높이로 빼낸다.

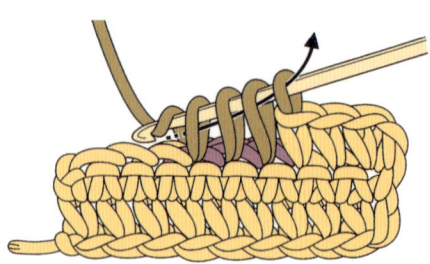

05 미완성 짧은뜨기 3코 완성. 코바늘에 실을 걸어 바늘에 걸려 있는 4개의 고리를 한꺼번에 빼낸다.

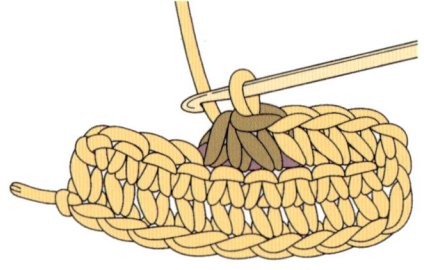

06 짧은뜨기3코 모아뜨기 완성(2코가 줄어든다).

짧은뜨기3코 모아뜨기
가운데 1코 건너뛰기

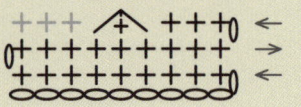

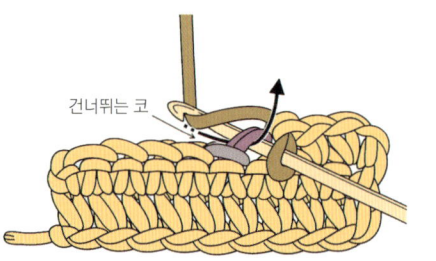

01 그림처럼 코바늘을 넣고, 실을 걸어서 사슬 1코 높이로 빼낸다(미완성 짧은뜨기).

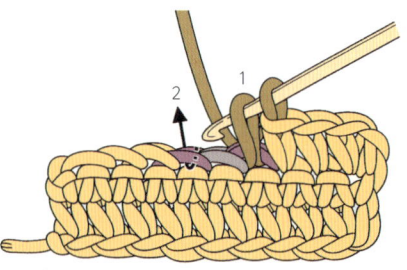

02 다음 코는 건너뛰고 3째코에 코바늘을 넣는다.

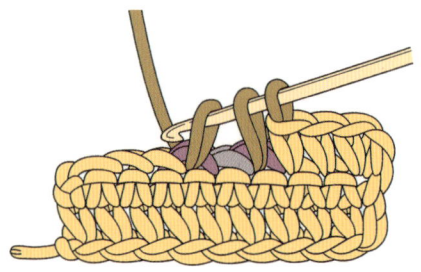

03 코바늘에 실을 걸어 사슬 1코 높이로 빼낸다(미완성 짧은뜨기 2코).

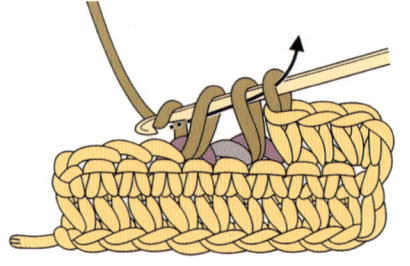

04 코바늘에 실을 걸어 바늘에 걸려 있는 3개의 고리를 한꺼번에 빼낸다.

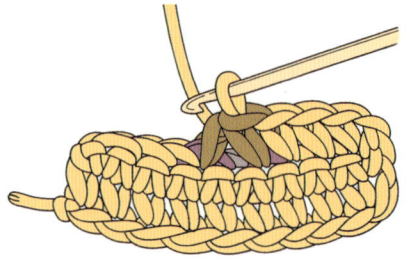

05 짧은뜨기3코 모아뜨기 완성(2코가 줄어든다).

긴뜨기 2코 모아뜨기

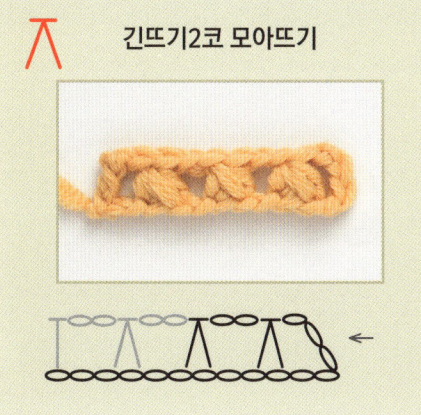

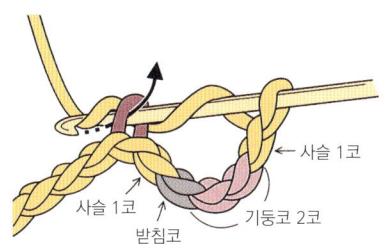

01 코바늘에 실을 걸어 그림처럼 바늘을 넣고, 다시 실을 걸어 사슬 2코 높이로 뺀다. 이 상태를 '미완성 긴뜨기'라고 한다.

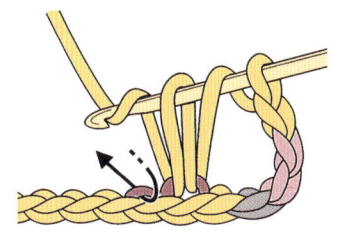

02 다시 코바늘에 실을 걸어 다음 코에 바늘을 넣는다.

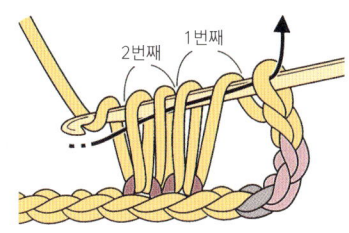

03 코바늘에 실을 걸어 사슬 2코 높이로 빼내고(미완성 긴뜨기 2코), 다시 코바늘에 실을 걸어 5개의 고리를 한꺼번에 빼내면 긴뜨기 2코 모아뜨기 완성.

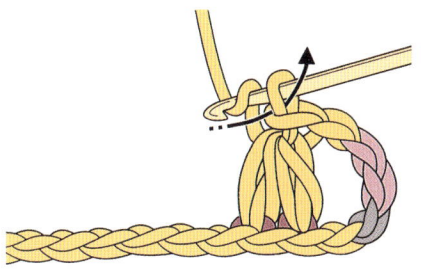

04 2코가 1코로 줄어든 상태. 코바늘에 실을 걸어 사슬 2코를 뜬다.

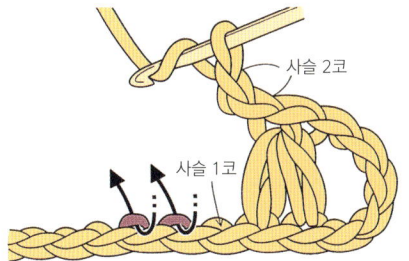

05 1코를 건너뛰고 다음 코부터 01~04를 반복한다.

06 2번째 긴뜨기 2코 모아뜨기 완성.

긴뜨기 3코 모아뜨기

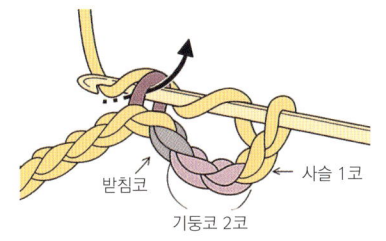

01 코바늘에 실을 걸어 바늘을 넣고, 그림처럼 다시 실을 걸어 사슬 2코 높이로 뺀다. 이 상태를 '미완성 긴뜨기'라고 한다.

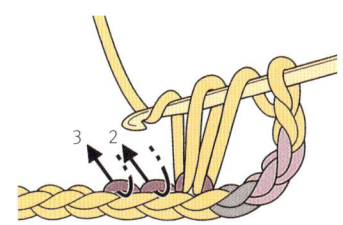

02 코바늘에 실을 걸어 2째코, 3째코에 같은 방법으로 '미완성 긴뜨기'를 2코 더 뜬다(미완성 긴뜨기 3코).

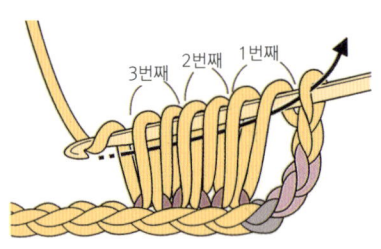

03 코바늘에 실을 걸어 바늘에 걸려 있는 7개의 고리를 한꺼번에 빼낸다(긴뜨기 3코 모아뜨기 완성).

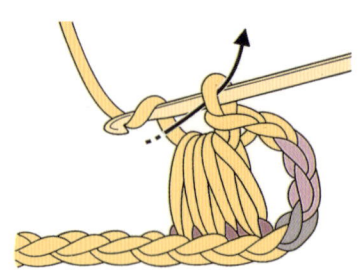

04 2코가 줄어서 3코가 1코로 된 상태. 코바늘에 실을 걸어 사슬 3코를 뜬다.

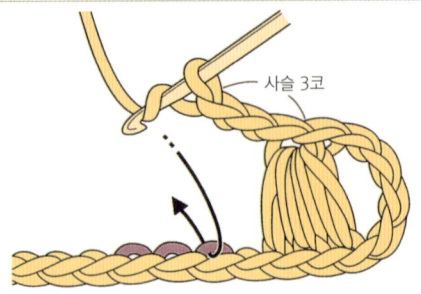

05 코바늘에 실을 걸어 1코를 건너뛰고 01~03을 반복한다.

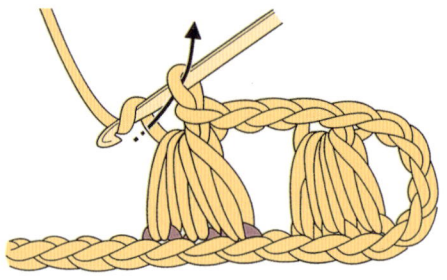

06 2번째 긴뜨기 3코 모아뜨기 완성.

1길긴뜨기 2코 모아뜨기

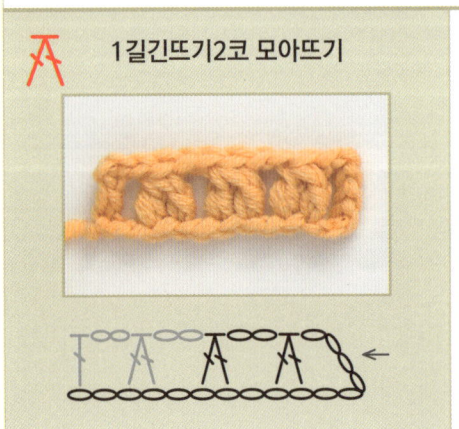

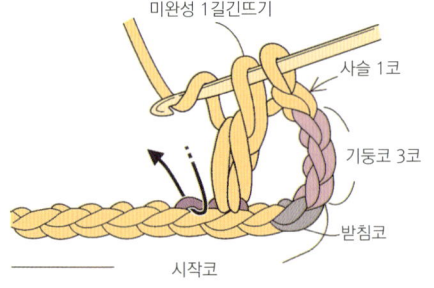

01 미완성 1길긴뜨기를 1코 뜨고, 코바늘에 실을 걸어 다음 코에 넣는다.

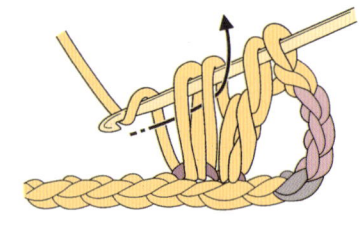

02 2째코도 미완성 1길긴뜨기를 뜬다.

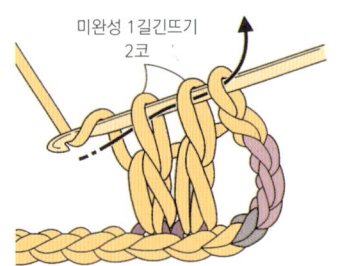

03 코바늘에 실을 걸어 바늘에 걸려 있는 3개의 고리를 한꺼번에 빼낸다.

04 1길긴뜨기 2코 모아뜨기 완성(1코가 줄어든다).

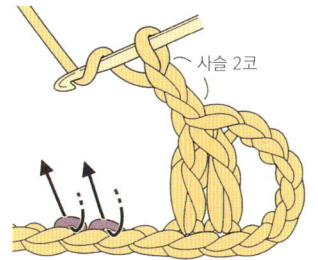

05 사슬 2코를 뜬 다음, 시작코의 사슬 1코를 건너뛰고 01~04를 반복한다.

06 2번째 1길긴뜨기2코 모아뜨기 완성.

1길긴뜨기3코 모아뜨기

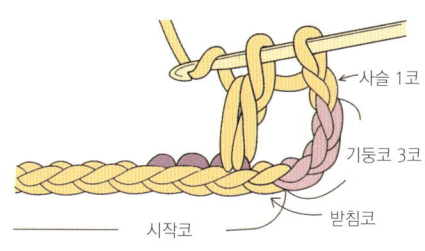

01 미완성 1길긴뜨기 1코를 뜨고, 코바늘에 실을 걸어 다음 코에 넣는다.

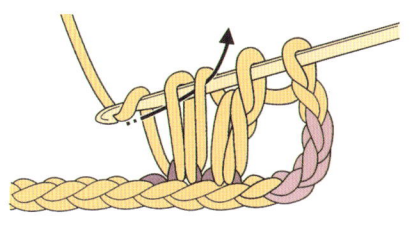

02 2째코도 미완성 1길긴뜨기를 뜬다.

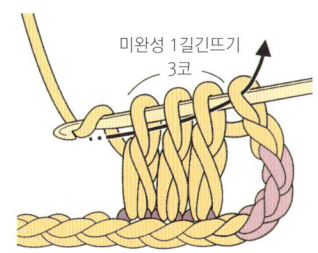

03 3째코도 미완성 1길긴뜨기를 뜨고, 코바늘에 실을 걸어 4개의 고리를 한꺼번에 빼낸다.

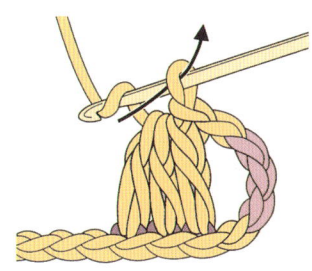

04 1길긴뜨기3코 모아뜨기 완성(2코가 줄어든다). 이어서 사슬 3코를 뜬다.

05 시작코의 사슬 1코를 건너뛰고 01~03을 반복해서 뜬다.

06 2번째 1길긴뜨기3코 모아뜨기 완성.

1길긴뜨기 4코 모아뜨기

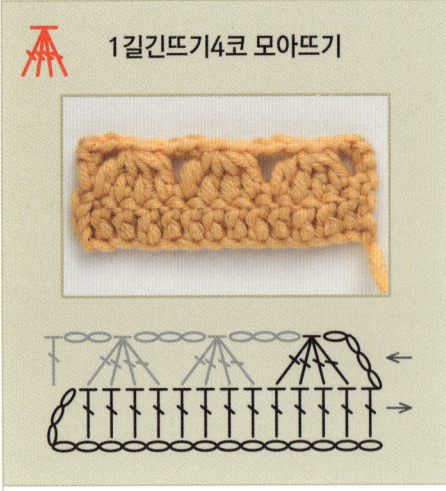

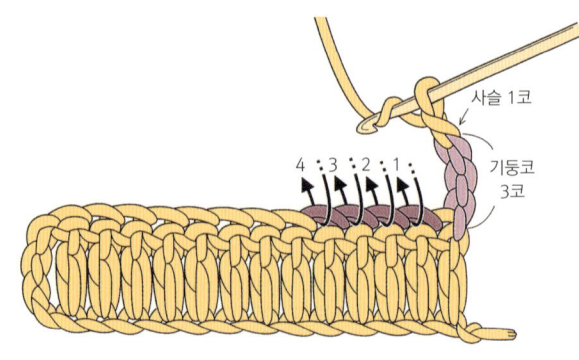

01 1~4의 순서로 미완성 1길긴뜨기를 뜨는데, 먼저 코바늘에 실을 감는다.

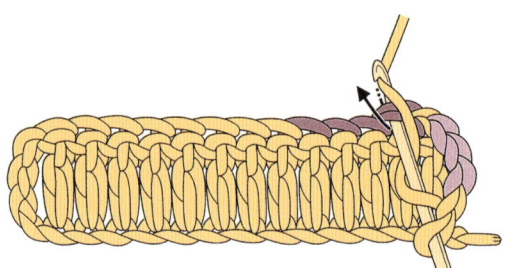

02 1째코에 코바늘을 넣고 실을 걸어서 사슬 2코 높이로 빼낸다.

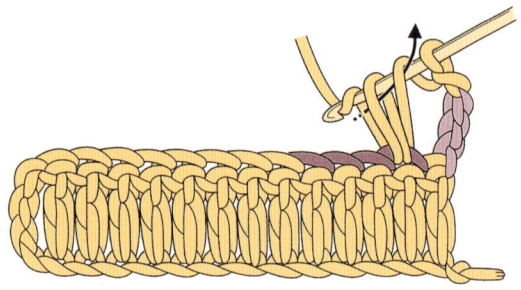

03 코바늘 앞쪽에 있는 2개의 고리를 빼낸다(미완성 1길긴뜨기).

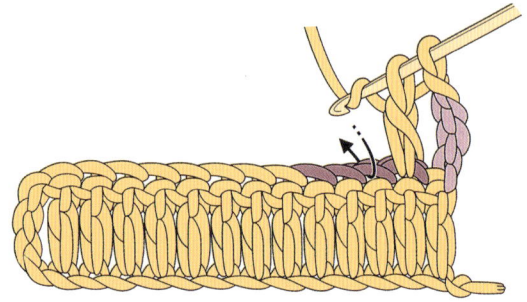

04 다음 코에서도 같은 방법으로 미완성 1길긴뜨기를 뜬다.

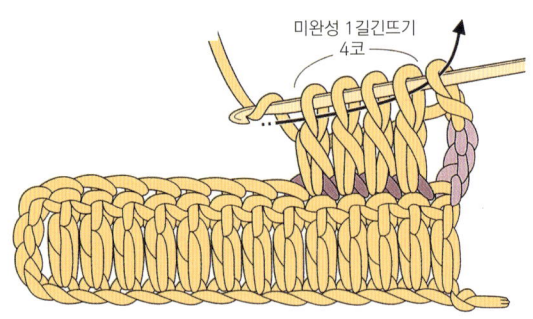

05 남은 2코도 같은 방법으로 미완성 1길긴뜨기를 떠서 모두 4코의 미완성 1길긴뜨기를 뜨고, 코바늘에 실을 걸어 5개의 고리를 한꺼번에 빼내면 1길긴뜨기 4코 모아뜨기 완성.

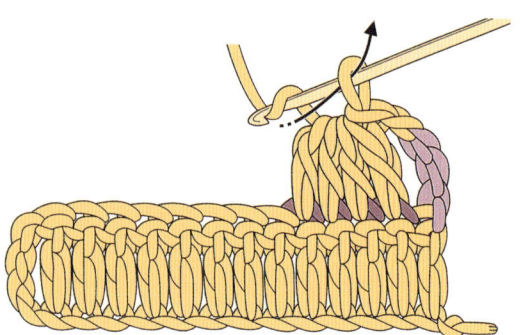

06 3코가 줄어서 4코가 1코로 된 상태. 이어서 사슬 3코를 뜬다.

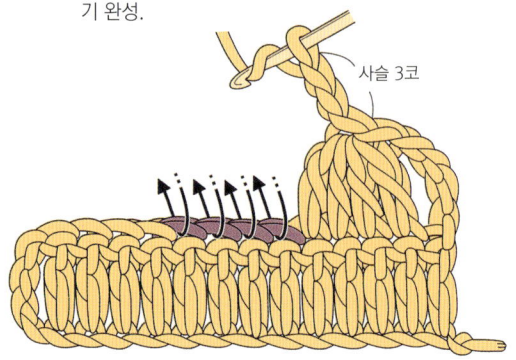

07 코바늘에 실을 걸어 01~06을 반복한다.

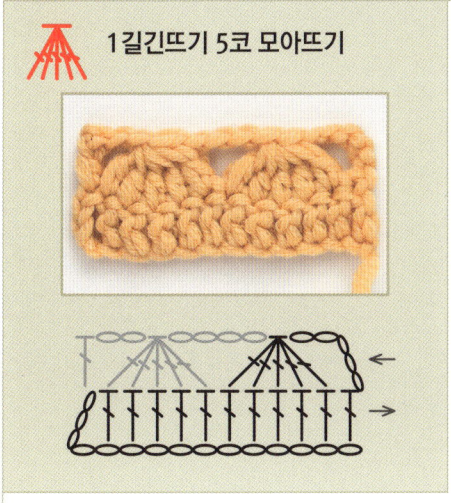

1길긴뜨기 5코 모아뜨기

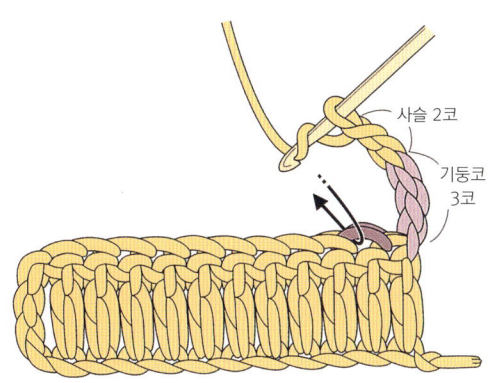

01 코바늘에 실을 걸고, 1째코에 코바늘을 넣어 미완성 1길긴뜨기를 뜬다. (사슬 2코, 기둥코 3코)

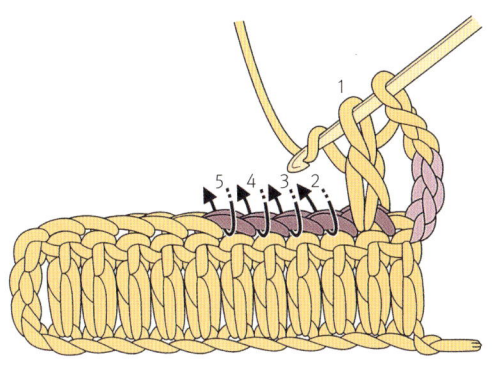

02 2~5도 차례대로 미완성 1길긴뜨기를 뜬다.

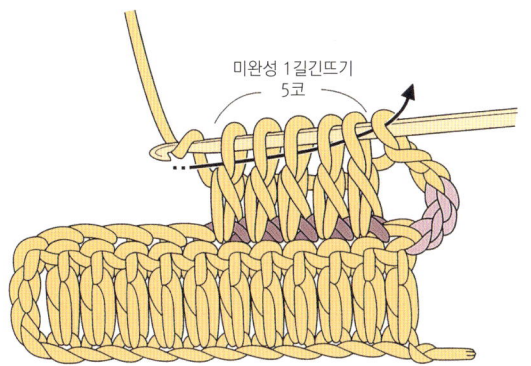

03 미완성 1길긴뜨기를 모두 5코 뜨고, 코바늘에 실을 걸어 6개의 고리를 한꺼번에 빼내면 1길긴뜨기5코 모아뜨기 완성.

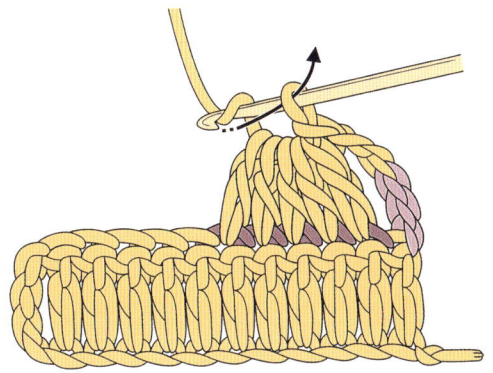

04 4코가 줄어 5코가 1코로 된 상태. 이어서 사슬 4코를 뜬다.

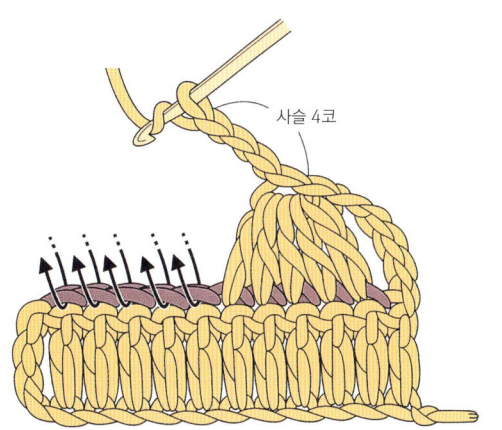

05 코바늘에 실을 걸어 01~03을 반복한다. (사슬 4코)

04. 코바늘 뜨기 기법 | 코늘리기

⋎ 짧은뜨기2코 늘려뜨기
1코에서

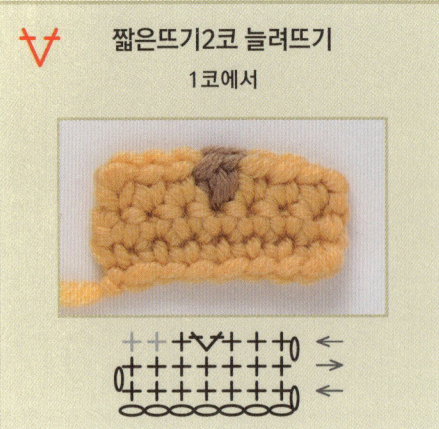

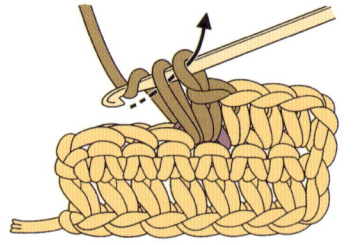

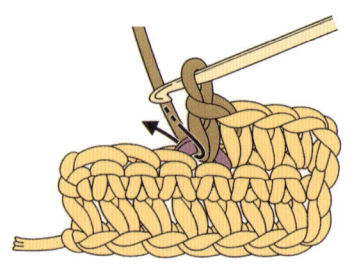

01 1번째 짧은뜨기를 뜬다.

02 같은 코에 다시 코바늘을 넣고 실을 걸어서 사슬 1코 높이로 빼낸다.

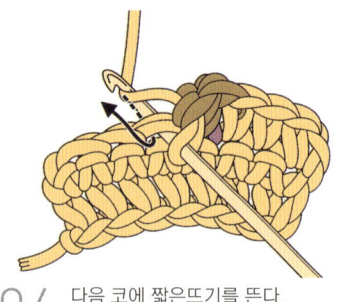

03 다시 한 번 코바늘에 실을 걸어 2개의 고리를 한꺼번에 빼낸다.

04 다음 코에 짧은뜨기를 뜬다.

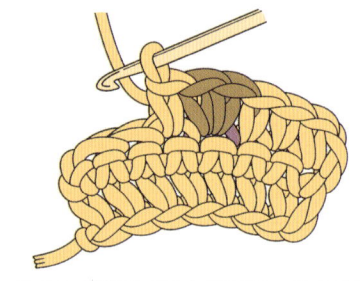

05 짧은뜨기2코 늘려뜨기(1코에서) 완성.

⋎ 짧은뜨기2코 늘려뜨기
1코에서, 사이 사슬 1코

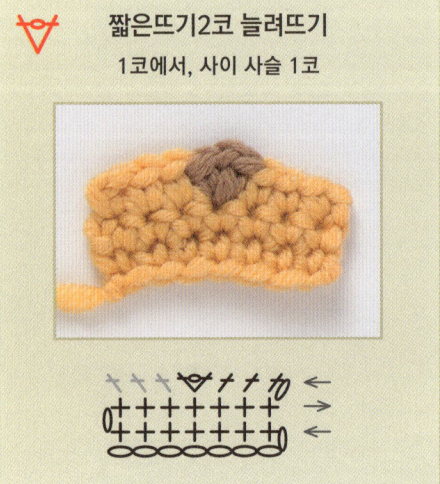

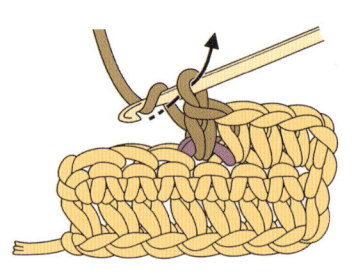

01 1번째 짧은뜨기를 뜨고, 사슬뜨기 1코를 뜬다.

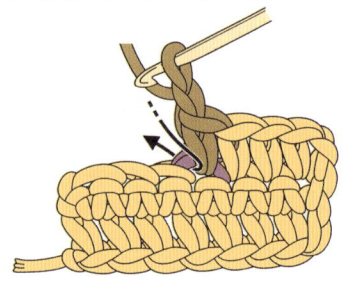

02 같은 코에 코바늘을 넣는다.

03 실을 걸어 짧은뜨기를 1번 더 뜬다.

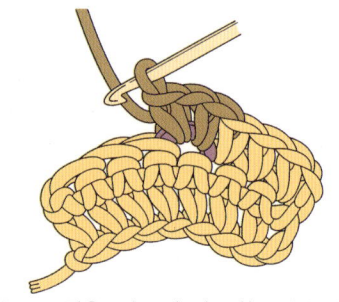

04 짧은뜨기2코 늘려뜨기(1코에서, 사이 사슬 1코) 완성.

짧은뜨기3코 늘려뜨기
1코에서

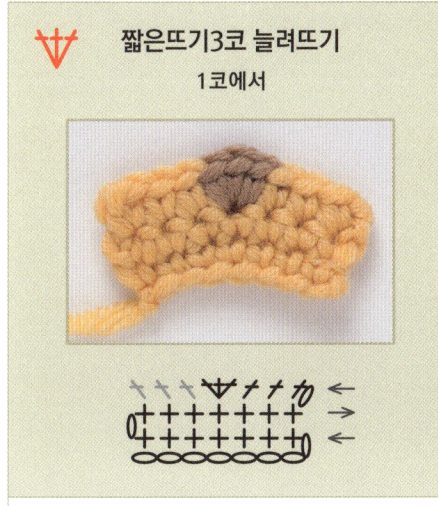

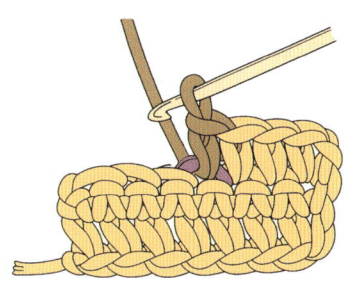

01 1번째 짧은뜨기를 뜬다.

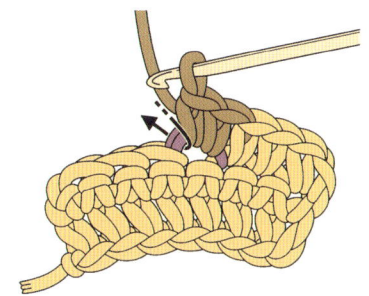

02 같은 코에서 다시 한 번 짧은뜨기를 뜬다.

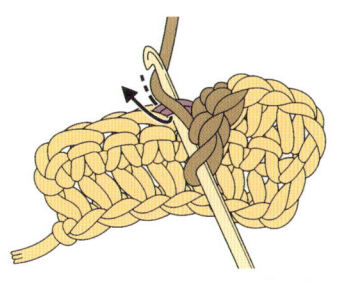

03 같은 코에 모두 3코의 짧은뜨기를 떠 넣는다.

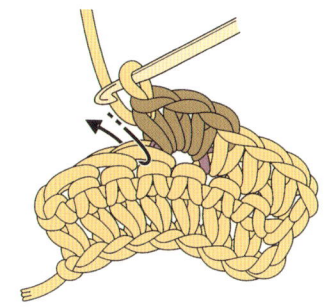

04 짧은뜨기3코 늘려뜨기(1코에서) 완성.

긴뜨기2코 늘려뜨기
1코에서

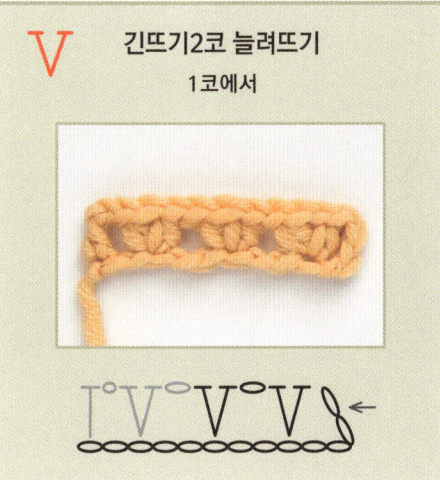

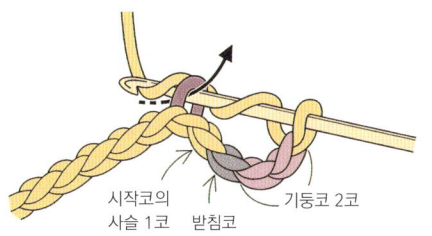

01 코바늘에 실을 걸어 받침코에서 2번째 사슬코의 뒷산에 넣고, 다시 실을 걸어서 사슬 2코 높이로 빼낸다.

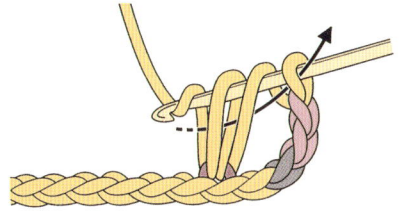

02 코바늘에 실을 걸어 바늘에 걸려 있는 3개의 고리를 한꺼번에 빼낸다. 긴뜨기 1코 완성.

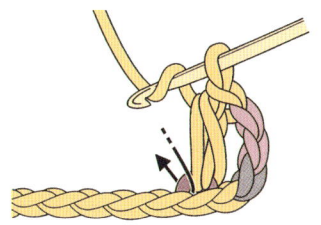

03 다시 한 번 코바늘에 실을 걸어 같은 코에 넣는다.

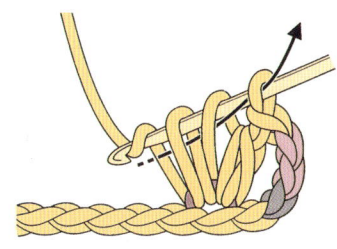

04 코바늘에 실을 걸어 사슬 2코 높이로 빼내고, 다시 한 번 바늘에 실을 걸어 3개의 고리를 한꺼번에 빼낸다.

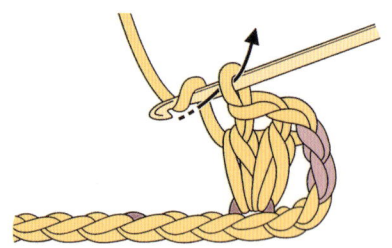

05 긴뜨기2코 늘려뜨기 완성. 이어서 사슬 1코를 뜬다.

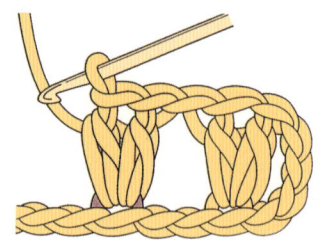

06 2번째 긴뜨기2코 늘려뜨기 완성.

∨ 긴뜨기2코 늘려뜨기
코 아래 구멍에서

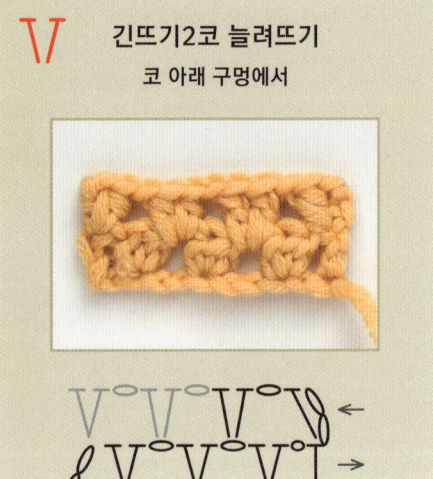

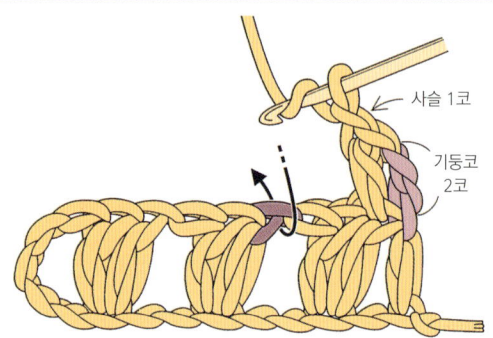

01 코바늘에 실을 걸어 아랫단의 사슬코 아래 구멍에 넣는다.

사슬 1코
기둥코 2코

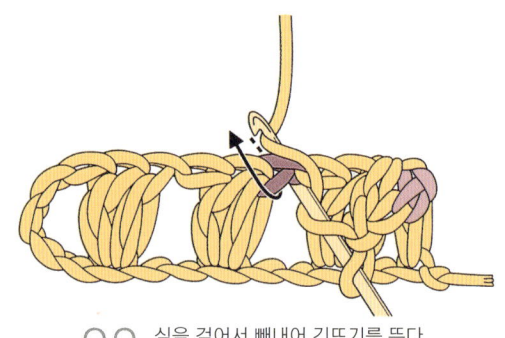

02 실을 걸어서 빼내어 긴뜨기를 뜬다.

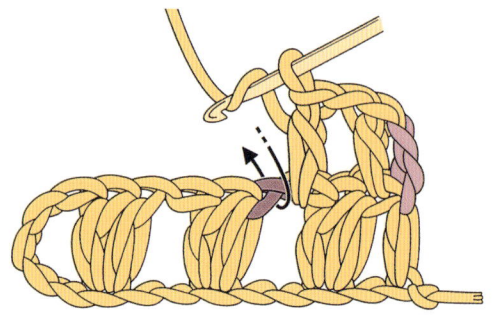

03 다시 코바늘에 실을 걸어 같은 구멍에 넣고, 실을 걸어서 긴뜨기를 뜬다.

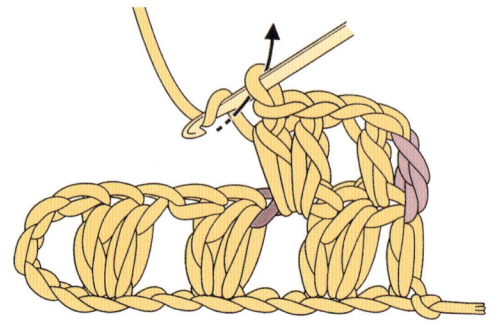

04 긴뜨기2코 늘려뜨기(코 아래 구멍에서) 완성. 이어서 사슬 1코를 뜬다.

긴뜨기3코 늘려뜨기
1코에서

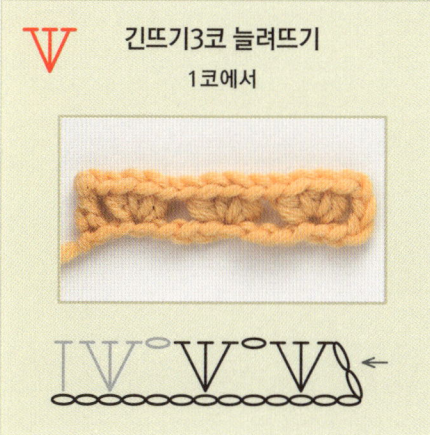

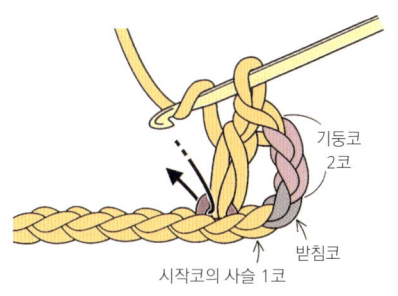

01 받침코에서 2번째 사슬코의 뒷산에 긴뜨기 1코를 뜬다. 다시 한 번 코바늘에 실을 걸어 같은 코에 넣는다.

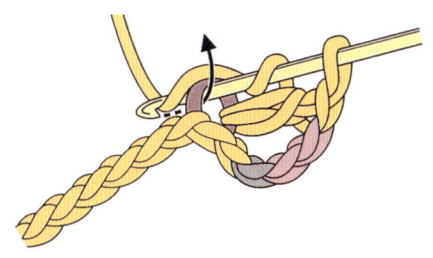

02 실을 걸어서 빼내어 긴뜨기를 뜬다.

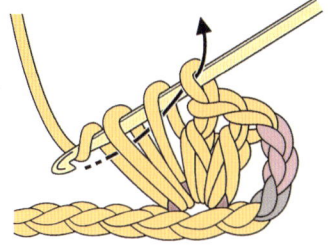

03 다시 한 번 같은 코에 긴뜨기를 뜬다.

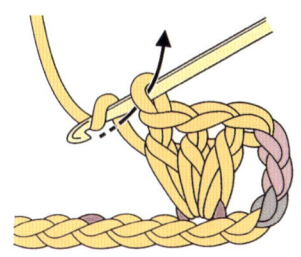

04 긴뜨기3코 늘려뜨기(1코에서) 완성. 2코가 늘어난 상태. 사슬코를 뜬다.

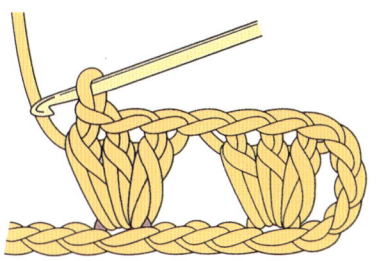

05 2번째 긴뜨기3코 늘려뜨기 완성.

긴뜨기3코 늘려뜨기
코 아래 구멍에서

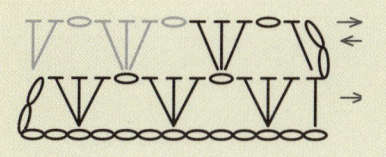

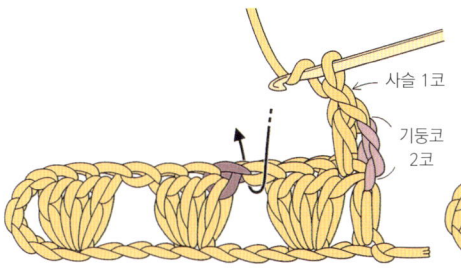

01 코바늘에 실을 걸고, 아랫단의 사슬코 아래 구멍에 넣는다.

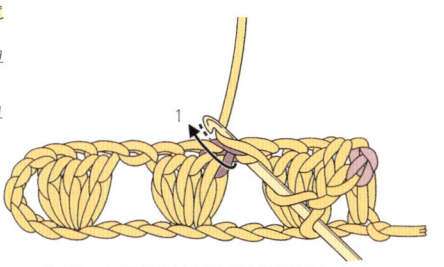

02 실을 걸어서 빼내어 긴뜨기를 뜬다.

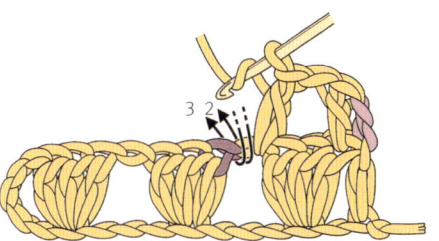

03 다시 한 번 코바늘에 실을 걸고, 같은 구멍에 긴뜨기 2코를 더 뜬다.

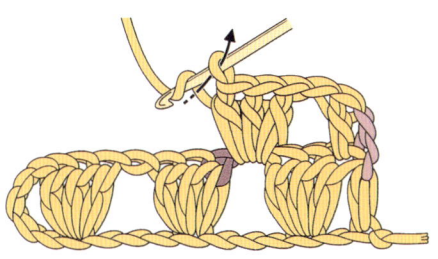

04 긴뜨기3코 늘려뜨기(코 아래 구멍에서) 완성. 이어서 사슬 1코를 뜬다.

1길긴뜨기2코 늘려뜨기
1코에서

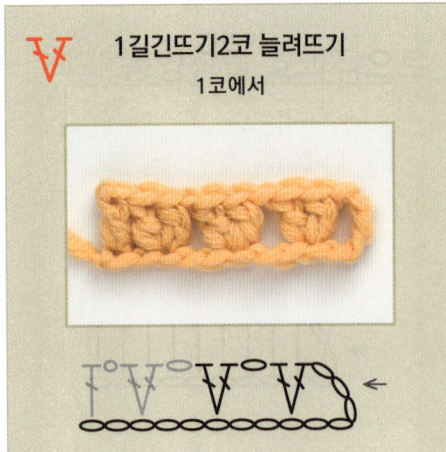

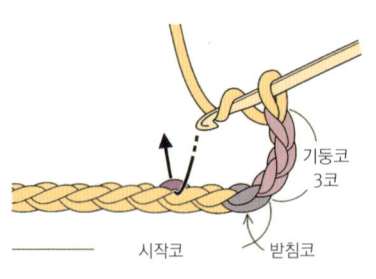

01 코바늘에 실을 건 다음, 받침코에서 2번째 사슬코의 뒷산에 1길긴뜨기를 뜬다.

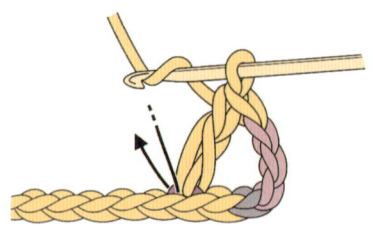

02 코바늘에 실을 걸고, 같은 코에 다시 한 번 바늘을 넣어 실을 빼낸다.

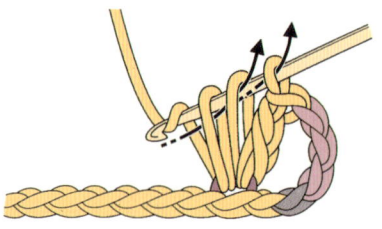

03 코바늘에 실을 걸어 바늘 앞쪽의 고리 2개를 빼낸다. 다시 한 번 바늘에 실을 걸어 남은 2개의 고리를 빼낸다.

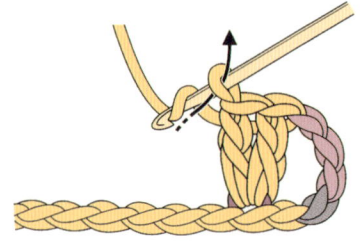

04 1길긴뜨기2코 늘려뜨기(1코에서) 완성. 이어서 사슬 1코를 뜬다.

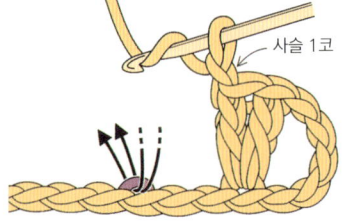

05 2번째는 시작코의 사슬 2코를 건너뛰어, 1코에 1길긴뜨기 2코를 뜬다.

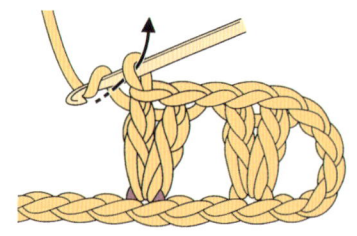

06 2번째 1길긴뜨기2코 늘려뜨기(1코에서) 완성. 이어서 사슬 1코를 뜬다.

1길긴뜨기2코 늘려뜨기
코 아래 구멍에서

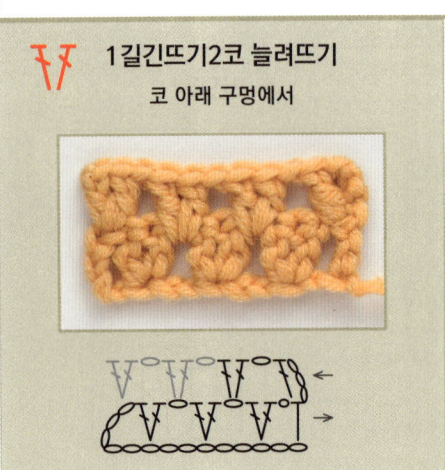

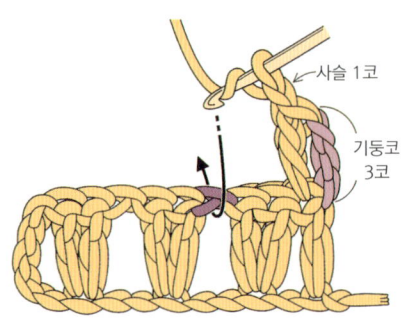

01 코바늘에 실을 걸어서 그림처럼 아랫단의 사슬코 아래 구멍에 넣는다.

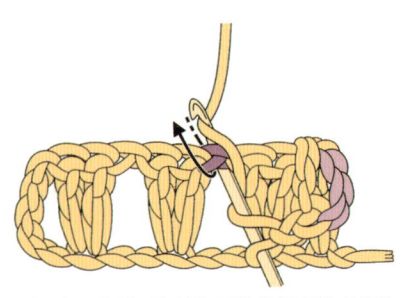

02 코바늘에 실을 걸어서 빼내어 1길긴뜨기 1코를 뜬다.

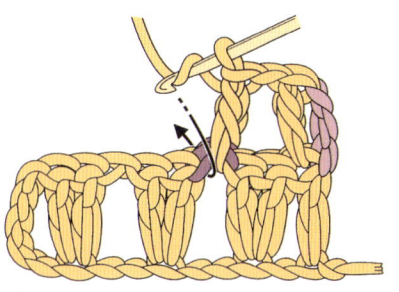

03 다시 한 번 코바늘에 실을 걸어 같은 구멍에 2번째 1길긴뜨기를 뜬다.

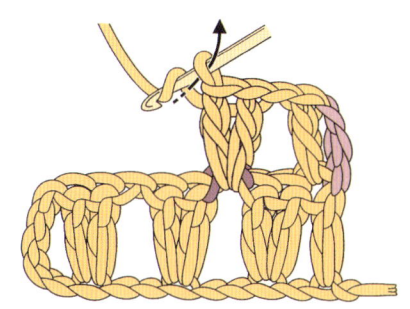

04 1길긴뜨기2코 늘려뜨기(코 아래 구멍에서) 완성. 이어서 사슬 1코를 뜬다.

1길긴뜨기2코 늘려뜨기
1코에서, 사이 사슬 1코

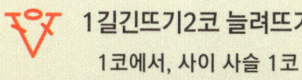

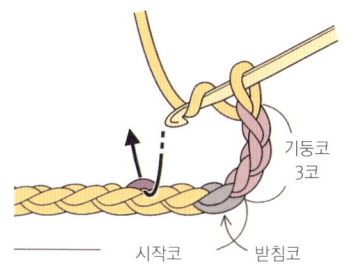

01 코바늘에 실을 걸어 받침코에서 2번째 사슬코의 뒷산에 넣는다.

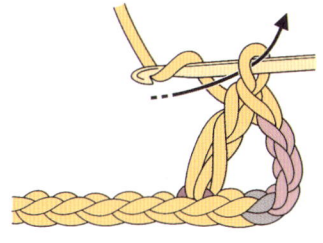

02 1길긴뜨기 1코와 사슬 1코를 뜬다.

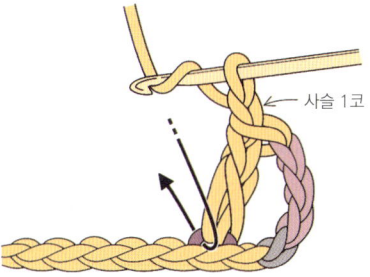

03 코바늘에 실을 걸어 같은 코에 넣은 다음 다시 실을 걸어 빼낸다.

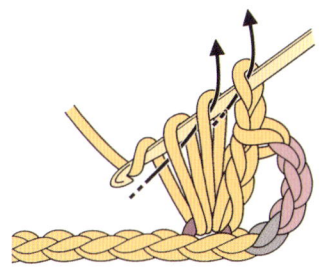

04 코바늘에 실을 걸어 그림처럼 바늘 앞쪽 2개의 고리를 빼내고, 다시 한 번 실을 걸어 남은 2개의 고리를 빼낸다.

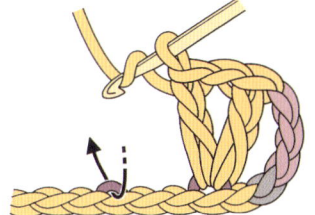

05 1길긴뜨기2코 늘려뜨기(1코에서, 사이 사슬 1코) 완성. 2번째는 시작코의 사슬 2코를 건너뛰고 02~04를 반복한다.

06 2번째 1길긴뜨기2코 늘려뜨기(1코에서, 사이 사슬 1코) 완성.

1길긴뜨기2코 늘려뜨기
코 아래 구멍에서, 사이 사슬1코

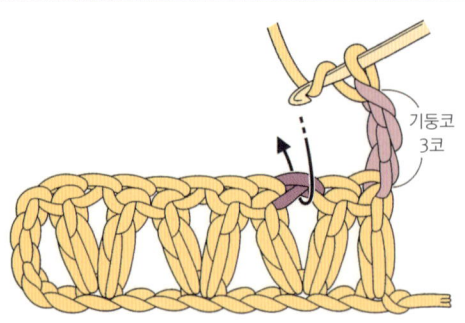

01 코바늘에 실을 걸어 그림처럼 아랫단의 사슬코 아래 구멍에 넣는다. (기둥코 3코)

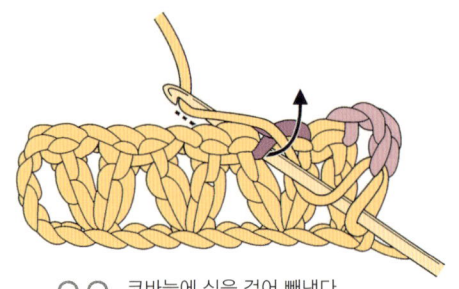

02 코바늘에 실을 걸어 빼낸다.

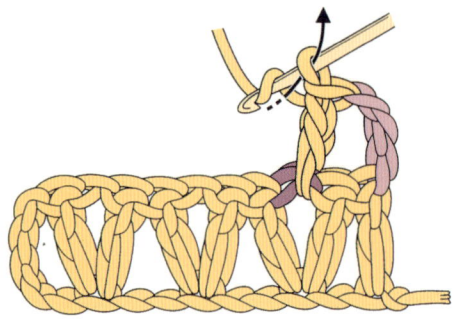

03 1길긴뜨기 1코를 뜬 다음, 사슬 1코를 뜬다.

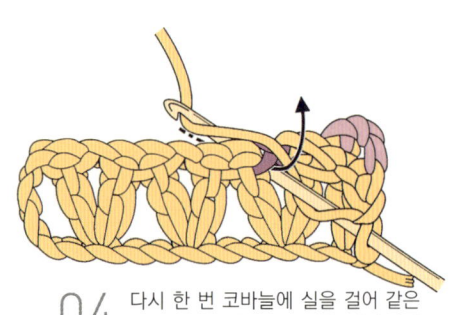

04 다시 한 번 코바늘에 실을 걸어 같은 구멍에 넣고, 한 번 더 실을 걸어 빼내서 1길긴뜨기를 뜬다.

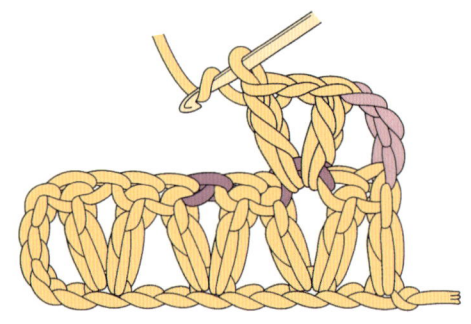

05 1길긴뜨기2코 늘려뜨기(코 아래 구멍에서, 사이 사슬 1코) 완성.

1길긴뜨기3코 늘려뜨기
1코에서

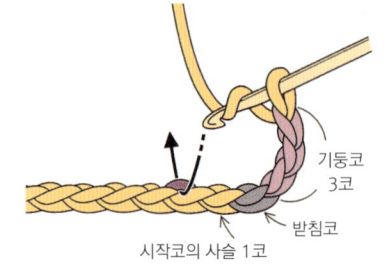

01 코바늘에 실을 걸어 받침코에서 2번째 사슬코의 뒷산에 1길긴뜨기를 뜬다. (기둥코 3코, 받침코, 시작코의 사슬 1코)

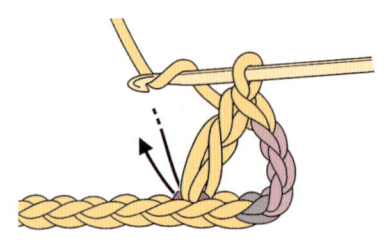

02 코바늘에 실을 걸고, 같은 코에 다시 넣어 1길긴뜨기를 뜬다.

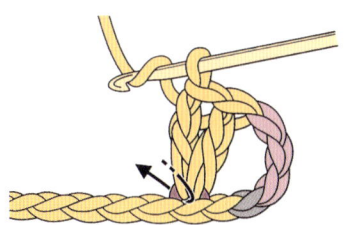

03 다시 코바늘에 실을 걸어 같은 코에 넣는다.

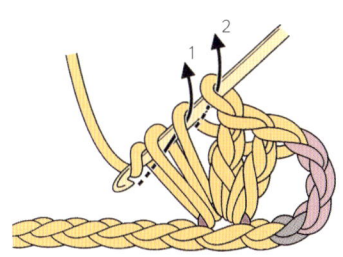

04 실을 걸어 빼내고, 다시 코바늘에 실을 걸어 앞쪽의 고리 2개를 빼낸다. 한 번 더 코바늘에 실을 걸어서 남은 고리 2개를 빼내어 1길긴뜨기를 뜬다.

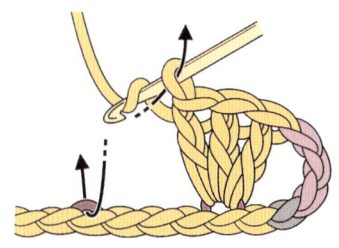

05 1길긴뜨기3코 늘려뜨기(1코에서) 완성. 이어서 사슬 1코를 뜨고, 시작코의 사슬 3코를 건너뛰어 다시 1길긴뜨기 3코를 뜬다.

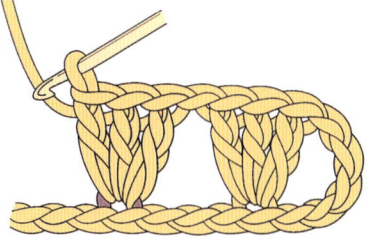

06 2번째 1길긴뜨기3코 늘려뜨기(1코에서) 완성.

1길긴뜨기3코 늘려뜨기
코 아래 구멍에서

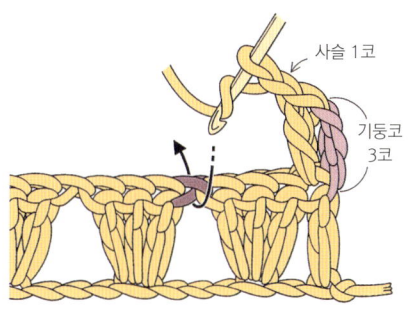

01 코바늘에 실을 걸고, 아랫단의 사슬코 아래 구멍에 넣는다.

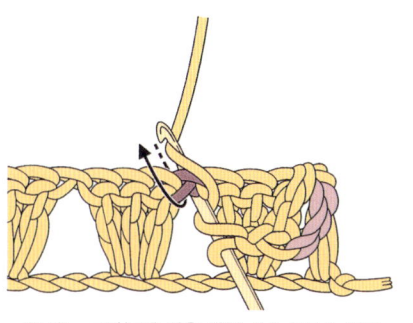

02 코바늘에 실을 걸어 사슬 2코 높이로 빼낸다.

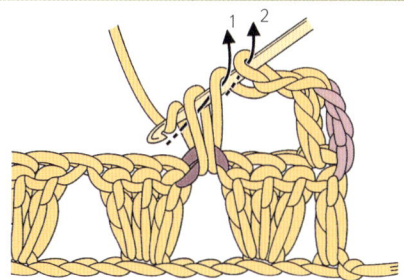

03 코바늘에 실을 걸어 앞쪽의 고리 2개를 빼낸다. 다시 바늘에 실을 걸어서 남은 고리 2개를 빼내어 1길긴뜨기를 뜬다.

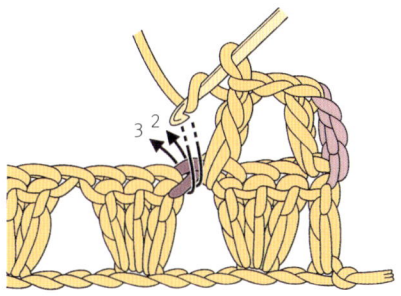

04 코바늘에 실을 걸어 같은 구멍에 넣고 2번째, 3번째 1길긴뜨기를 뜬다.

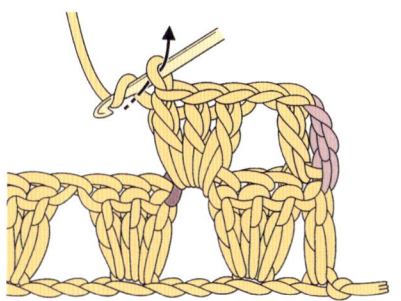

05 1길긴뜨기3코 늘려뜨기(코 아래 구멍에서) 완성. 사슬 1코를 뜬다.

1길긴뜨기5코 늘려뜨기 (솔잎무늬)

1코에서

1단

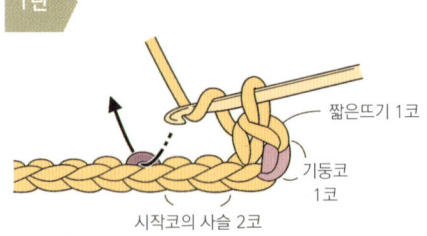

01 짧은뜨기 1코를 뜨고, 바늘에 실을 걸어서 시작코 2코를 걸러 3번째 코에 바늘을 넣는다.

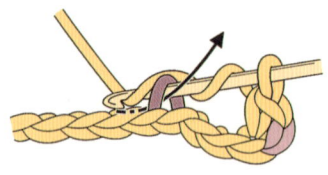

02 코바늘에 실을 걸어 사슬 2코 높이로 빼낸다.

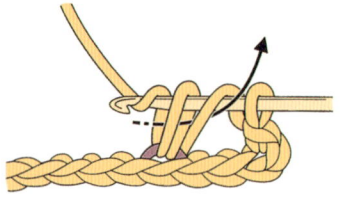

03 코바늘에 실을 걸어 바늘 앞쪽에 있는 2개의 고리를 빼낸다.

04 다시 코바늘에 실을 걸어 남은 2개의 고리를 빼내 1길긴뜨기를 뜬다.

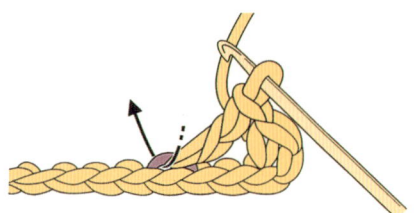

05 같은 코에 1길긴뜨기를 4코 더 뜬다.

06 1길긴뜨기를 모두 5코 뜬 상태. 시작코 2코를 걸러 3번째 사슬코의 뒷산에 코바늘을 넣는다.

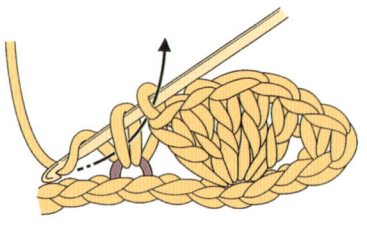

07 짧은뜨기를 뜬다.

08 1길긴뜨기5코 늘려뜨기(솔잎무늬) 완성. 시작코 2코를 건너뛰어 코바늘을 넣고 01~07을 반복한다.

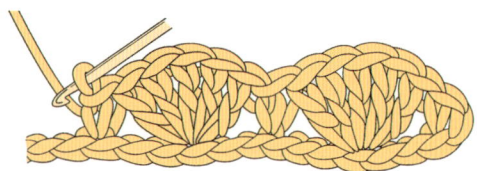

09 2번째 1길긴뜨기5코 늘려뜨기(솔잎무늬) 완성.

2단

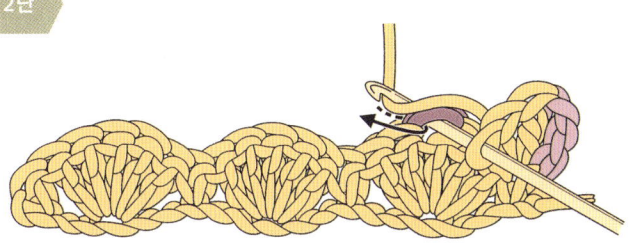

01 아랫단의 1길긴뜨기5코 중 가운데 코에 코바늘을 넣고, 실을 걸어 짧은뜨기를 뜬다.

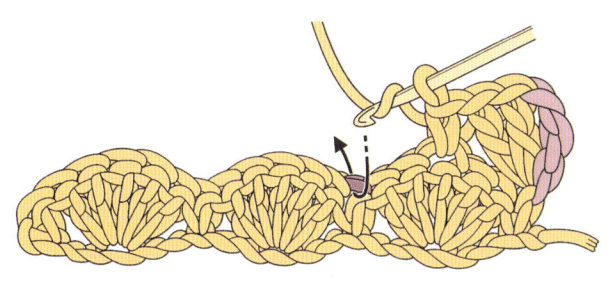

02 코바늘에 실을 걸어 아랫단의 짧은뜨기 머리에 넣는다.

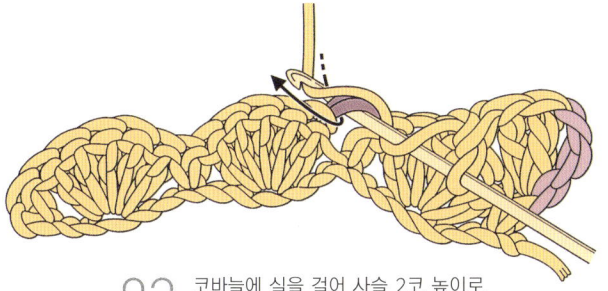

03 코바늘에 실을 걸어 사슬 2코 높이로 빼낸다.

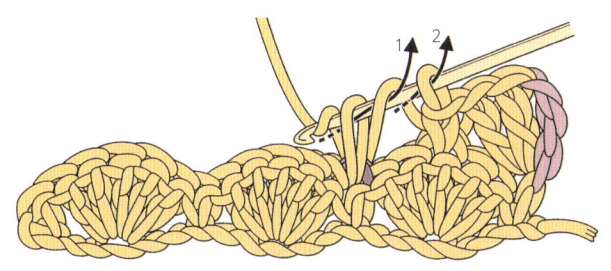

04 코바늘에 실을 걸어서 바늘 앞쪽에 있는 2개의 고리를 빼내고, 다시 실을 걸어 남은 2개의 고리를 빼내 1길긴뜨기를 뜬다.

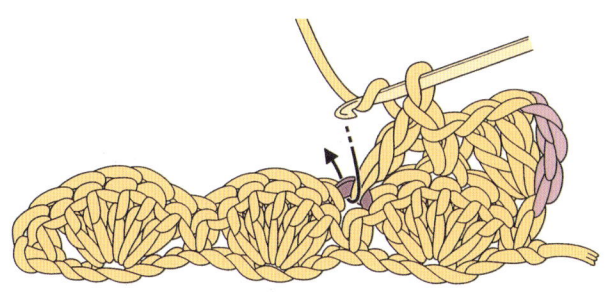

05 같은 코에 1길긴뜨기를 4코 더 뜬다.

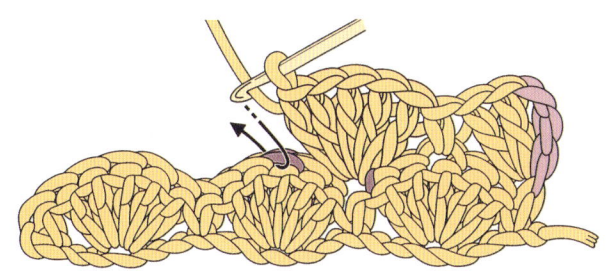

06 아랫단의 1길긴뜨기 5코 중 가운데 코에 코바늘을 넣어 짧은뜨기를 뜬다.

1길긴뜨기5코 늘려뜨기
코 아래 구멍에서

01 아랫단의 사슬코 아래 구멍에 코바늘을 넣고 실을 감아 빼낸다.

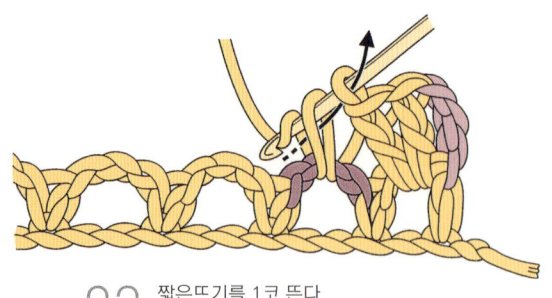

02 짧은뜨기를 1코 뜬다.

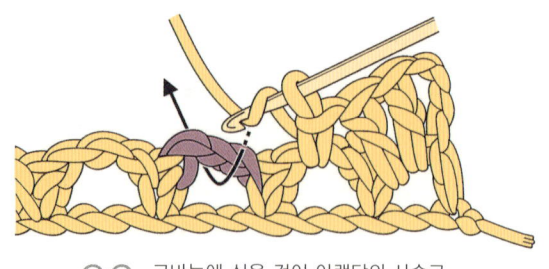

03 코바늘에 실을 걸어 아랫단의 사슬코 아래 구멍에 바늘을 넣는다.

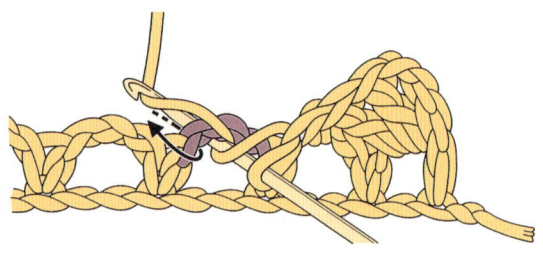

04 코바늘에 실을 걸어 사슬 2코 높이로 빼낸다.

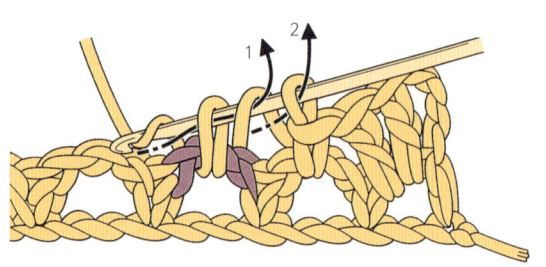

05 코바늘에 실을 걸어 바늘 앞쪽에 걸려 있는 고리 2개를 빼고, 다시 실을 걸어 남은 고리 2개를 빼내 1길긴뜨기를 뜬다.

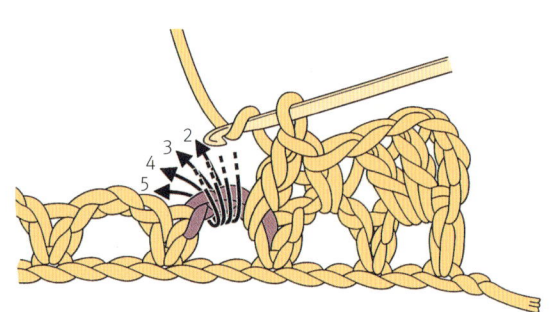

06 같은 구멍에 1길긴뜨기를 4코 더 떠 넣는다.

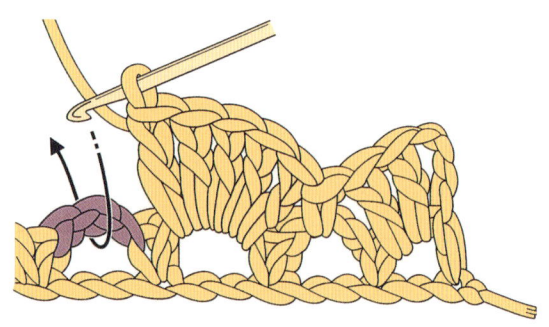

07 아랫단의 사슬코 아래 구멍에 코바늘을 넣어 짧은뜨기를 뜬다.

08 1길긴뜨기5코 늘려뜨기 완성

1길긴뜨기 4코 늘려뜨기 (조개무늬)
1코에서, 사이 사슬 1코

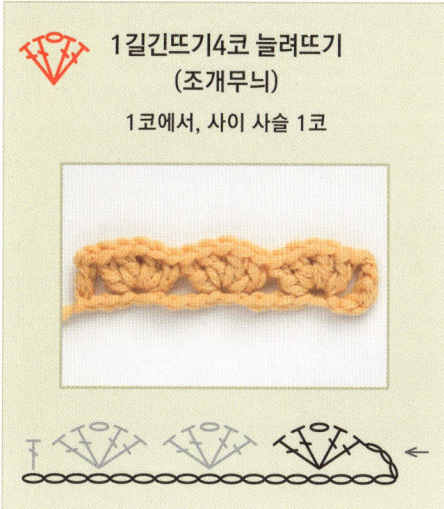

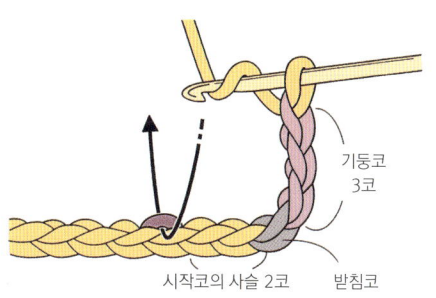

01 코바늘에 실을 걸어 받침코에서 3번째 사슬코의 뒷산에 넣은 다음, 다시 실을 걸어 사슬 2코 높이로 빼낸다.

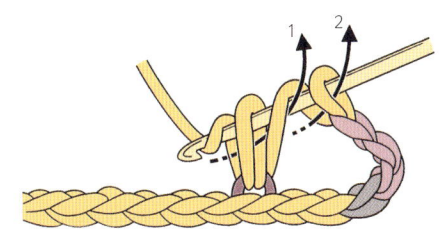

02 코바늘에 실을 걸어 앞쪽 2개의 고리를 빼내고, 다시 실을 걸어 남은 2개의 고리를 빼내 1길긴뜨기를 뜬다.

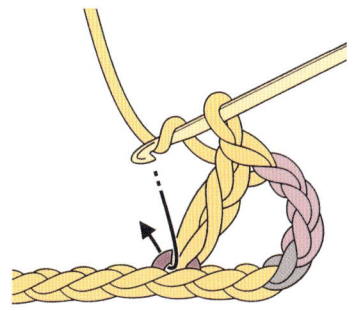

03 다시 한 번 코바늘에 실을 걸어 같은 코에 1길긴뜨기를 1코 더 뜬다.

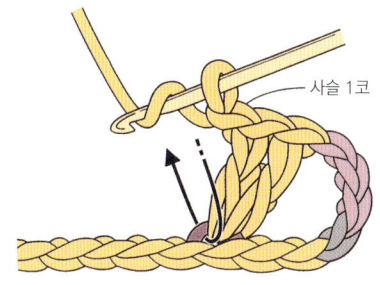

04 사슬 1코를 뜨고, 코바늘에 실을 걸어 같은 코에 넣는다.

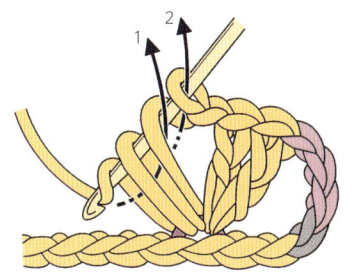

05 실을 걸어 빼내고, 다시 실을 걸어 고리 2개를 빼낸 다음 한 번 더 실을 걸어 남은 고리 2개를 빼내 1길긴뜨기를 뜬다.

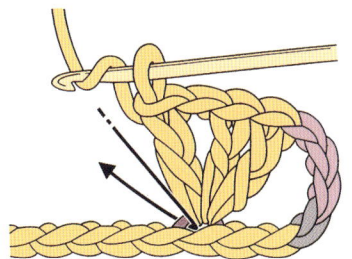

06 코바늘에 실을 걸어 같은 코에 1길긴뜨기를 1코 더 뜬다. 1길긴뜨기 4코 늘려뜨기(= 조개무늬) 완성.

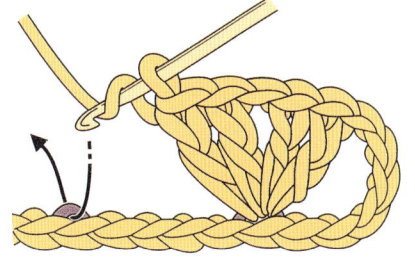

07 다음 무늬는 시작코의 5번째 코에 같은 방법으로 뜬다.

1길긴뜨기 4코 늘려뜨기
코 아래 구멍에서, 사이 사슬 1코

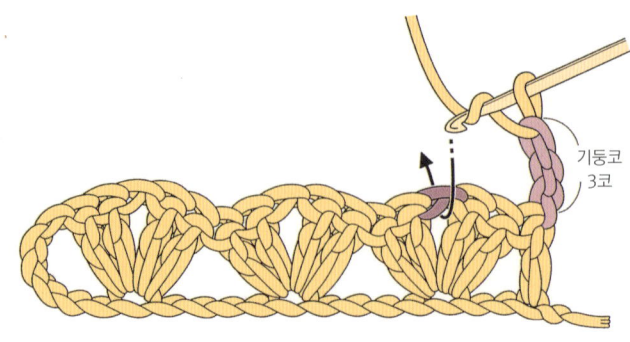

01 코바늘에 실을 걸고, 아랫단의 사슬코 아래 구멍에 바늘을 넣는다.

02 코바늘에 실을 걸어 사슬 2코 높이로 빼낸다.

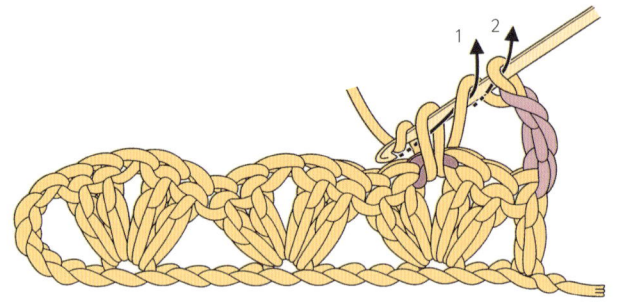

03 코바늘에 실을 걸어 앞쪽의 고리 2개를 빼내고, 다시 실을 걸어 남은 2개의 고리를 빼내 1길긴뜨기를 뜬다.

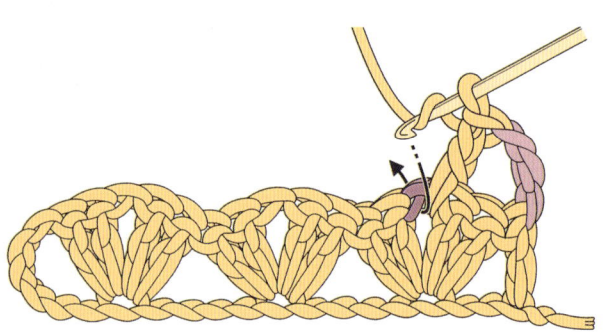

04 다시 한 번 코바늘에 실을 걸어 같은 구멍에 1길긴뜨기를 1코 더 뜬다.

05 이어서 사슬 1코를 뜨고, 같은 구멍에 1길긴뜨기 2코를 더 떠 넣는다.

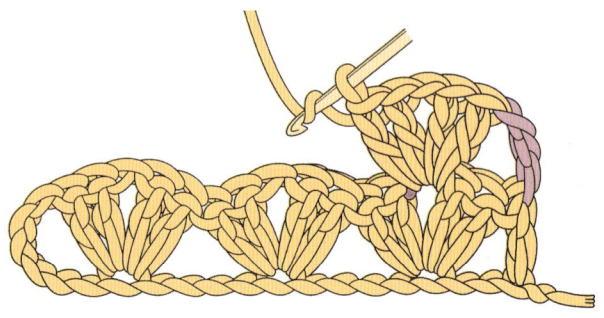

06 1길긴뜨기 4코 늘려뜨기(코 아래 구멍에서, 사이 사슬 1코) 완성.

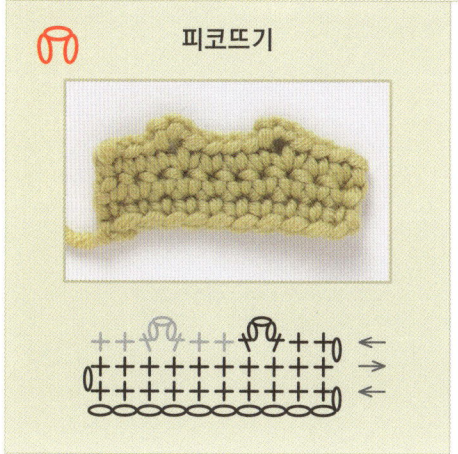

피코뜨기

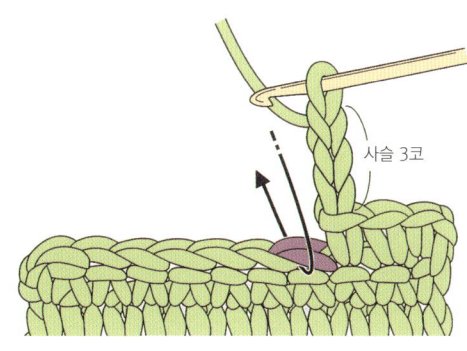

01 사슬 3코를 뜨고, 다음 코에 코바늘을 넣는다. 사슬 3코

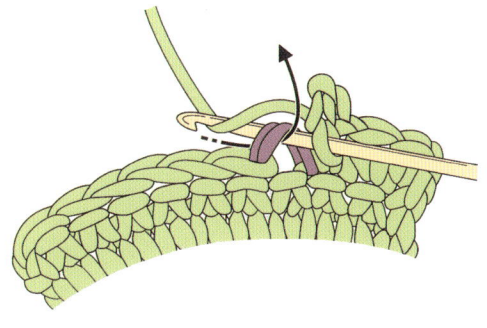

02 코바늘에 실을 걸어 빼낸다.

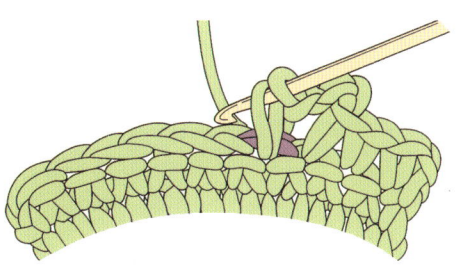

03 사슬 1코 높이로 실을 빼낸 모습.

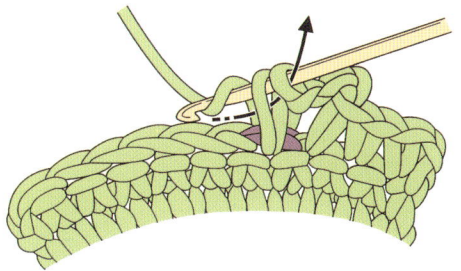

04 다시 한 번 코바늘에 실을 걸어 2개의 고리를 한꺼번에 빼낸다.

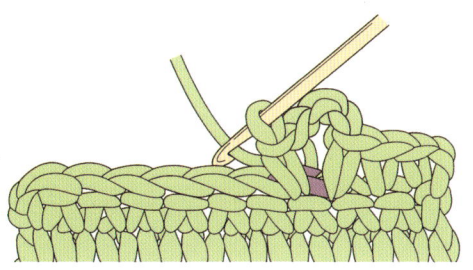

05 피코뜨기 완성.

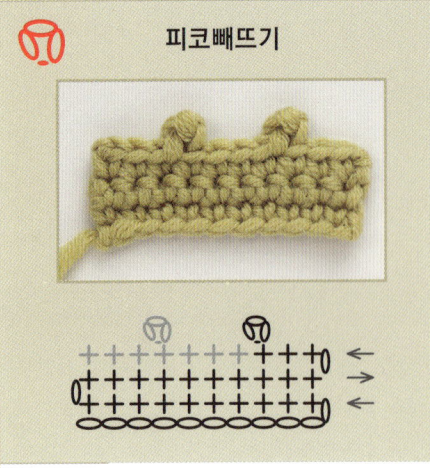

피코빼뜨기

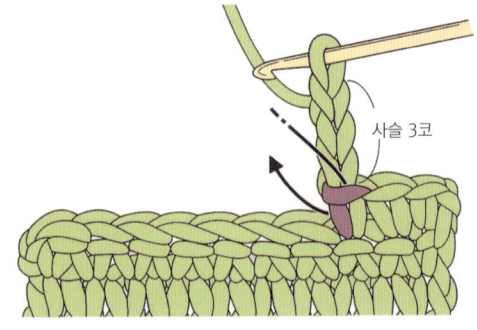

01 사슬 3코를 뜨고, 화살표 방향으로 코바늘을 넣는다. 사슬 3코

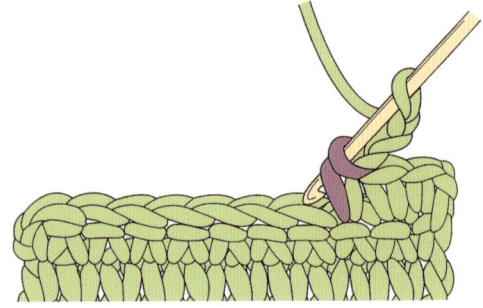

02 코바늘을 넣은 모습.

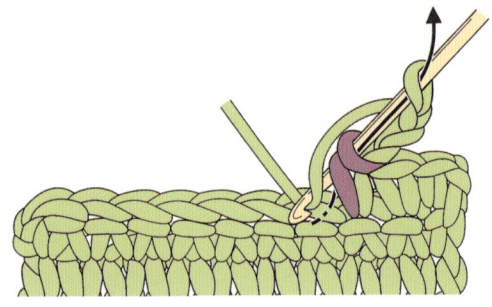

03 코바늘에 실을 걸어 화살표 방향으로 빼낸다.

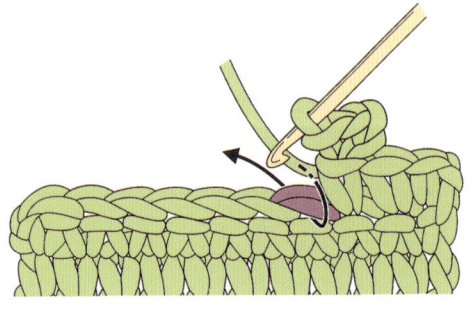

04 그림처럼 다음 코에 코바늘을 넣는다.

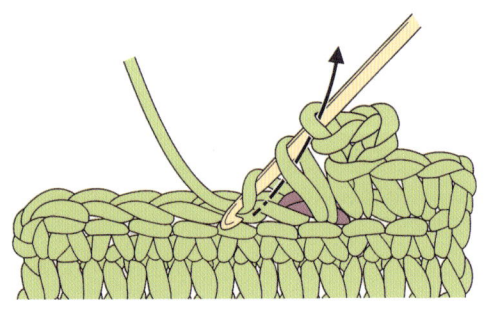

05 짧은뜨기를 뜬다.

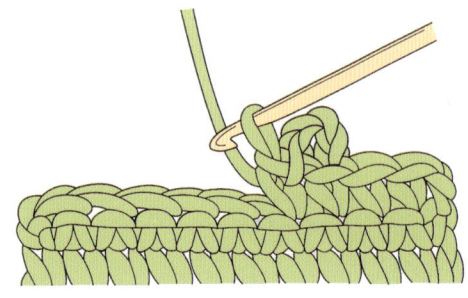

06 피코빼뜨기 완성.

1길긴뜨기 피코빼뜨기

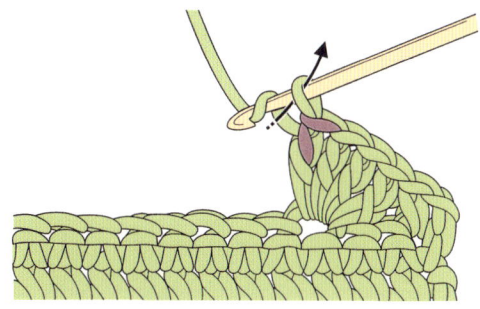

01 1길긴뜨기 4코를 뜨고, 사슬 3코를 뜬다.

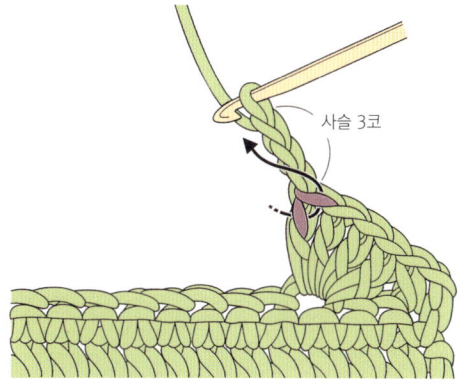

02 화살표와 같이 4번째 1길긴뜨기의 머리 앞쪽 반코와 다리의 실 1가닥에 코바늘을 넣는다.

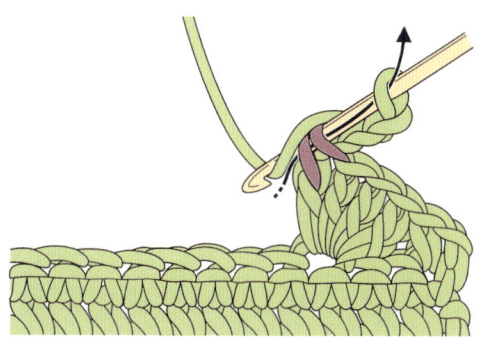

03 코바늘에 실을 걸어 바늘에 걸려 있는 고리를 한꺼번에 빼낸다.

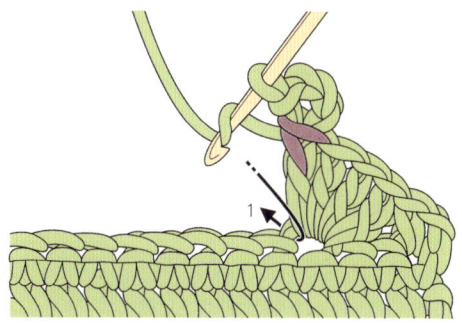

04 코바늘에 실을 걸어 화살표 방향으로 바늘을 넣어 1길긴뜨기를 뜬다.

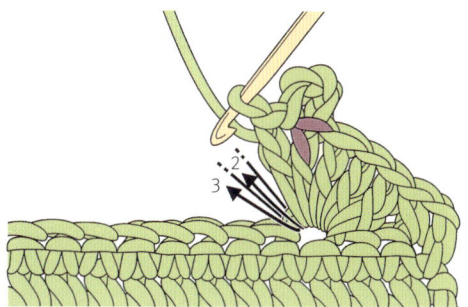

05 같은 방법으로 1길긴뜨기를 2코 더 뜬다.

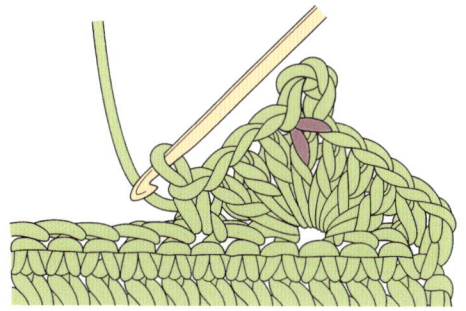

06 1길긴뜨기 피코빼뜨기 완성.

사슬에서의 피코빼뜨기

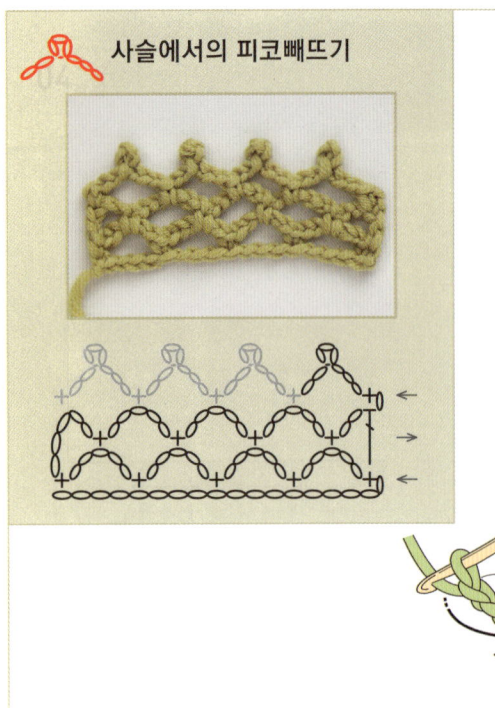

01 코바늘에 실을 걸어 사슬 3코를 뜬다.

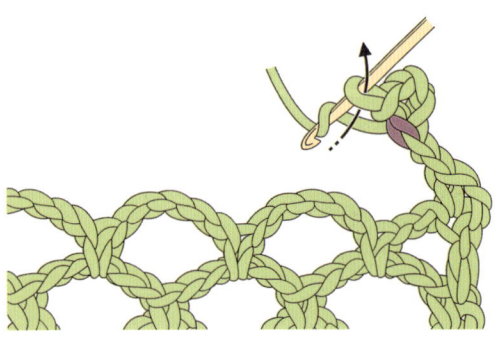

02 사슬 3코를 더 뜬 다음 먼저 뜬 사슬의 3번째 코의 사슬 반 코와 사슬코의 뒷산에 코바늘을 넣는다.

03 코바늘에 실을 걸어 바늘에 걸려 있는 고리를 한꺼번에 빼낸다.

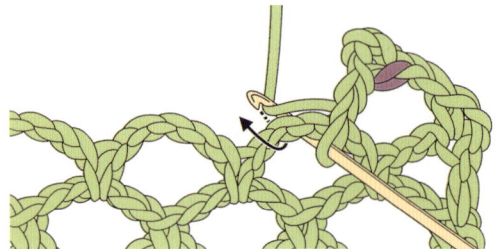

04 사슬 2코를 뜬다.

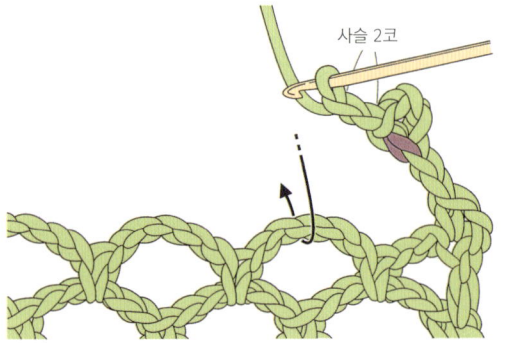

05 아랫단의 사슬코 아래 구멍에 코바늘을 넣는다.

06 코바늘에 실을 걸어 짧은뜨기를 뜬다.

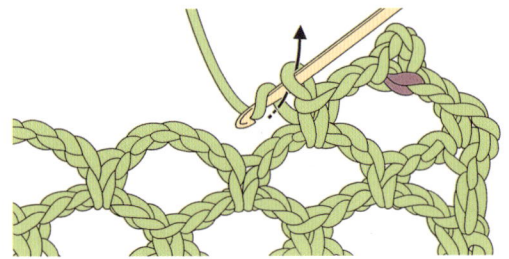

07 사슬에서의 피코빼뜨기 완성. 01~06을 반복한다.

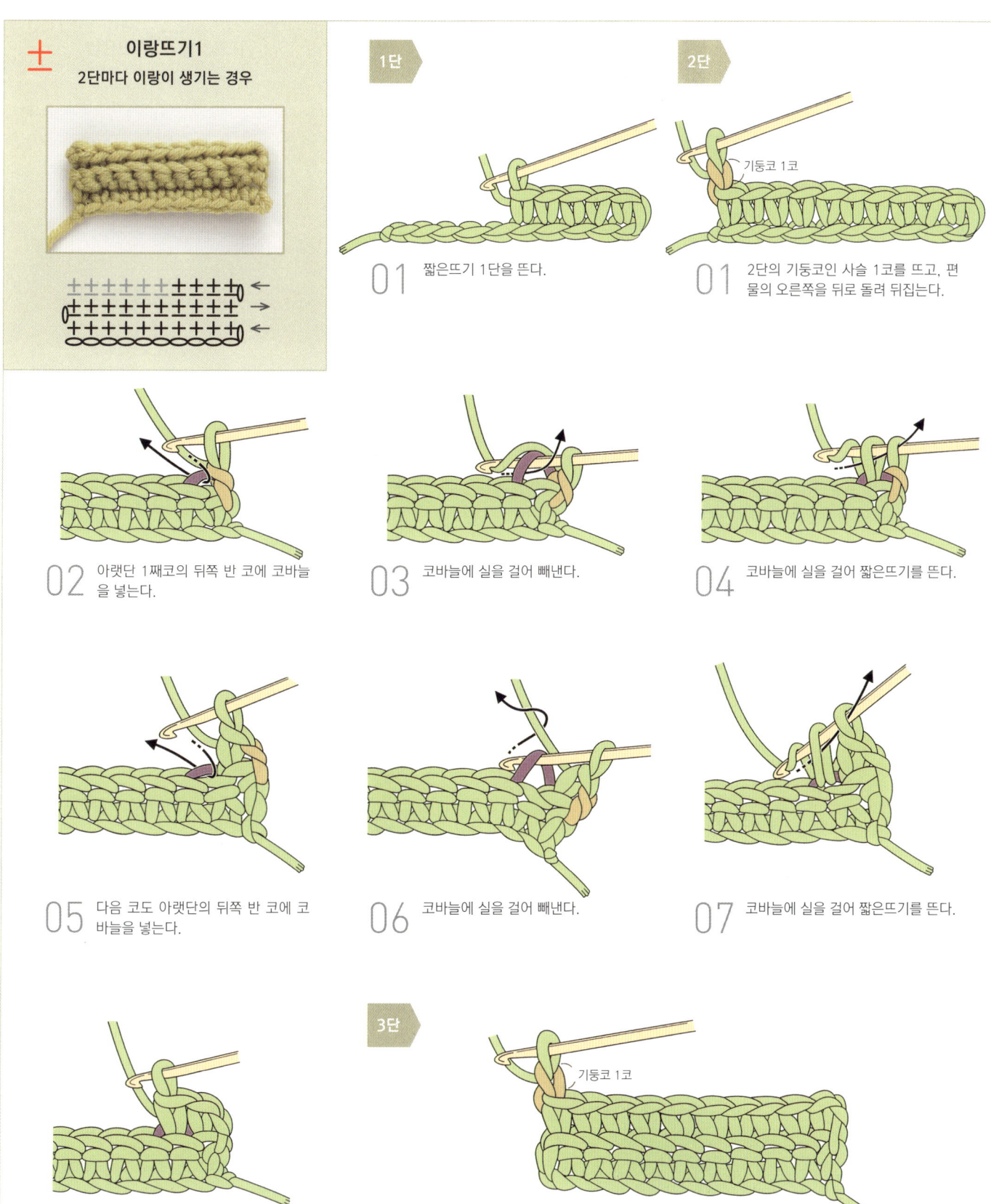

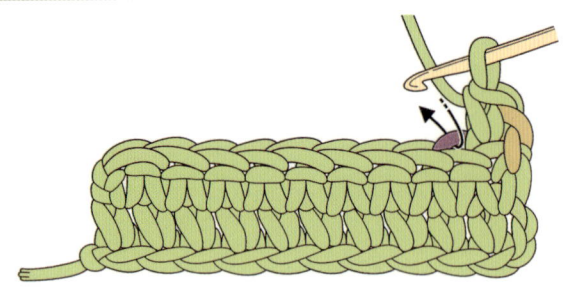

02 2단과 같은 방법으로 아랫단 코의 뒤쪽 반 코를 주워 짧은뜨기를 뜬다.

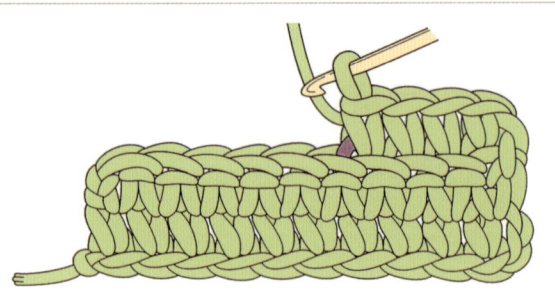

03 3단의 이랑뜨기 4코 완성 모습. 겉면에서 볼 때 이랑무늬가 2단에 1번씩 보인다

± 이랑뜨기2
단마다 이랑이 생기는 경우

 2단

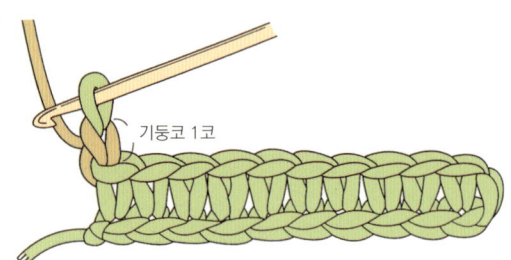

01 짧은뜨기 1단을 뜨고, 2단의 기둥코인 사슬 1코를 뜬 다음 편물의 오른쪽을 뒤로 돌려 뒤집는다.

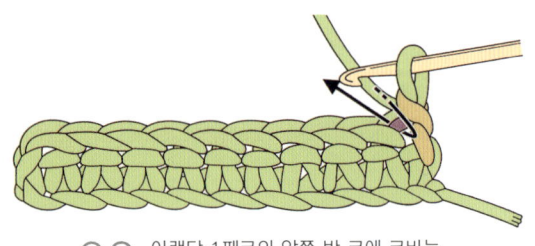

02 아랫단 1째코의 앞쪽 반 코에 코바늘을 넣는다.

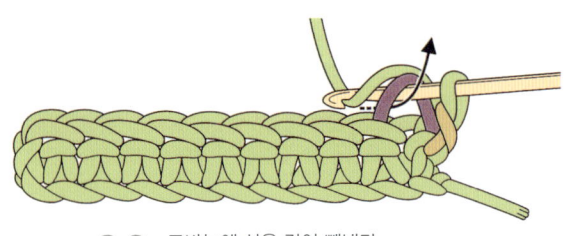

03 코바늘에 실을 걸어 빼낸다.

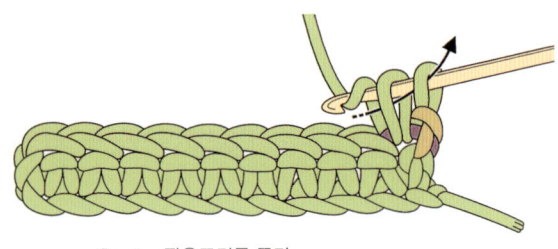

04 짧은뜨기를 뜬다.

05 같은 방법으로 남은 코들도 아랫단의 앞쪽 반 코에 짧은뜨기를 뜬다.

3단

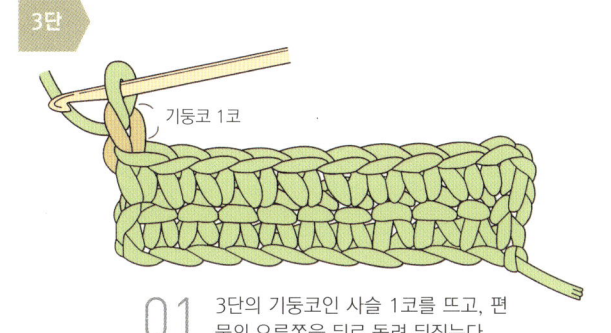

01 3단의 기둥코인 사슬 1코를 뜨고, 편물의 오른쪽을 뒤로 돌려 뒤집는다.

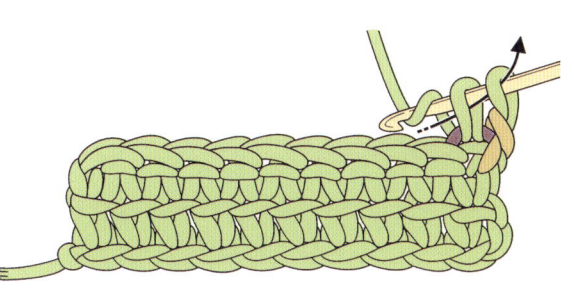

02 아랫단의 뒤쪽 반 코를 주워 짧은뜨기를 뜬다.

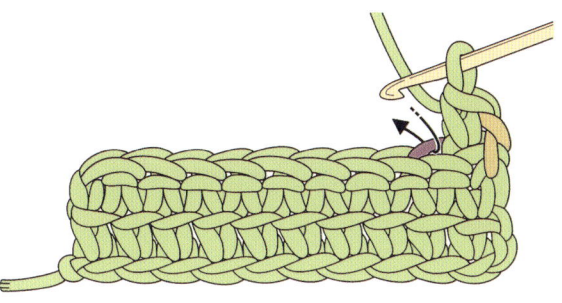

03 남은 코들도 같은 방법으로 뒤쪽 반 코에 짧은뜨기를 뜬다.

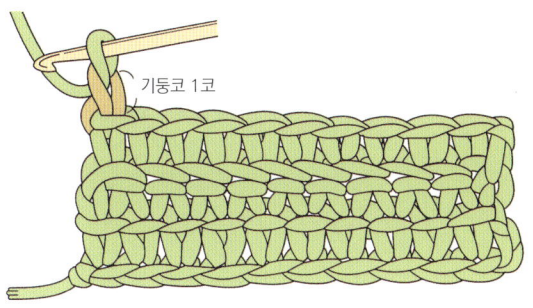

04 이랑뜨기 3단 완성. 겉면에서 볼 때 이랑무늬가 매단 보인다.

긴뜨기 이랑뜨기

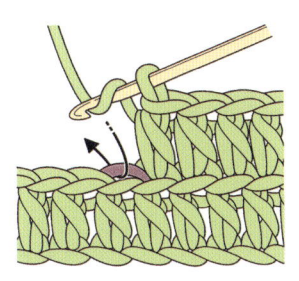

01 코바늘에 실을 걸어 아랫단의 뒤쪽 반 코에 코바늘을 넣는다.

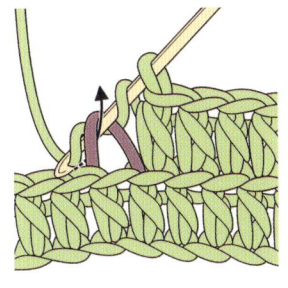

02 코바늘에 실을 걸어 빼낸다.

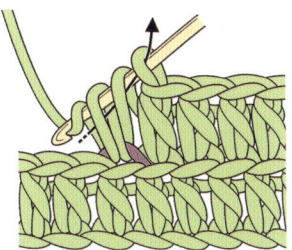

03 코바늘에 실을 걸어 3개의 고리를 한 번에 빼내는 방법으로 긴뜨기를 뜬다.

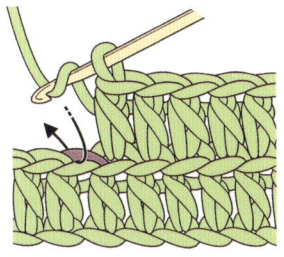

04 나머지 코들도 같은 방법으로 아랫단의 뒤쪽 반 코에 긴뜨기를 뜬다.

1길긴뜨기 이랑뜨기

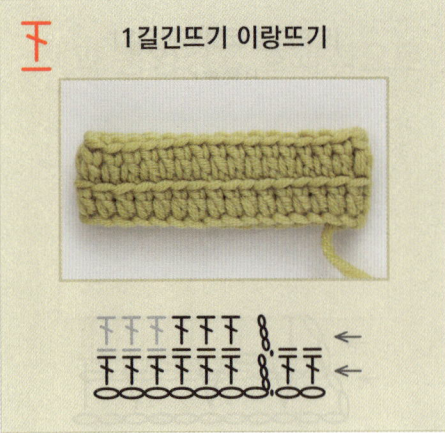

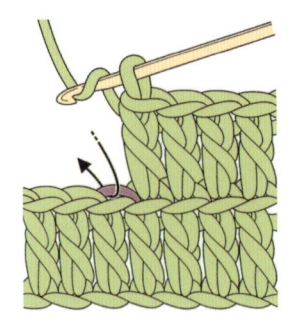

01 코바늘에 실을 걸어 아랫단의 뒤쪽 반 코에 코바늘을 넣는다.

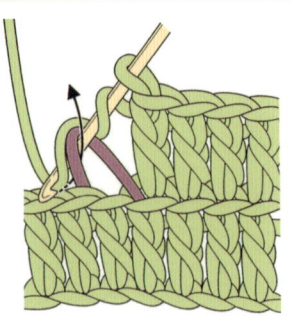

02 코바늘에 실을 걸어 빼낸다.

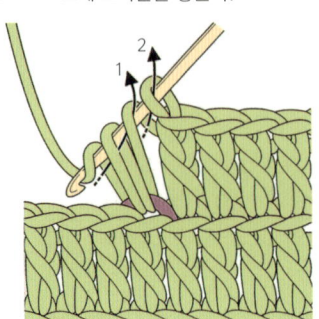

03 코바늘에 실을 걸어 2개의 고리를 빼내고, 다시 실을 걸어서 남은 2개의 고리를 빼내 1길긴뜨기를 뜬다.

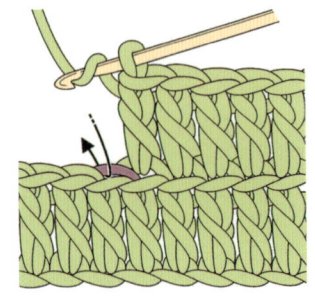

04 나머지 코들도 같은 방법으로 아랫단의 뒤쪽 반 코에 1길긴뜨기를 뜬다.

바늘 돌려 짧은뜨기

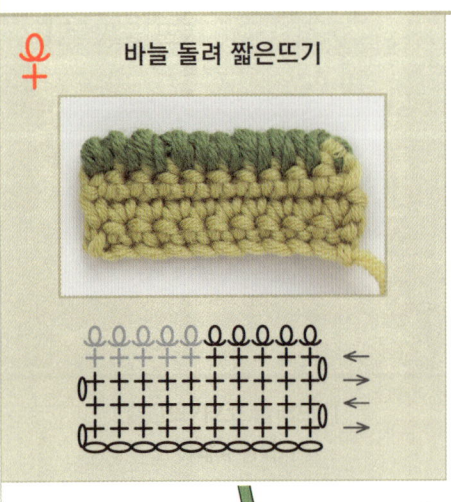

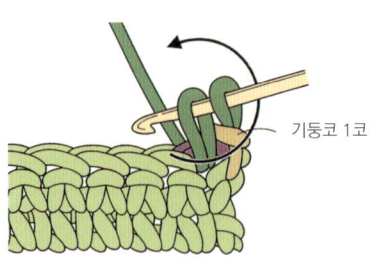

01 기둥코인 사슬 1코를 뜬다. 아랫단 1째코의 머리에 바늘을 넣고, 실을 걸어 길게 빼서 화살표 방향으로 돌린다.

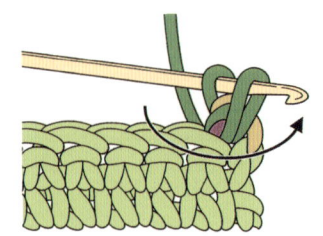

02 1바퀴를 완전히 돌린다.

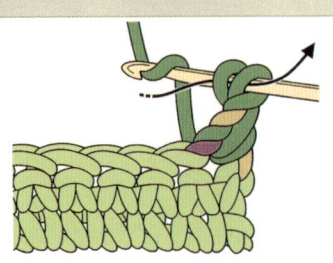

03 코바늘에 실을 걸어 바늘에 있는 고리 2개를 한꺼번에 빼내 짧은뜨기를 뜬다.

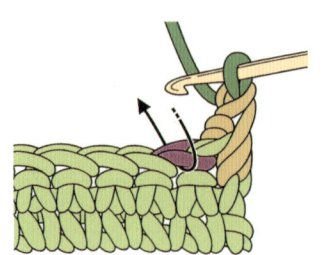

04 바늘 돌려 짧은뜨기 1코 완성. 다음 코에 코바늘을 넣는다.

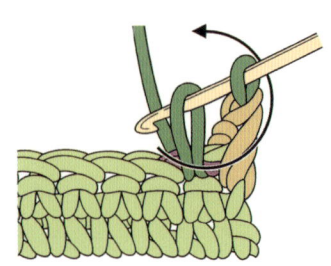

05 코바늘에 실을 걸어 길게 빼서 화살표 방향으로 한 바퀴 돌린다.

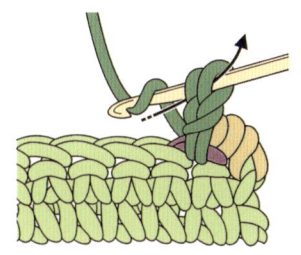
06 코바늘에 실을 걸어 2개의 고리를 한 꺼번에 빼내 짧은뜨기를 뜬다.

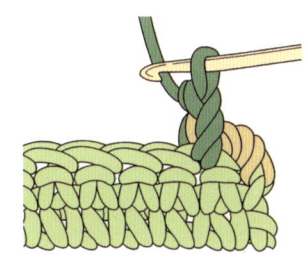
07 바늘 돌려 짧은뜨기 2코 완성.

08 남은 코들도 같은 방법으로 뜬다.

 되돌려 짧은뜨기

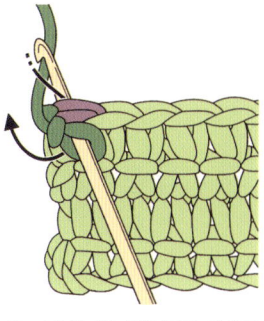
01 편물의 방향은 그대로 두고 기둥코인 사슬 1코를 뜬 다음, 코바늘을 돌려서 화살표 방향으로 넣는다.

02 코바늘에 실을 걸어 화살표 방향으로 빼낸다.

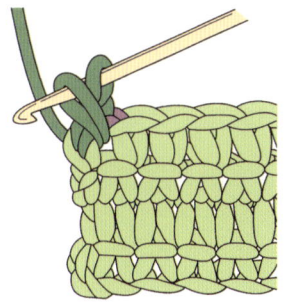
03 실을 빼낸 모습.

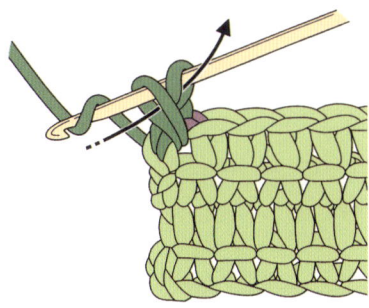
04 코바늘에 실을 걸어 2개의 고리를 한 꺼번에 빼내서 짧은뜨기를 뜬다.

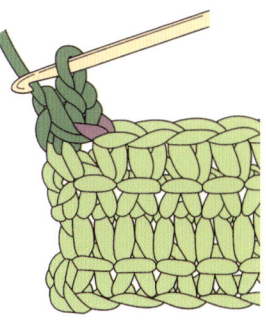
05 되돌려 짧은뜨기 1코 완성.

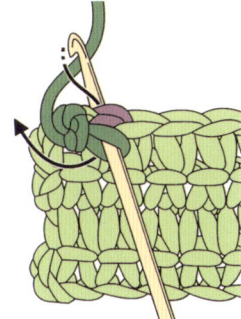
06 다음 코에 코바늘을 넣고, 실을 걸어 화살표처럼 앞쪽으로 빼낸다.

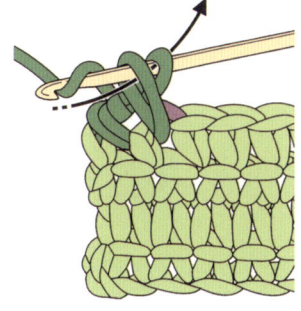
07 코바늘에 실을 걸어 2개의 고리를 한 꺼번에 빼내서 짧은뜨기를 뜬다.

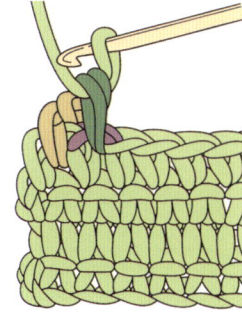
08 2번째 되돌려 짧은뜨기 완성. 06~07을 반복하며 왼쪽에서 오른쪽으로 뜬다.

긴뜨기3코 구슬뜨기
1코에서

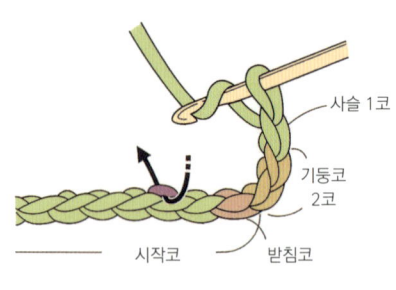

01 코바늘에 실을 걸어 받침코에서 2번째 사슬코의 뒷산에 넣는다.

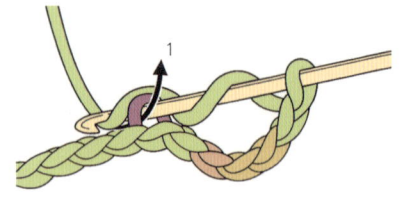

02 코바늘에 실을 걸어 사슬 2코 높이로 빼낸다.

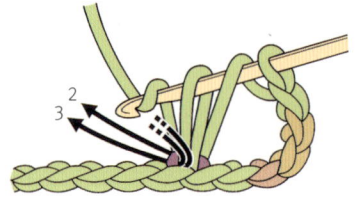

03 코바늘에 2개의 고리가 있는 상태(미완성 긴뜨기)에서 같은 코에 미완성 긴뜨기를 2코 더 뜬다.

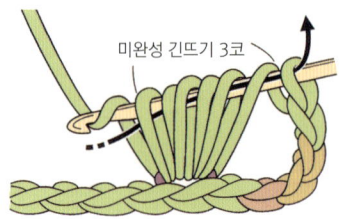

04 코바늘에 실을 걸어 코바늘에 걸려 있는 7개의 고리를 화살표 방향으로 한꺼번에 빼낸다.

05 긴뜨기3코 구슬뜨기(1코에서) 완성. 코바늘에 실을 걸어 사슬뜨기 2코를 뜬다.

06 코바늘에 실을 걸고, 시작코 2코를 건너뛰어 그림처럼 사슬코의 뒷산에 넣고 02~04를 반복한다.

07 2번째 긴뜨기3코 구슬뜨기(1코에서) 완성.

긴뜨기3코 구슬뜨기
코 아래 구멍에서

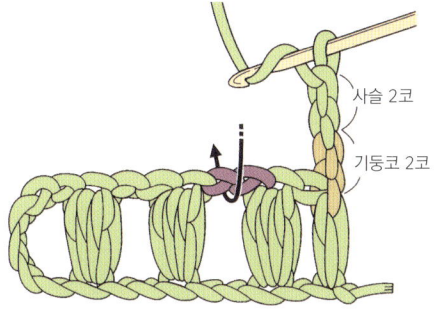

01 코바늘에 실을 걸어 아랫단의 사슬코 아래 구멍에 코바늘을 넣는다.

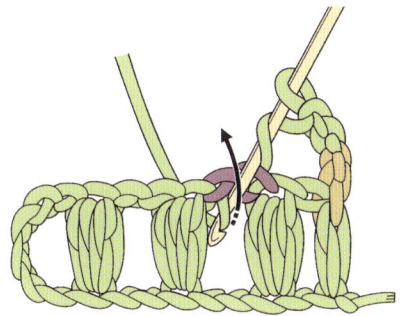

02 코바늘에 실을 걸어 사슬 2코 높이로 빼낸다.

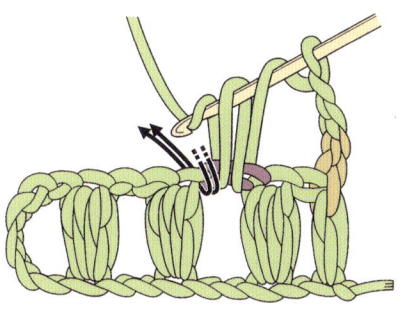

03 코바늘에 실을 걸어 같은 곳에 미완성 긴뜨기를 2코 더 뜬다.

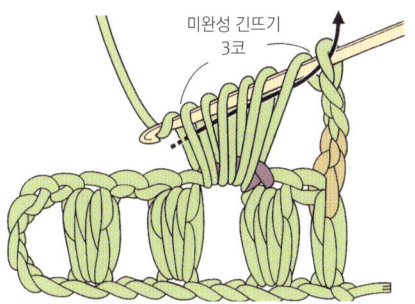

04 코바늘에 실을 걸어 코바늘에 걸려 있는 7개의 고리를 한꺼번에 빼낸다.

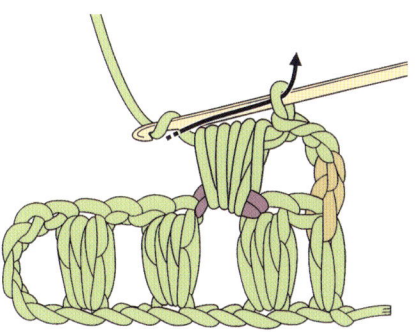

05 긴뜨기3코 구슬뜨기(코 아래 구멍에서) 완성. 이어서 사슬 2코를 뜬다.

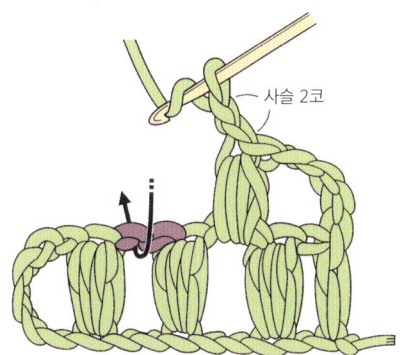

06 2번째도 아랫단의 사슬코 아래 구멍에 코바늘을 넣어 뜬다.

긴뜨기3코 변형 구슬뜨기
1코에서

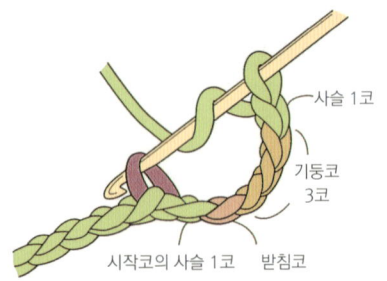

01 코바늘에 실을 걸고, 받침코에서 2번째 사슬코의 뒷산에 코바늘을 넣는다.

02 코바늘에 실을 걸어 사슬 2코 높이로 빼낸다(미완성 긴뜨기 1코). 같은 방법으로 미완성 긴뜨기를 2코 더 뜬다.

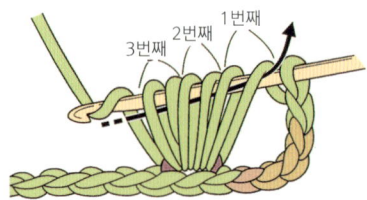

03 코바늘에 실을 걸어 6개의 고리를 한꺼번에 빼내고, 오른쪽 1개만 남긴다.

04 다시 한 번 코바늘에 실을 걸어 남은 2개의 고리를 한꺼번에 빼낸다.

05 긴뜨기3코 변형 구슬뜨기(1코에서) 완성. 이어서 사슬 2코를 뜬다.

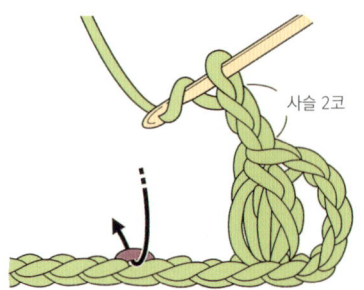

06 그림처럼 코바늘에 실을 건 다음 시작코 2코를 건너뛰어 사슬코의 뒷산에 넣고 02~04를 반복한다.

긴뜨기3코 변형 구슬뜨기
코 아래 구멍에서

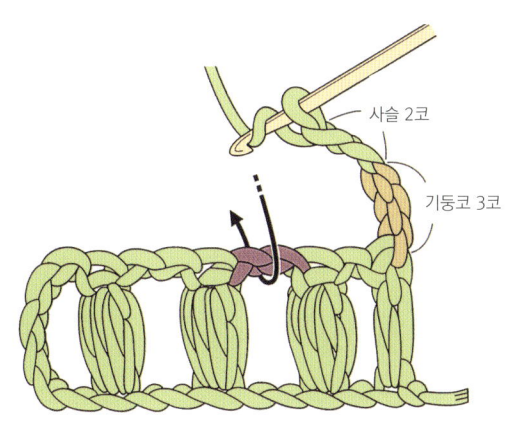

01 코바늘에 실을 걸고 아랫단의 사슬코 아래 구멍에 바늘을 넣는다.

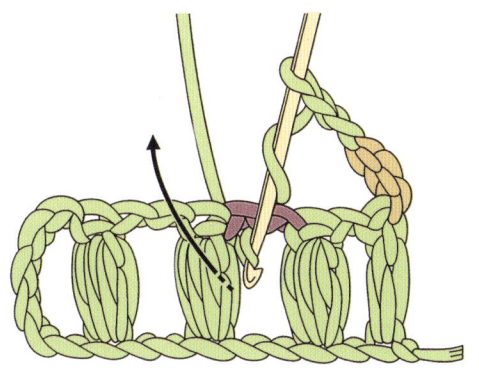

02 코바늘에 실을 걸어 사슬 2코 높이로 빼낸다(미완성 긴뜨기).

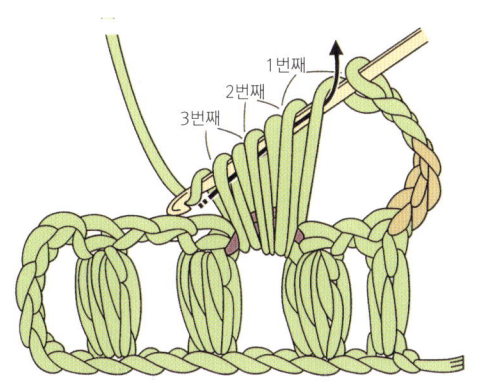

03 미완성 긴뜨기를 2코 더 뜬 다음, 코바늘에 실을 걸어 오른쪽의 1개만 남기고 6개의 고리를 한꺼번에 빼낸다.

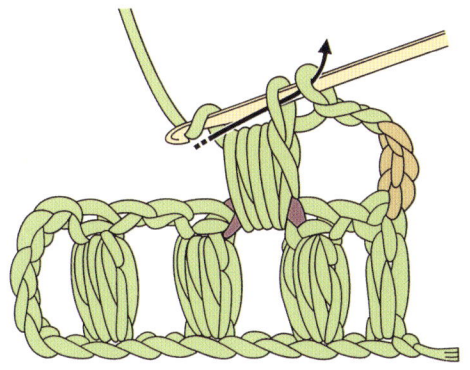

04 다시 한 번 코바늘에 실을 걸어 남은 2개의 고리를 한꺼번에 빼낸다.

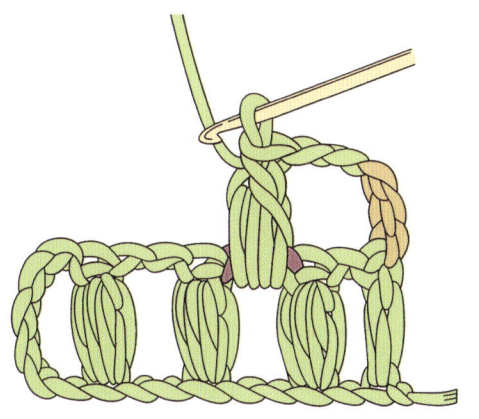

05 긴뜨기3코 변형 구슬뜨기(코 아래 구멍에서) 완성.

1길긴뜨기 3코 방울뜨기
1코에서

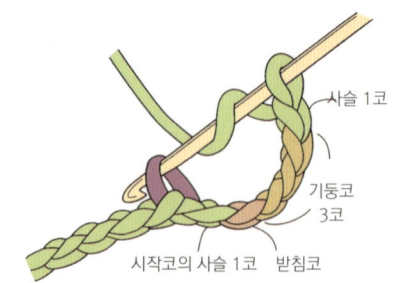

01 코바늘에 실을 걸고, 그림처럼 사슬코의 뒷산에 코바늘을 넣은 다음 실을 걸어 빼낸다.

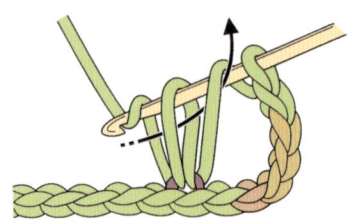

02 코바늘에 실을 걸어 바늘 앞쪽에 있는 2개의 고리를 빼낸다.

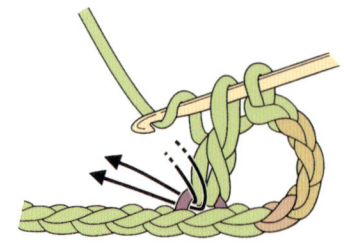

03 미완성 1길긴뜨기 완성. 다시 같은 코에 미완성 1길긴뜨기를 2코 더 뜬다.

04 코바늘에 실을 걸어 바늘에 있는 4개의 고리를 한꺼번에 빼낸다.

05 1길긴뜨기 3코 방울뜨기(1코에서) 완성.

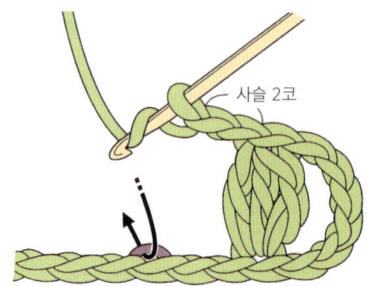

06 사슬 2코를 뜨고, 다시 코바늘에 실을 걸어서 시작코 2코를 건너뛰어 사슬코의 뒷산에 넣고 02~04를 반복한다.

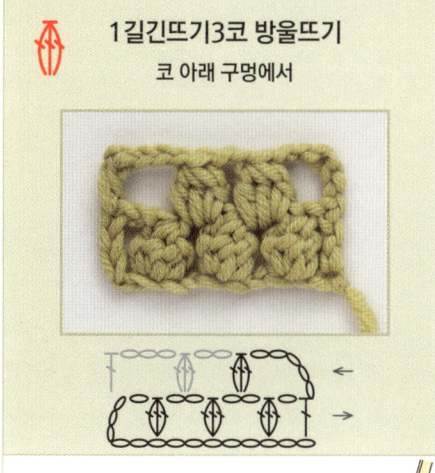

1길긴뜨기 3코 방울뜨기
코 아래 구멍에서

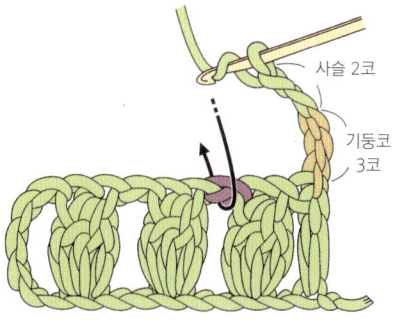

01 코바늘에 실을 걸고, 아랫단의 사슬코 아래 구멍에 바늘을 넣는다.

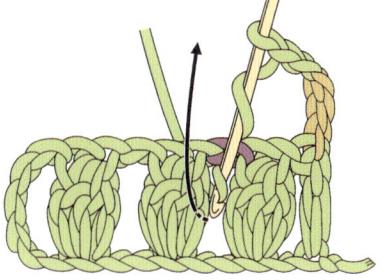

02 코바늘에 실을 걸어 빼낸다.

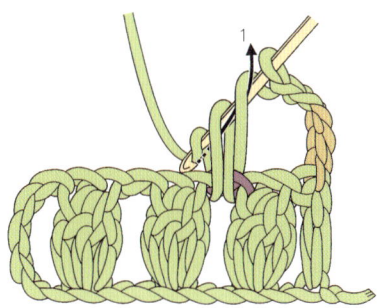

03 코바늘에 실을 걸어 바늘 앞쪽에 있는 2개의 고리를 빼낸다.

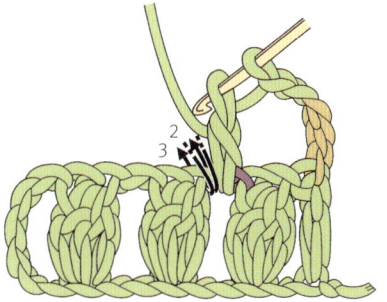

04 미완성 1길긴뜨기 완성. 같은 방법으로 미완성 1길긴뜨기를 2코 더 뜬다.

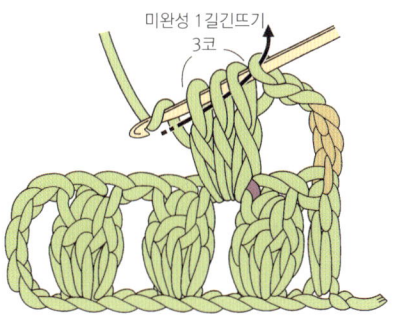

05 코바늘에 실을 걸어 바늘에 있는 4개의 고리를 한꺼번에 빼낸다.

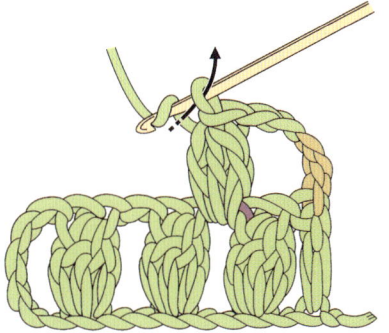

06 1길긴뜨기 3코 방울뜨기(코 아래 구멍에서) 완성. 이어서 사슬 2코를 뜬다.

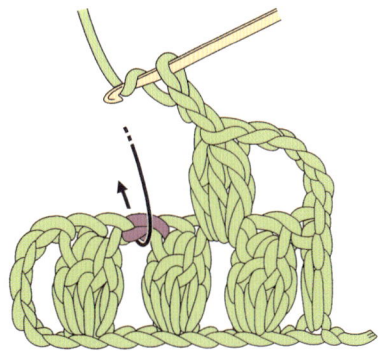

07 코바늘에 실을 걸어 다음 사슬코 아래 구멍에 02~05를 반복한다.

1길긴뜨기5코 방울뜨기
1코에서

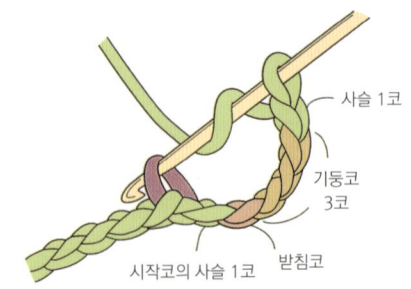

01 코바늘에 실을 걸어 받침코에서 2번째 사슬코의 뒷산에 넣고, 다시 실을 걸어서 사슬 2코 높이로 빼낸다.

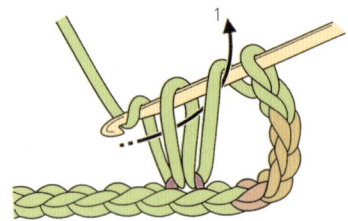

02 코바늘에 실을 걸어 바늘 앞쪽에 있는 2개의 고리를 빼서 미완성 1길긴뜨기를 뜬다.

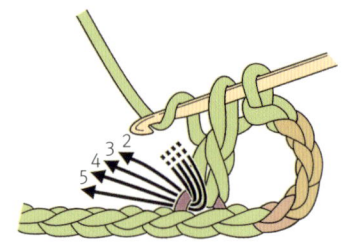

03 같은 코에 미완성 1길긴뜨기를 4코 더 뜬다.

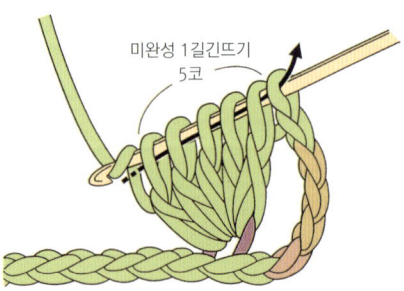

04 코바늘에 실을 걸어 바늘에 있는 6개의 고리를 한꺼번에 빼낸다.

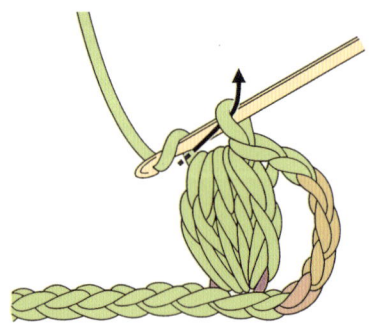

05 1길긴뜨기5코 방울뜨기(1코에서) 완성. 이어서 사슬 3코를 뜬다.

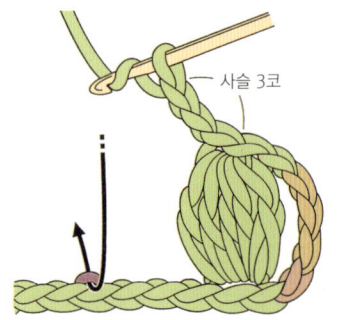

06 코바늘에 실을 걸고 3코 걸러 사슬코의 뒷산에 넣어 01~04를 반복한다.

1길긴뜨기5코 방울뜨기
코 아래 구멍에서

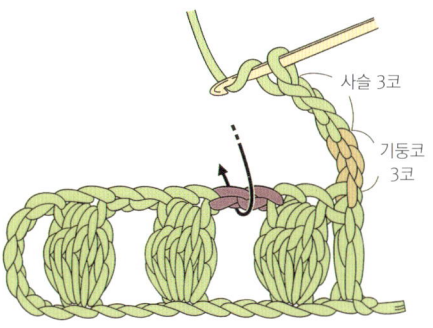

01 코바늘에 실을 걸고, 아랫단의 사슬코 아래 구멍에 바늘을 넣는다. 사슬 3코 / 기둥코 3코

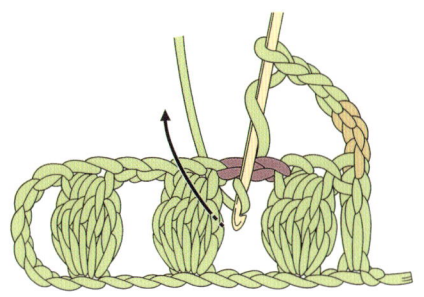

02 코바늘에 실을 걸어 사슬 2코 높이로 빼낸다.

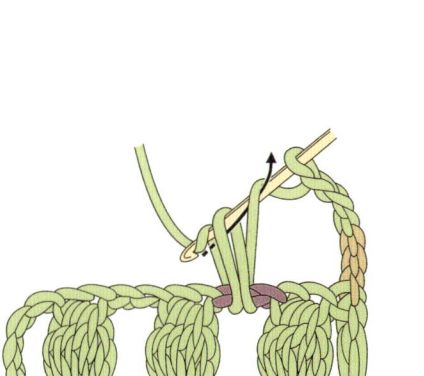

03 코바늘에 실을 걸어 바늘에 있는 2개의 고리를 뺀다(미완성 1길긴뜨기).

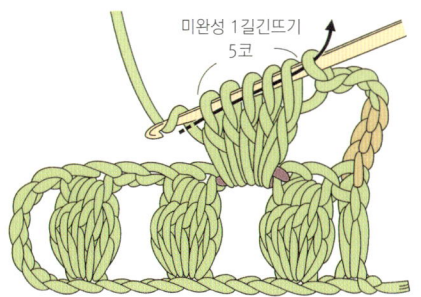

04 미완성 1길긴뜨기를 4코 더 뜨고, 코바늘에 실을 걸어 6개의 고리를 빼낸다. 미완성 1길긴뜨기 5코

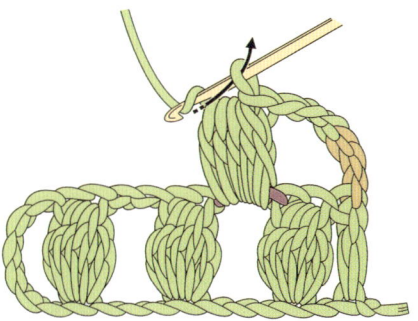

05 1길긴뜨기5코 방울뜨기(코 아래 구멍에서) 완성. 사슬 3코를 뜬다.

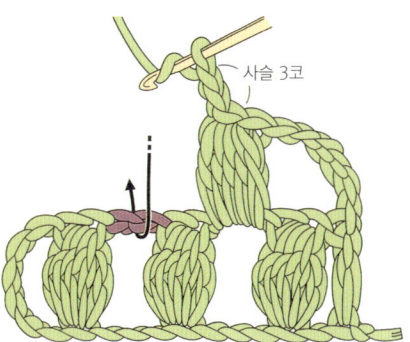

06 코바늘에 실을 걸어 다음 사슬코 아래 구멍에 넣고 02~04를 반복한다. 사슬 3코

1길긴뜨기5코 팝콘뜨기
1코에서

01 한 코에서 1길긴뜨기 5코를 뜨고, 코바늘을 빼서 1길긴뜨기 1번째 코에 넣는다.

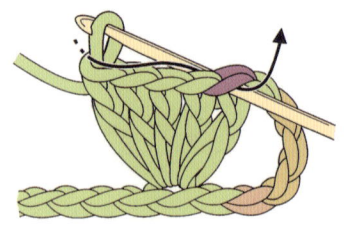

02 그림처럼 5번째 코에 코바늘을 넣어 5번째 코를 첫코 사이로 빼낸다.

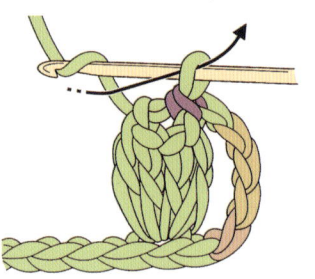

03 코바늘에 실을 걸어 사슬 3코를 뜬다.

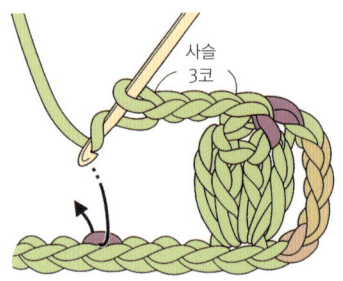

04 2번째도 3코 걸러서 사슬코의 뒷산에 코바늘을 넣어 01~02를 반복한다.

05 2번째 1길긴뜨기 팝콘뜨기(1코에서) 완성.

TIP 팝콘뜨기의 특징

팝콘뜨기는 구슬뜨기나 방울뜨기보다 더 도톰하고 입체적이다.
구슬뜨기나 방울뜨기는 여러 개의 미완성 코를 합쳐서 1코로 만들지만, 팝콘뜨기는 여러 개의 완성된 뜨개코를 1코로 만든 다음 사슬코로 모아주기 때문이다. 팝콘뜨기는 1코로 만들 때 바늘을 넣는 방법에 따라 입체적으로 도드라지는 방향도 달라지는데, 이 때문에 겉쪽에서 뜰 때와 안쪽에서 뜰 때 바늘을 넣어 모아주는 방법도 다르다.

1길긴뜨기5코 방울뜨기

겉

1길긴뜨기5코 팝콘뜨기

겉

안

안

앞(겉쪽)으로 코를 빼낸다. / 뒤(안쪽)로 코를 빼낸다.

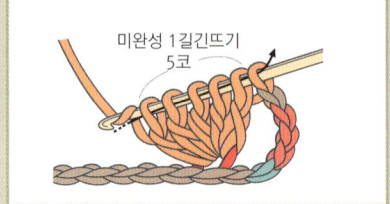
미완성 1길긴뜨기 5코

1길긴뜨기5코 팝콘뜨기
코 아래 구멍에서

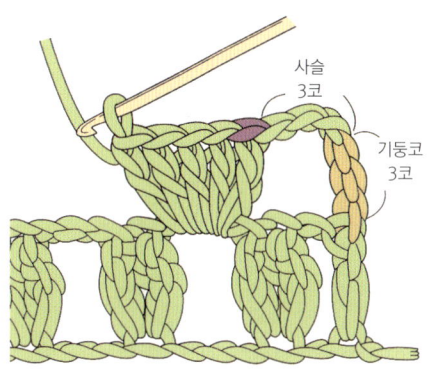

01 코바늘에 실을 걸고, 아랫단 사슬코의 구멍에 1길긴뜨기 5코를 뜬다.

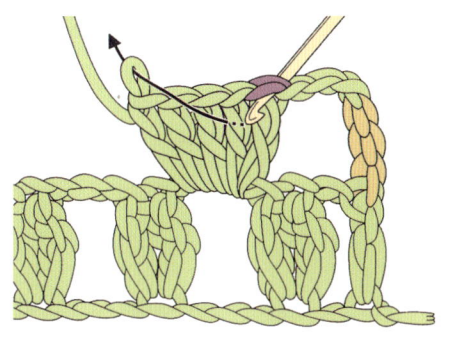

02 코바늘을 빼서 1길긴뜨기 1째코와 5째코에 그림처럼 코바늘을 넣는다.

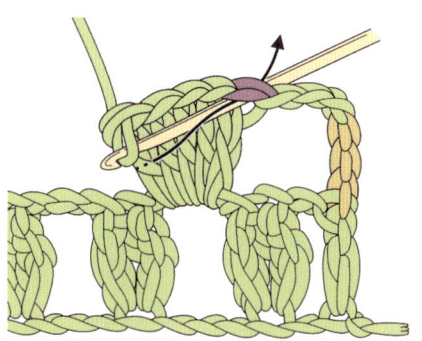

03 5째코를 1째코 사이로 빼낸다.

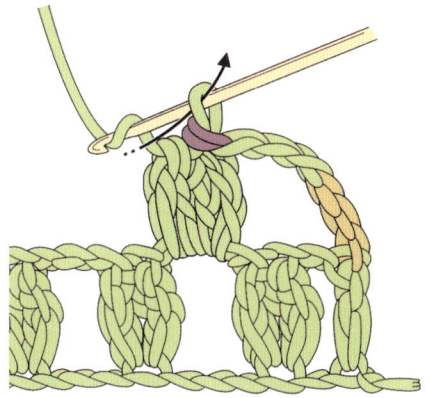

04 1길긴뜨기5코 팝콘뜨기(코 아래 구멍에서) 완성. 사슬 3코를 뜬다.

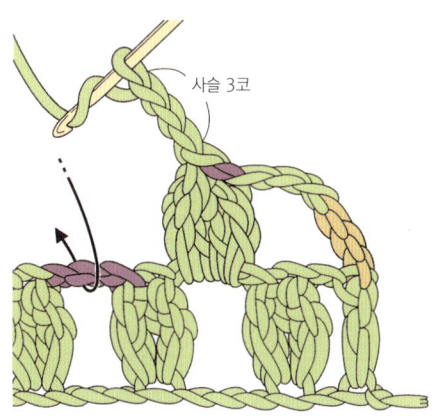

05 2번째도 아랫단 사슬코의 구멍에 바늘을 넣고 01~03을 반복한다.

짧은뜨기 앞걸어뜨기

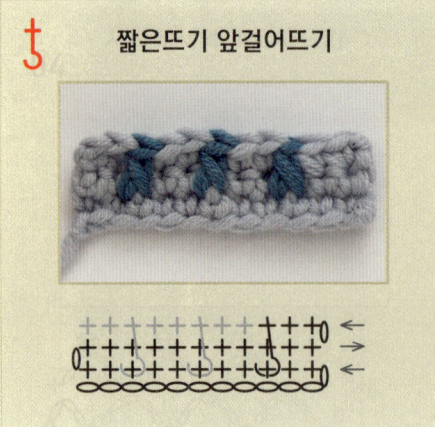

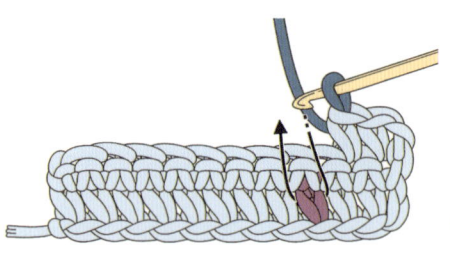

01 화살표 방향으로 코바늘을 넣는다.

02 코바늘에 실을 걸어 화살표 방향으로 길게 뺀다.

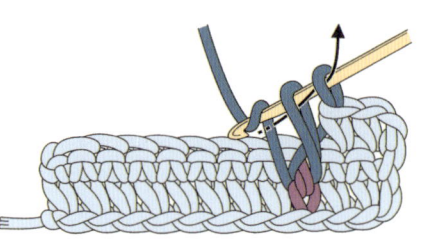

03 코바늘에 실을 걸어 바늘에 있는 2개의 고리를 빼낸다.

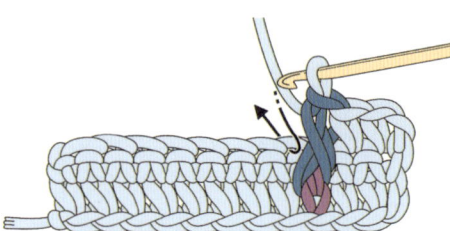

04 다음 짧은뜨기는 1코를 건너뛰고 2번째 코에서 뜬다.

짧은뜨기 뒤걸어뜨기

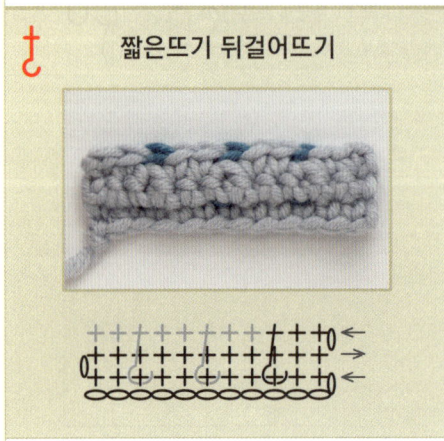

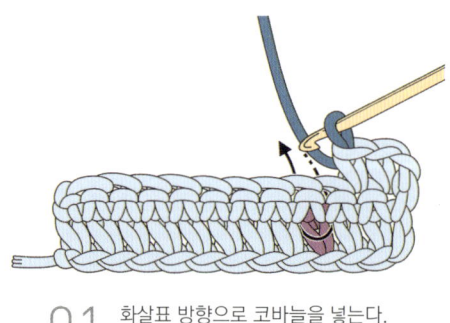

01 화살표 방향으로 코바늘을 넣는다.

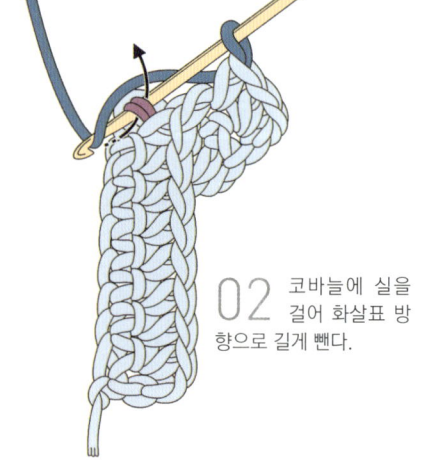

02 코바늘에 실을 걸어 화살표 방향으로 길게 뺀다.

03 코바늘에 실을 걸어 바늘에 있는 2개의 고리를 빼낸다.

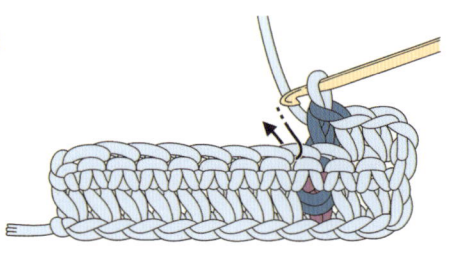

04 다음 짧은뜨기는 1코를 건너뛰고 2번째 코에서 뜬다.

긴뜨기 앞걸어뜨기

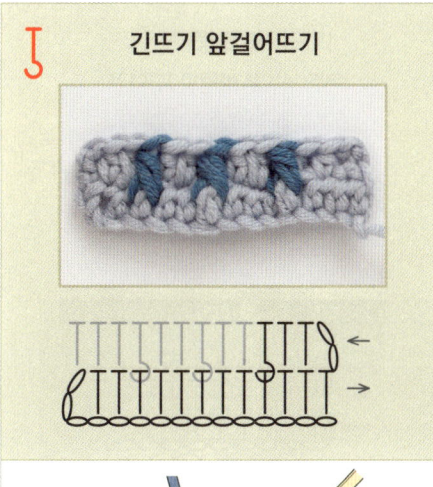

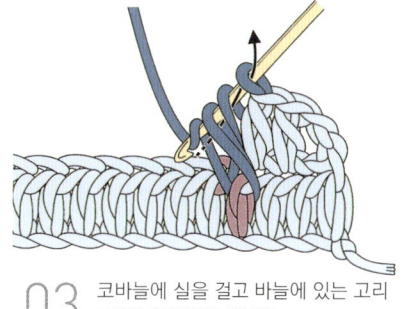

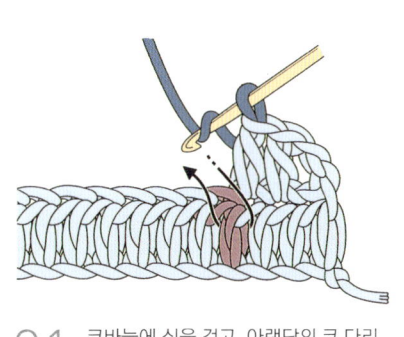

01 코바늘에 실을 걸고, 아랫단의 코 다리에 화살표 방향으로 넣는다.

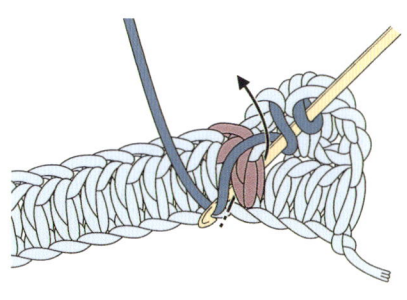

02 코바늘에 실을 걸어 화살표 방향으로 사슬 2코 높이만큼 뺀다.

03 코바늘에 실을 걸고 바늘에 있는 고리 3개를 한꺼번에 빼낸다.

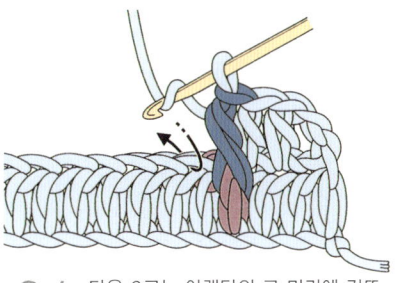

04 다음 2코는 아랫단의 코 머리에 긴뜨기로 뜬다.

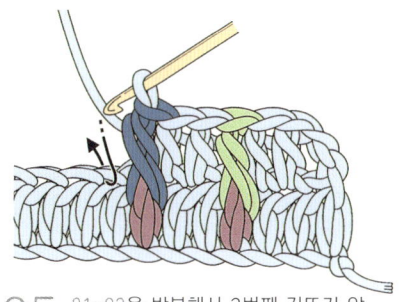

05 01~03을 반복해서 2번째 긴뜨기 앞걸어뜨기 완성.

긴뜨기 뒤걸어뜨기

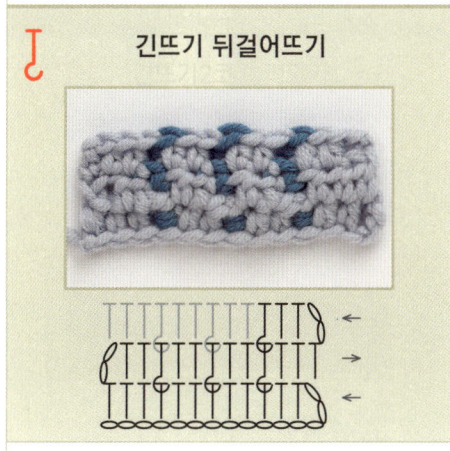

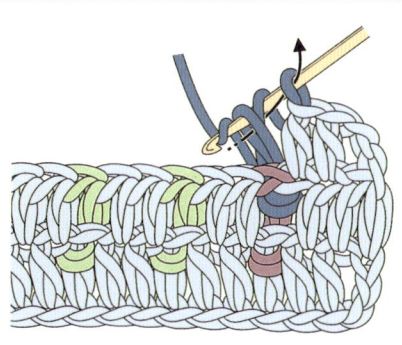

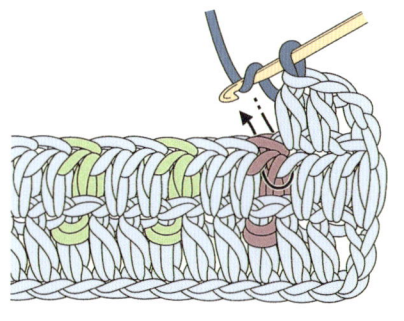

01 코바늘에 실을 걸고, 아랫단의 코 다리에 화살표 방향으로 바늘을 넣는다.

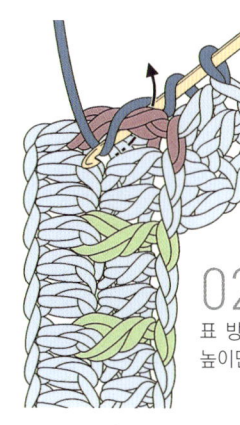

02 코바늘에 실을 걸어 화살표 방향으로 사슬 2코 높이만큼 뺀다.

03 코바늘에 실을 걸어 바늘에 있는 고리 3개를 한꺼번에 빼낸다.

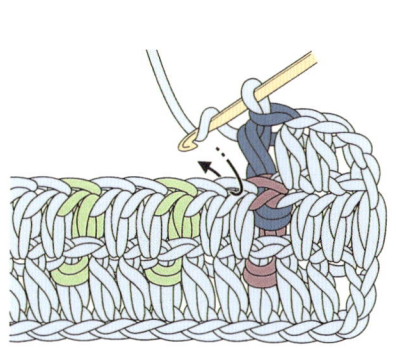

04 다음 2코는 아랫단의 코 머리에 긴뜨기로 뜬다.

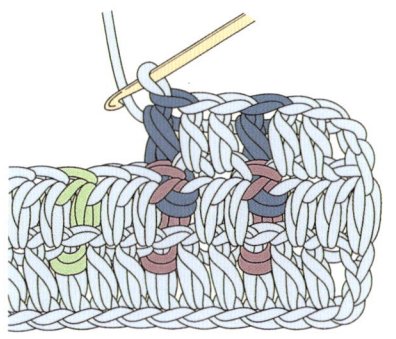

05 2번째 긴뜨기 뒤걸어뜨기 완성.

1길긴뜨기 앞걸어뜨기

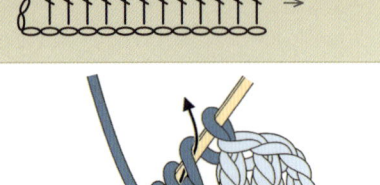

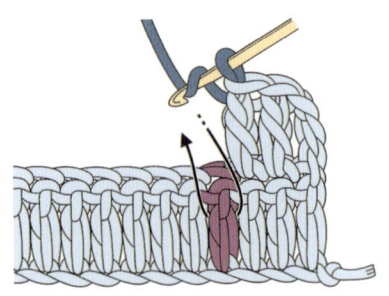 01 코바늘에 실을 걸고, 아랫단의 코 다리에 화살표 방향으로 바늘을 넣는다.

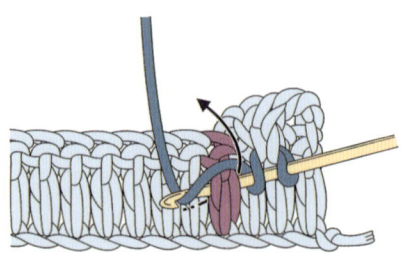 02 코바늘에 실을 걸어 화살표 방향으로 사슬 2코 높이만큼 뺀다.

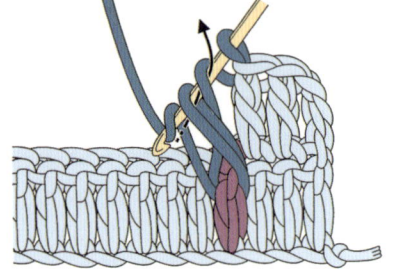 03 코바늘에 실을 걸어 바늘 앞쪽에 있는 2개의 고리를 빼낸다.

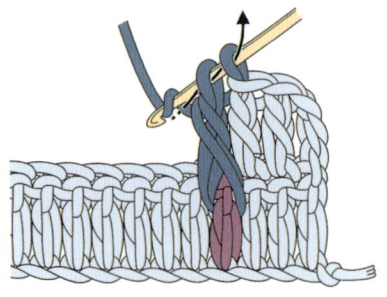 04 코바늘에 실을 걸어 바늘에 남아 있는 2개의 고리를 빼낸다.

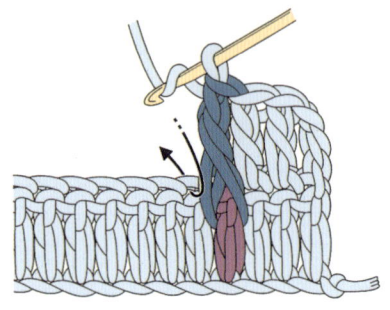 05 1길긴뜨기 앞걸어뜨기 완성. 다음 코는 1코를 건너뛰고 2째코에서 1길긴뜨기를 뜬다.

TIP 걸어뜨기 이해

기호 아래쪽에 갈고리가 달려 있는 것이 걸어뜨기이다. 일반적인 뜨개 방법은 코의 머리에 바늘을 넣는데, 걸어뜨기는 코의 다리에 바늘을 넣는다.
앞걸어뜨기는 갈고리의 방향이 떠가는 방향으로 열려 있고, 갈고리가 걸려 있는 코의 다리에 앞쪽에서 바늘을 넣어 다시 앞쪽으로 바늘이 나온다.
따라서 앞걸어뜨기를 하면 코가 아랫단의 코보다 앞쪽으로 튀어나온다.
뒤걸어뜨기는 갈고리의 방향이 떠가는 반대 방향으로 열려 있고, 갈고리가 걸려 있는 코의 다리에 뒤쪽에서 앞쪽으로 바늘을 넣어 다시 뒤쪽으로 바늘이 나온다.
뒤걸어뜨기를 하면 코가 아랫단의 코보다 뒤쪽에 위치하게 된다.
걸어뜨기는 코의 다리를 끌어올리듯이 뜨기 때문에 입체적인 형태를 뜰 때 많이 사용한다.
아래 도안에서 보면 갈고리가 모두 한 방향으로 열려 있는데 2번째 단은 기둥코가 왼쪽에 있으므로 걸어뜨기의 갈고리 열린 방향과 떠가는 방향이 같다.
이런 경우는 앞걸어뜨기로 뜬다. 3번째 단은 기둥코가 오른쪽에 있으므로 걸어뜨기의 갈고리 열린 방향과 떠가는 방향이 반대가 된다.
이런 경우는 뒤걸어뜨기로 뜬다.

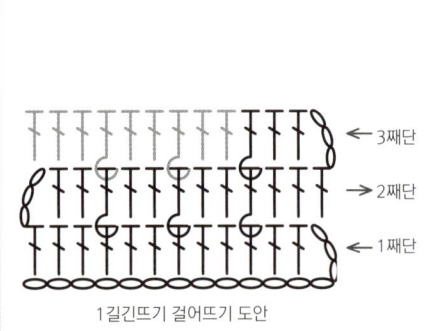

1길긴뜨기 걸어뜨기 도안

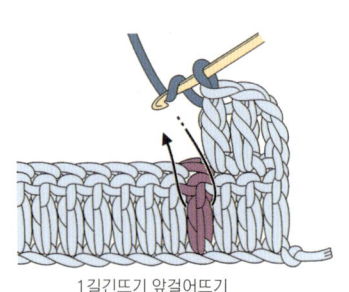

1길긴뜨기 앞걸어뜨기

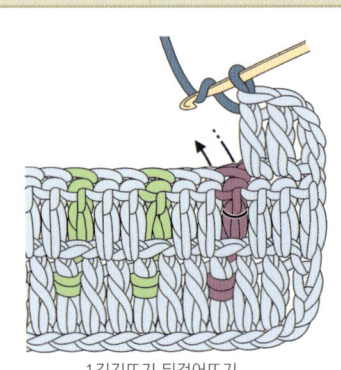

1길긴뜨기 뒤걸어뜨기

1길긴뜨기 뒤걸어뜨기

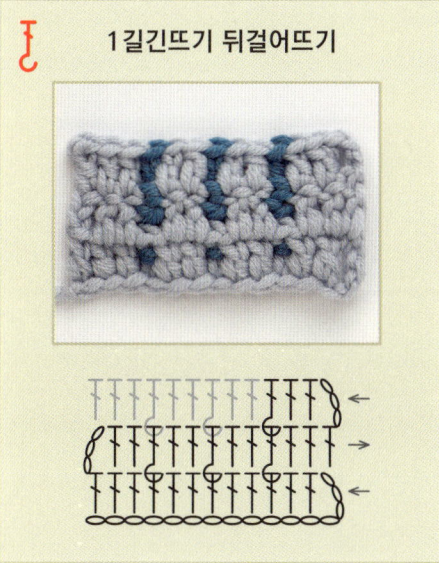

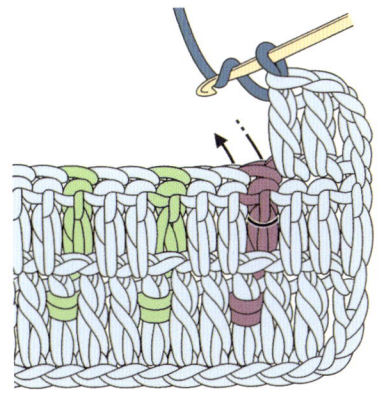

01 코바늘에 실을 걸고, 아랫단의 코 다리에 화살표 방향으로 바늘을 넣는다.

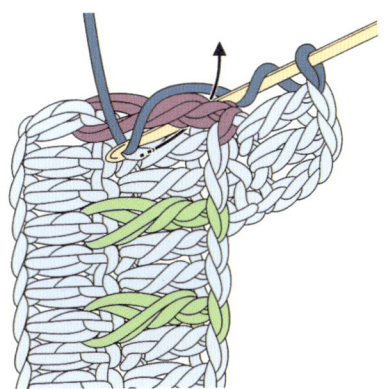

02 코바늘에 실을 걸어 화살표 방향으로 사슬 2코 높이만큼 뺀다.

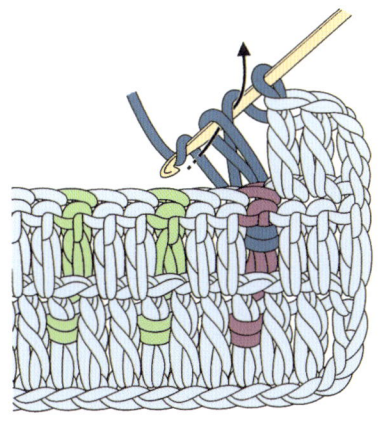

03 코바늘에 실을 걸어 바늘 앞쪽에 있는 2개의 고리를 빼낸다.

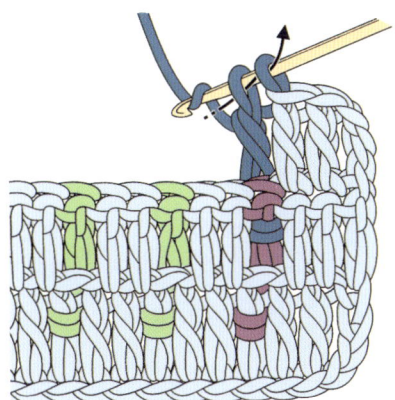

04 코바늘에 실을 걸어 바늘에 남아 있는 2개의 고리를 빼낸다.

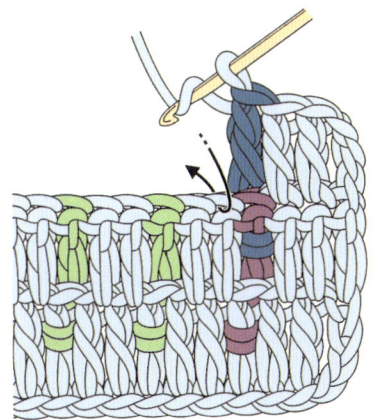

05 1길긴뜨기 뒤걸어뜨기 완성. 다음 코는 1코를 건너뛰고 2번째 코에서 1길긴뜨기를 뜬다.

1길긴뜨기 앞걸어 교차뜨기
사이 사슬 1코

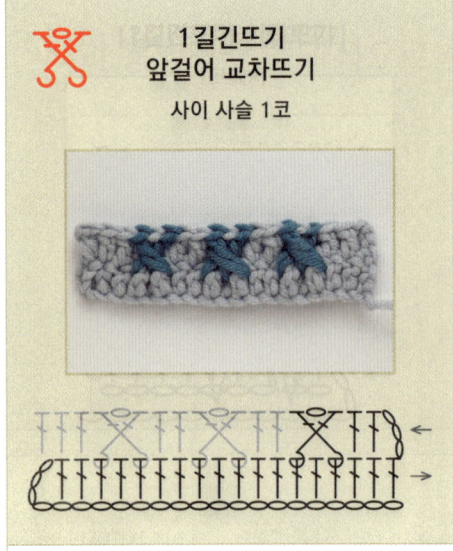

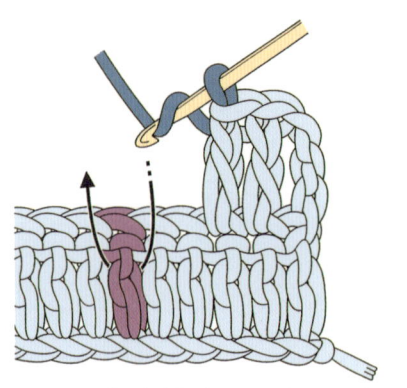

01 코바늘에 실을 걸고, 그림처럼 아랫단의 코 다리에 화살표 방향으로 코바늘을 넣는다.

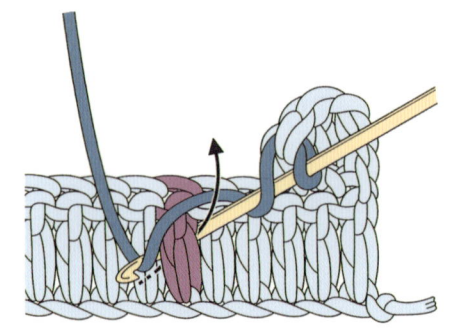

02 코바늘에 실을 걸어 화살표 방향으로 사슬 2코 높이만큼 뺀다.

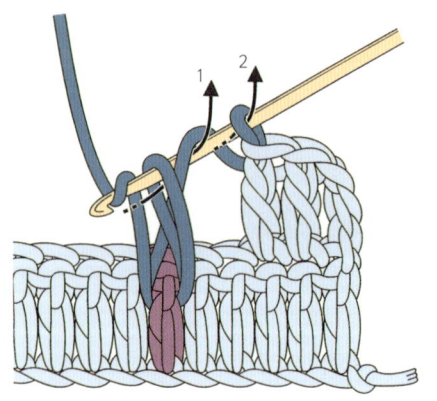

03 코바늘에 실을 걸어 2개의 고리를 빼내고, 다시 실을 걸어 남은 2개의 고리를 빼내 1길긴뜨기를 뜬다.

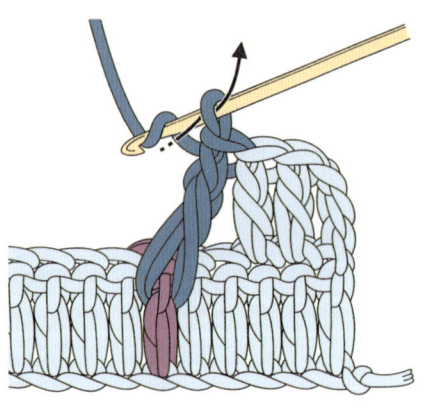

04 사슬 1코를 뜬다.

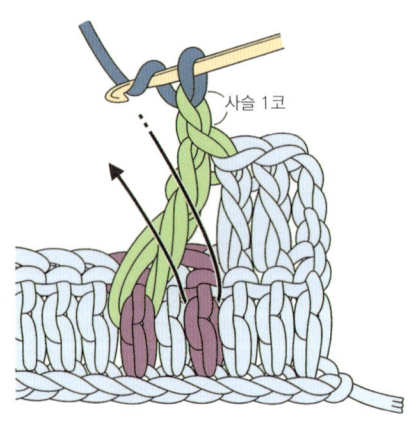

05 코바늘에 실을 걸어 2코 전 코의 다리에 화살표 방향으로 바늘을 넣는다.

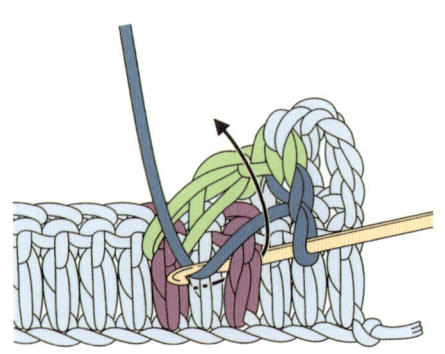

06 코바늘에 실을 걸어 화살표 방향으로 사슬 2코 높이만큼 뺀다.

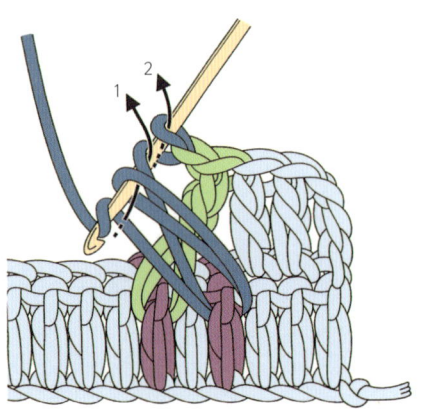

07 코바늘에 실을 걸어서 1길긴뜨기를 뜬다.

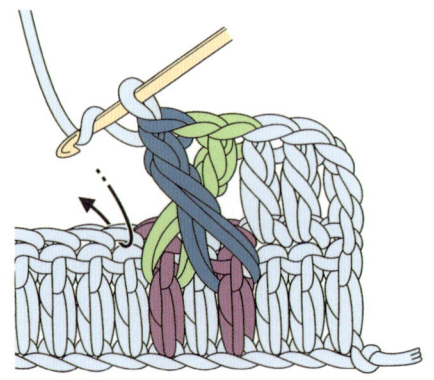

08 1길긴뜨기 앞걸어 교차뜨기 완성. 다음 코는 코바늘에 실을 걸어 화살표 방향으로 넣어 1길긴뜨기를 뜬다.

1길긴뜨기 앞걸어 2코늘려뜨기

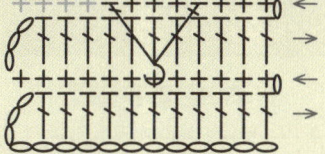

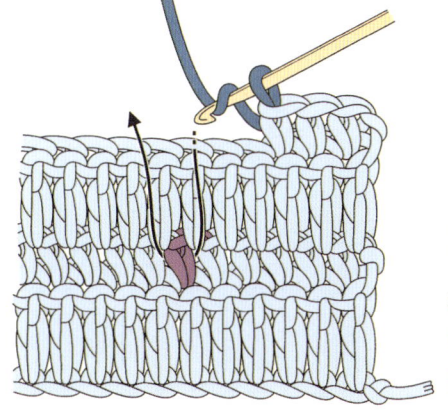

01 코바늘에 실을 걸어 2단 전의 3번째 짧은뜨기 코의 다리에 화살표 방향으로 코바늘을 넣는다.

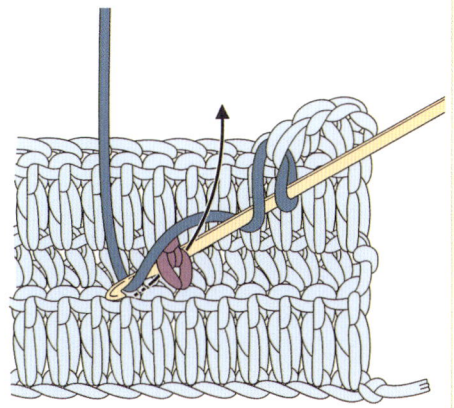

02 코바늘에 실을 걸어 화살표 방향으로 사슬 2코 높이만큼 뺀다.

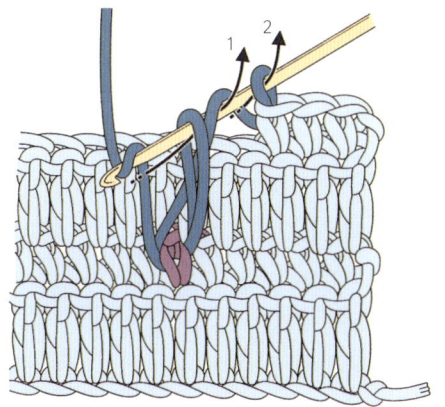

03 코바늘에 실을 걸어 2개의 고리를 빼내고, 다시 바늘에 실을 걸어 남은 2개의 고리를 빼내 1길긴뜨기를 뜬다.

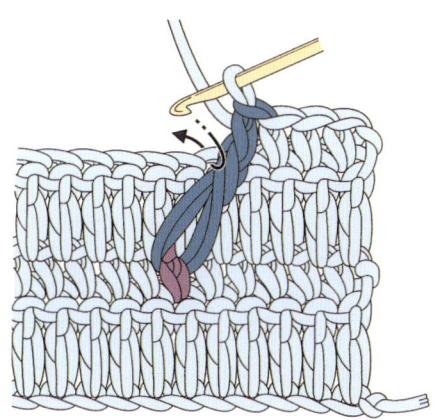

04 1코를 걸러서 짧은뜨기 3코를 뜬다.

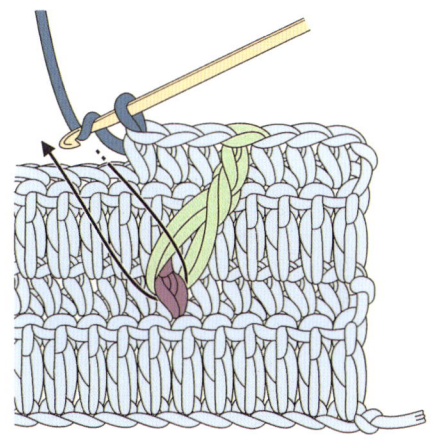

05 코바늘에 실을 걸어 01과 같은 곳에 화살표 방향으로 바늘을 넣는다.

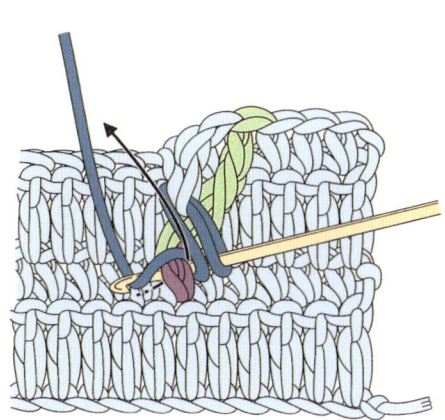

06 코바늘에 실을 걸어 화살표 방향으로 사슬 2코 높이만큼 뺀다.

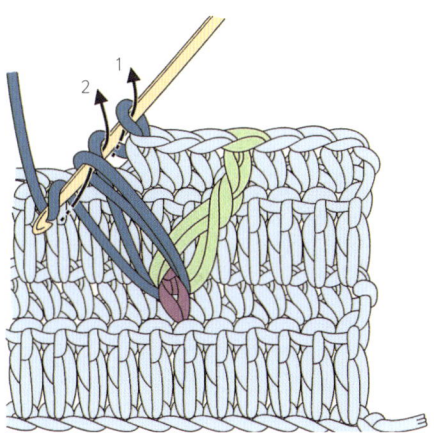

07 코바늘에 실을 걸어 2개의 고리를 빼내고, 다시 바늘에 실을 걸어 남은 2개의 고리를 빼내 1길긴뜨기를 뜬다.

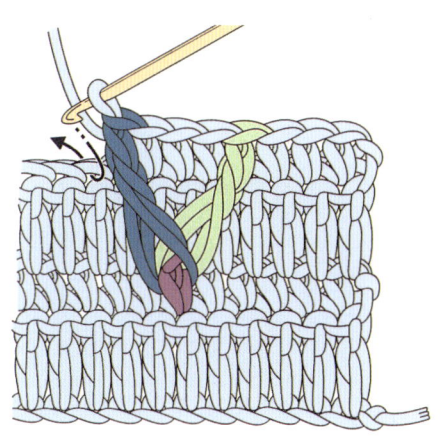

08 1길긴뜨기 앞걸어 2코늘려뜨기 완성. 다음은 1코 걸러 짧은뜨기를 뜬다.

1길긴뜨기 앞걸어 2코모아뜨기

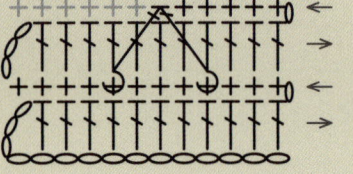

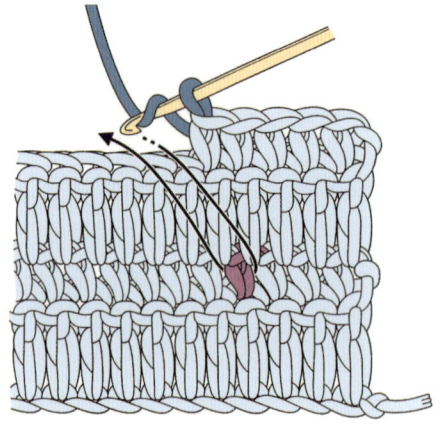

01 코바늘에 실을 걸어 그림과 같이 2단 전 짧은뜨기코의 다리에 화살표 방향으로 바늘을 넣는다.

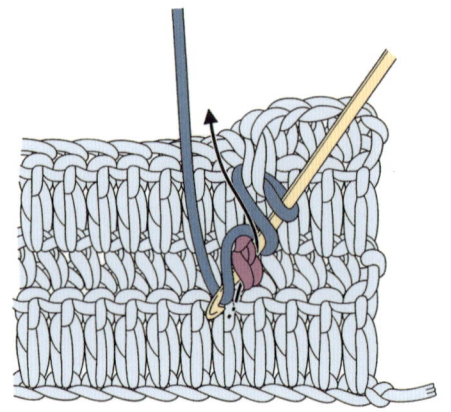

02 코바늘에 실을 걸어 화살표 방향으로 사슬 2코 높이만큼 뺀다.

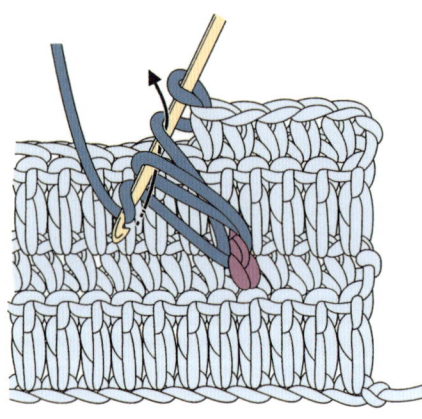

03 코바늘에 실을 걸어 바늘 앞쪽에 걸려 있는 2개의 고리를 뺀다(미완성 1길긴뜨기).

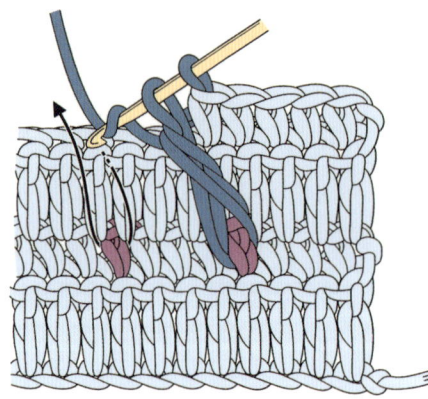

04 코바늘에 실을 걸어 그림과 같이 2단 전의 4번째 짧은뜨기 코의 다리에 화살표 방향으로 코바늘을 넣는다.

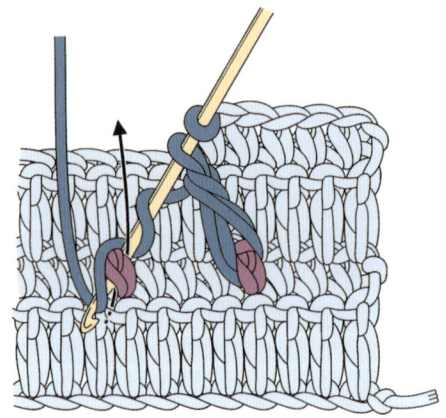

05 코바늘에 실을 걸어 화살표 방향으로 사슬 2코 높이만큼 뺀다.

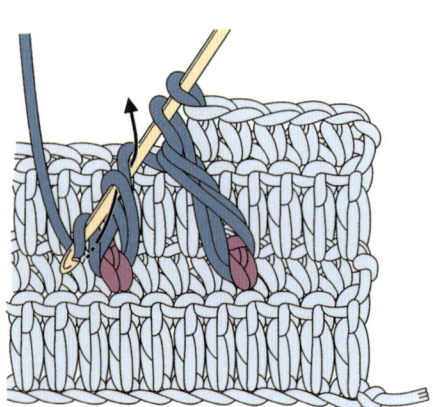

06 코바늘에 실을 걸어 바늘 앞쪽에 있는 2개의 고리를 뺀다(2번째 미완성 1길긴뜨기).

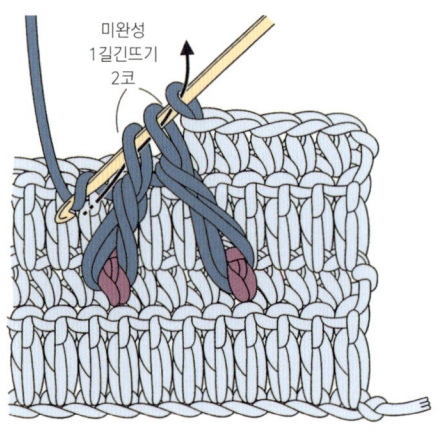

07 코바늘에 실을 걸어 바늘에 남아 있는 3개의 고리를 한꺼번에 뺀다.

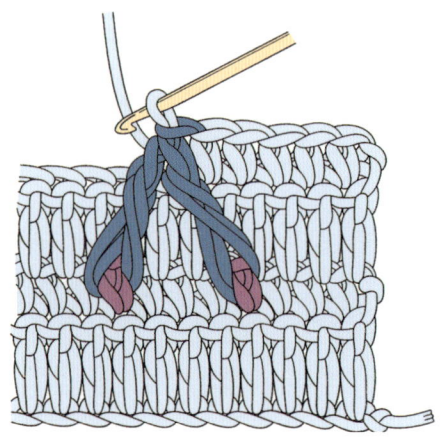

08 1길긴뜨기 앞걸어 2코모아뜨기 완성.

✕ 긴뜨기1코 교차뜨기

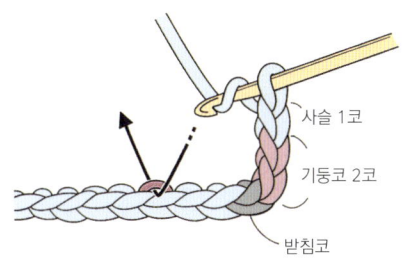

01 코바늘에 실을 걸고, 받침코에서 3번째 사슬코의 뒷산에 바늘을 넣어 긴뜨기를 뜬다.

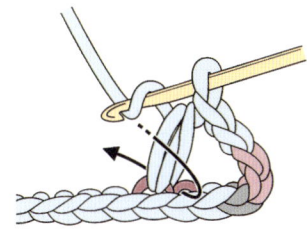

02 코바늘에 실을 걸고, 그림처럼 1코 뒤쪽의 사슬코 뒷산에 화살표 방향으로 바늘을 넣는다.

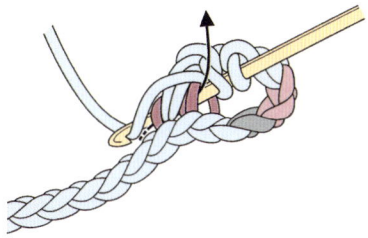

03 코바늘에 실을 걸고 사슬 2코 높이만큼 빼낸다.

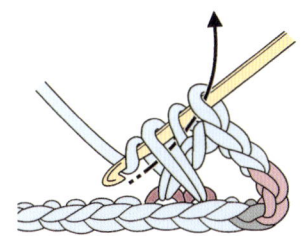

04 코바늘에 실을 걸고 바늘에 있는 고리 3개를 한꺼번에 빼내 긴뜨기를 뜬다.

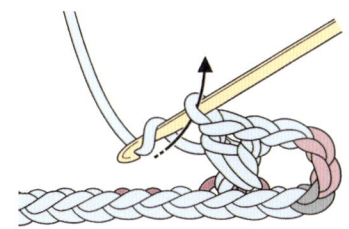

05 긴뜨기1코 교차뜨기 완성. 이어서 사슬 1코를 뜬다.

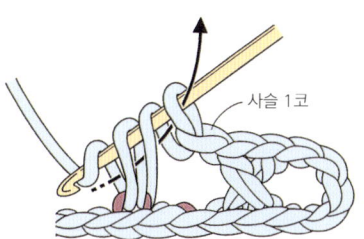

06 코바늘에 실을 걸고, 시작코 2코를 건너뛰어 그림처럼 사슬코 뒷산에 긴뜨기를 뜬다.

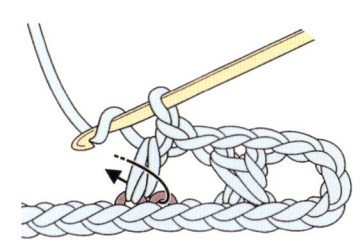

07 코바늘에 실을 걸고 그림처럼 1코 뒤쪽의 사슬코 뒷산에 화살표 방향으로 코바늘을 넣는다.

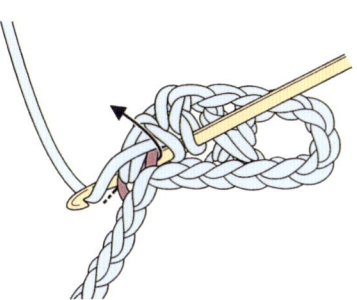

08 긴뜨기를 뜬다. 2번째 긴뜨기1코 교차뜨기 완성.

1길긴뜨기1코 교차뜨기

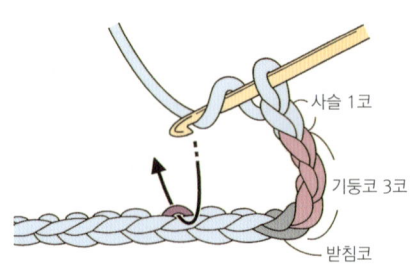

01 코바늘에 실을 걸고, 받침코에서 3번째 사슬코의 뒷산에 바늘을 넣어 1길긴뜨기를 뜬다.

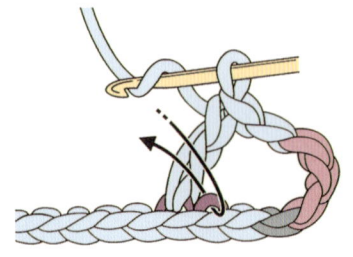

02 코바늘에 실을 걸고, 그림처럼 1코 뒤쪽의 사슬코 뒷산에 넣는다.

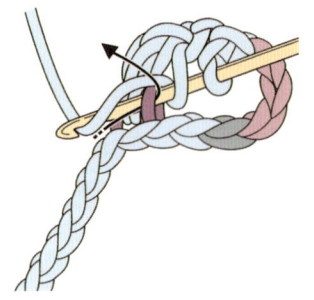

03 코바늘에 실을 걸어 사슬 2코 높이로 빼낸다.

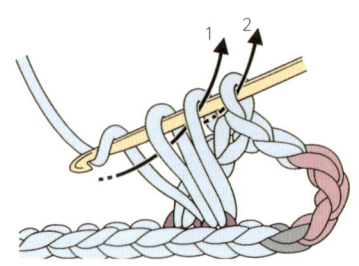

04 코바늘에 실을 걸어 2개의 고리를 빼내고, 다시 바늘에 실을 걸어 남은 2개의 고리를 빼내 1길긴뜨기를 뜬다.

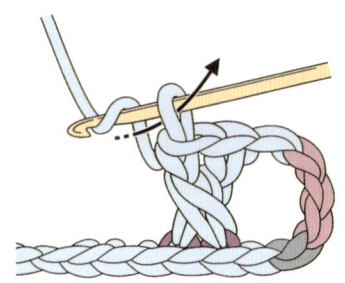

05 1길긴뜨기1코 교차뜨기 완성. 이어서 사슬 1코를 뜬다.

06 코바늘에 실을 걸고 시작코 2코를 건너뛰고 바늘을 넣어 01~04를 반복한다.

1길긴뜨기1코 교차뜨기
사이 사슬 1코

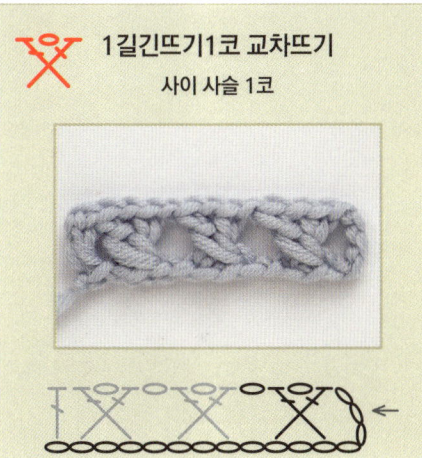

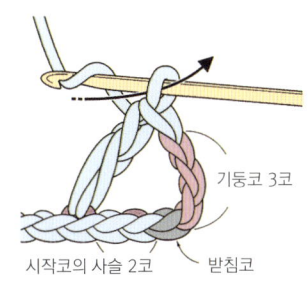

01 코바늘에 실을 걸고, 받침코에서 3번째 사슬코의 뒷산에 바늘을 넣어 1길긴뜨기를 뜬다. 이어서 사슬 1코를 뜬다.

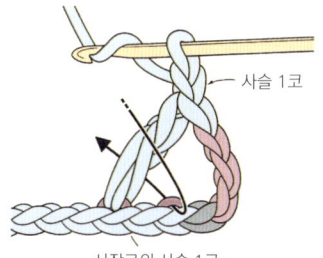

02 코바늘에 실을 걸고 그림처럼 뒤쪽의 2번째 코에 화살표 방향으로 앞의 1길긴뜨기를 감싸듯이 바늘을 넣는다.

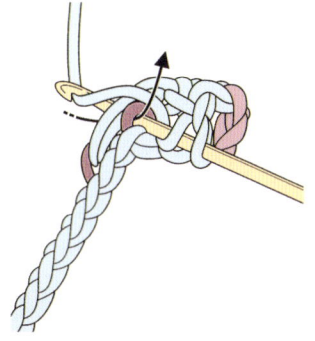

03 코바늘에 실을 걸어 사슬 2코 높이만큼 빼낸다.

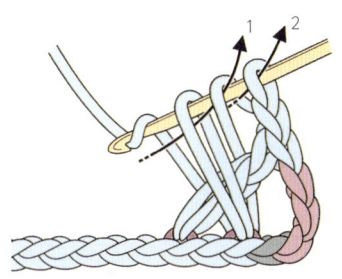

04 코바늘에 실을 걸어 2개의 고리를 빼내고, 다시 바늘에 실을 걸어 남은 2개의 고리를 빼내 1길긴뜨기를 뜬다.

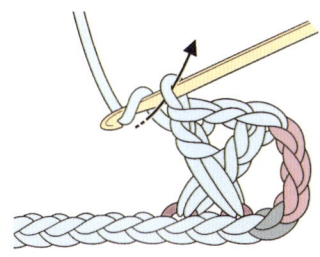

05 1길긴뜨기1코 교차뜨기 완성. 사슬1코를 뜬다.

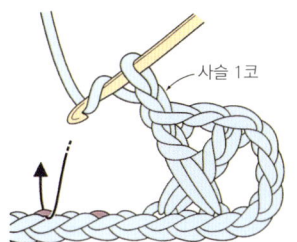

06 2번째는 시작코 3코를 건너뛰어 01~04를 반복한다.

2길긴뜨기1코 교차뜨기

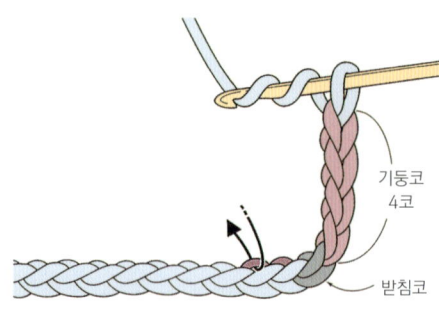

01 코바늘에 실을 2번 감고, 받침코에서 2번째 사슬코의 뒷산에 바늘을 넣어 2길긴뜨기를 뜬다.

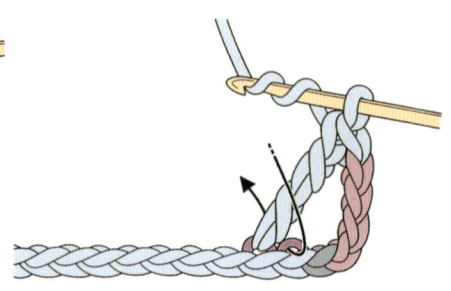

02 코바늘에 실을 2번 감고, 그림처럼 1코 뒤쪽의 사슬코 뒷산에 화살표 방향으로 바늘을 넣는다.

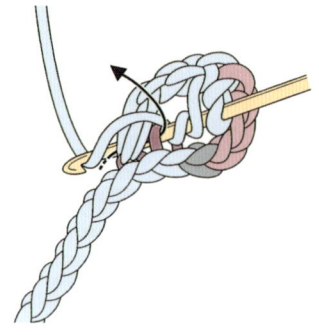

03 앞쪽의 2길긴뜨기를 감싸듯이 코바늘에 실을 걸어 빼낸다.

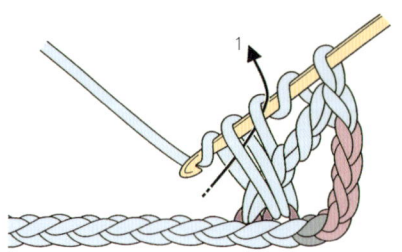

04 코바늘에 실을 걸어 바늘 앞쪽에 있는 2개의 고리를 빼낸다.

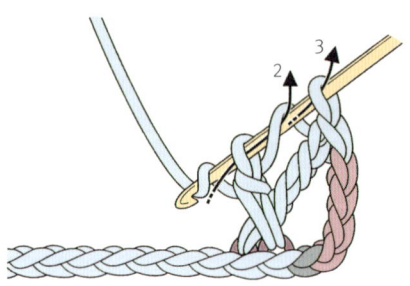

05 다시 코바늘에 실을 걸어 바늘의 고리 2개를 빼내고, 한 번 더 반복한다.

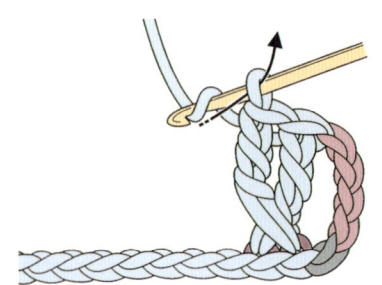

06 2길긴뜨기1코 교차뜨기 완성. 사슬 1코를 뜬다.

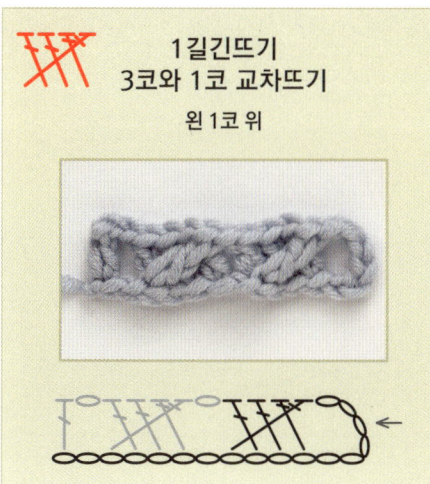

1길긴뜨기 3코와 1코 교차뜨기
왼 1코 위

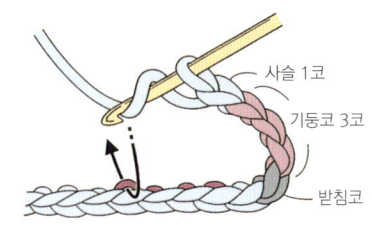

01 코바늘에 실을 걸어 받침코에서 5번째 사슬코의 뒷산에 넣고 1길긴뜨기를 뜬다.

02 코바늘에 실을 걸어 오른쪽 3번째 사슬코의 뒷산에 넣는다.

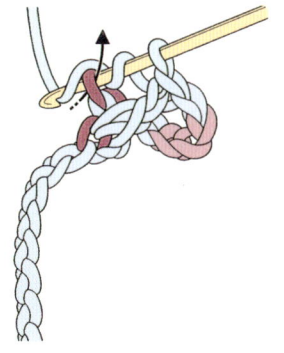

03 코바늘에 실을 걸어서 사슬 2코 높이만큼 뺀다.

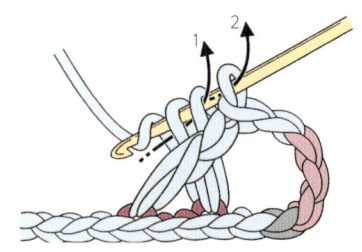

04 코바늘에 실을 걸어 2개의 고리를 빼내고, 다시 코바늘에 실을 걸어 남은 2개의 고리를 빼내 1길긴뜨기를 뜬다.

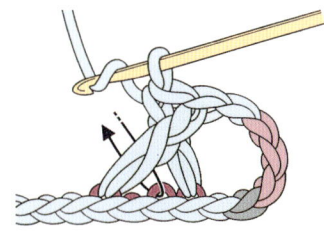

05 코바늘에 실을 걸어 다음 코에 다시 1길긴뜨기를 뜬다.

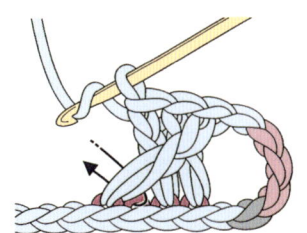

06 코바늘에 실을 걸어 다음 코에 1길긴뜨기를 뜬다.

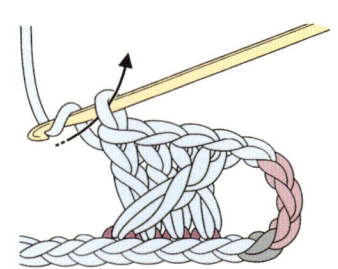

07 1길긴뜨기 3코와 1코 교차뜨기(왼 1코 위) 완성. 사슬 1코를 뜬다.

1길긴뜨기 1코와 3코 교차뜨기 오른 1코 위

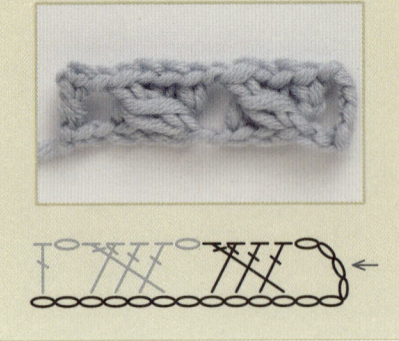

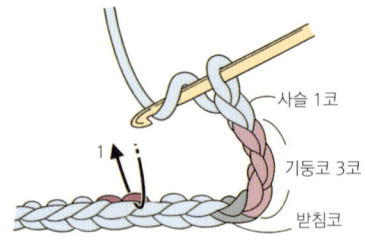

01 코바늘에 실을 걸어 받침코에서 3번째 사슬코의 뒷산에 넣고 1길긴뜨기를 뜬다.

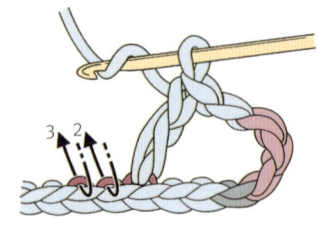

02 코바늘에 실을 걸어 다음 2코도 1길긴뜨기로 뜬다.

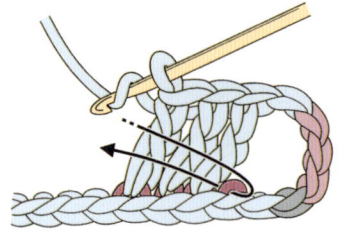

03 코바늘에 실을 걸어 그림처럼 1길긴뜨기 3코의 뒤쪽 사슬코의 뒷산에 넣는다.

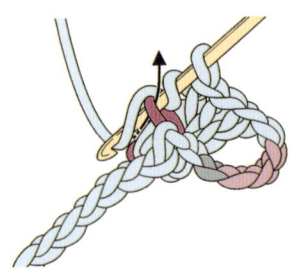

04 코바늘에 실을 걸어 1길긴뜨기 3코의 앞으로 길게 실을 빼낸다.

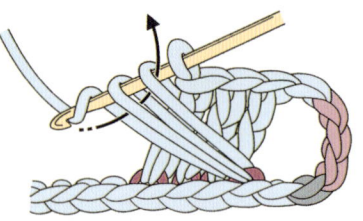

05 코바늘에 실을 걸어 바늘에 앞쪽에 걸려 있는 2개의 고리를 빼낸다.

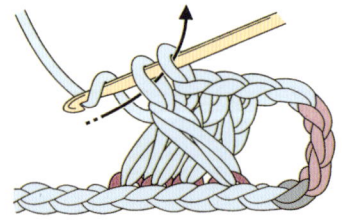

06 다시 코바늘에 실을 걸어 남은 2개의 고리를 빼낸다.

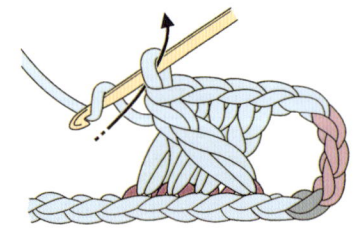

07 1길긴뜨기 1코와 3코 교차뜨기(오른 1코 위) 완성. 사슬 1코를 뜬다.

1길긴뜨기 X자뜨기

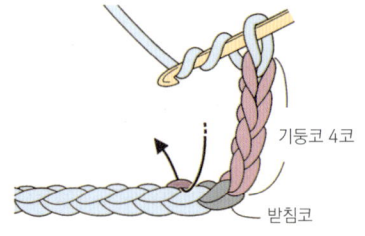

01 코바늘에 실을 2번 감고, 받침코의 다음 코에 넣는다.

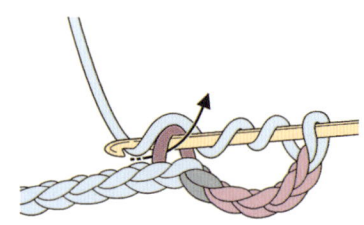

02 코바늘에 실을 걸어 사슬 2코 높이만큼 빼낸다.

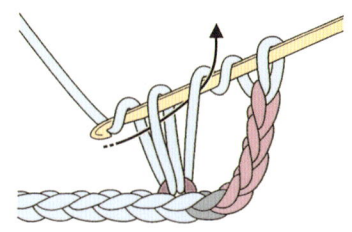

03 코바늘에 실을 걸어 바늘 앞쪽에 있는 고리 2개를 빼낸다(미완성 1길긴뜨기).

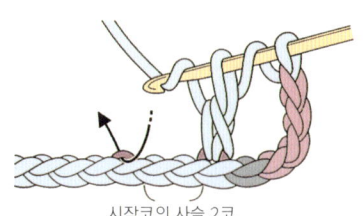

시작코의 사슬 2코

04 코바늘에 실을 걸어 시작코 2코 걸러서 3번째 사슬코의 뒷산에 넣는다.

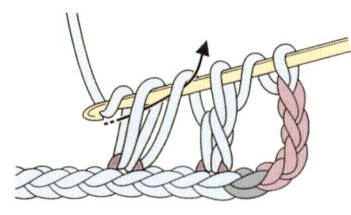

05 코바늘에 실을 걸어 미완성 1길긴뜨기를 뜬다.

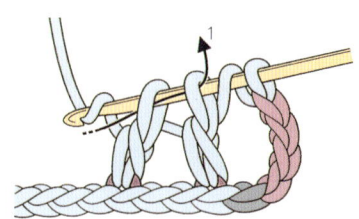

06 코바늘에 실을 걸어서 바늘 앞쪽에 있는 2개의 고리를 빼내 미완성 1길긴뜨기 2코를 1코로 줄인다.

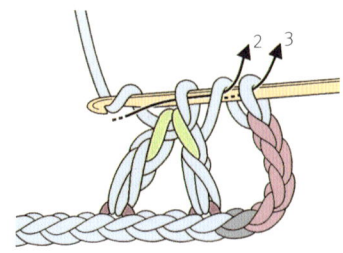

07 코바늘에 실을 걸어 바늘 앞쪽에 있는 2개의 고리를 빼내고, 한 번 더 반복하여 남은 2개의 고리도 빼낸다.

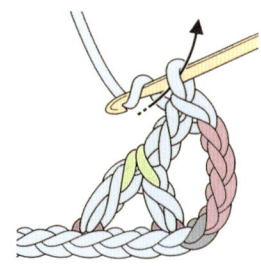

08 사슬 2코를 뜬다.

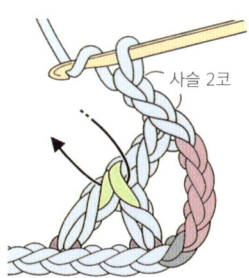

사슬 2코

09 코바늘에 실을 걸고 미완성 1길긴뜨기 2코를 하나로 합친 각각의 반 코에 그림처럼 화살표 방향으로 바늘을 넣는다.

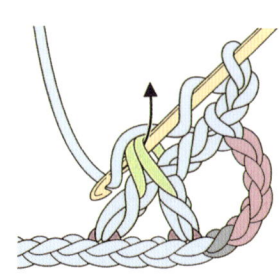

10 코바늘에 실을 걸어 사슬 2코 높이만큼 빼낸다.

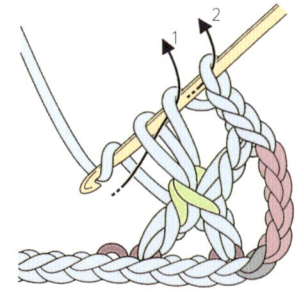

11 코바늘에 실을 걸어 2개의 고리를 빼내고, 다시 실을 걸어 남은 2개의 고리를 빼내 1길긴뜨기를 뜬다.

12 1길긴뜨기 X자뜨기 완성. 코바늘에 실을 2번 감고, 다음 코에 바늘을 넣어 02~11을 반복한다.

2길긴뜨기 X자뜨기

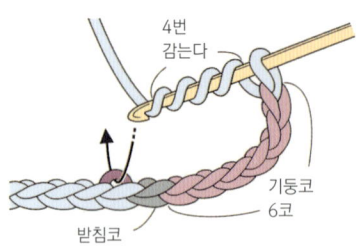

01 코바늘에 실을 4번 감아 받침코 다음 사슬코의 뒷산에 넣고, 다시 바늘에 실을 걸어 사슬 2코 높이만큼 뺀다.

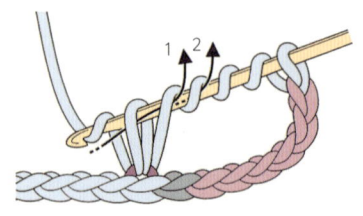

02 코바늘에 실을 걸어 2개의 고리를 빼내고 다시 바늘에 실을 걸어 2개의 고리를 빼내 미완성 2길긴뜨기를 뜬다.

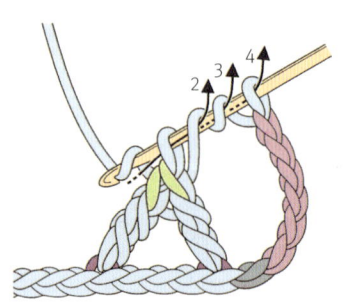

03 코바늘에 실을 2번 감아 시작코 3코 걸러 4번째 사슬코의 뒷산에 바늘을 넣는다.

04 코바늘에 실을 걸어 2개의 고리를 빼내고, 다시 코바늘에 실을 걸어 2개의 고리를 빼내 미완성 2길긴뜨기를 뜬다.

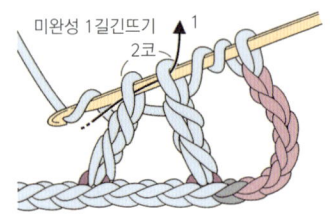

05 코바늘에 실을 걸어 고리 2개를 빼내어 미완성 2길긴뜨기 2코를 1코로 줄인다.

06 코바늘에 실을 걸어 2개의 고리를 빼내고, 이 과정을 2번 더 반복한다.

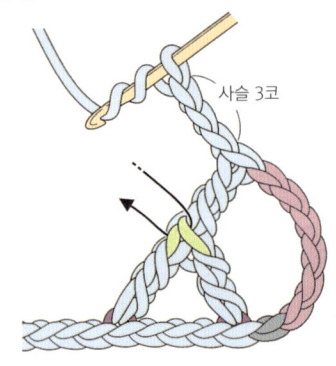

07 사슬 3코를 뜬다.

08 코바늘에 실을 2번 감아 미완성 2길긴뜨기 2코를 하나로 합친 각각의 반코에 화살표 방향으로 바늘을 넣는다.

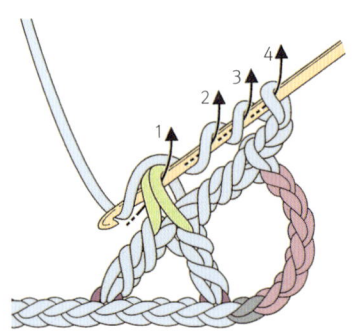

09 코바늘에 실을 걸어서 2길긴뜨기를 뜬다.

10 2길긴뜨기 X자뜨기 완성.

Y자뜨기

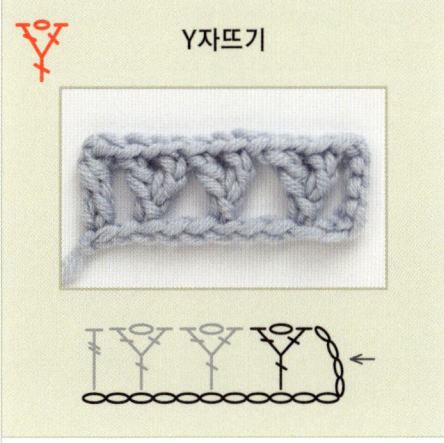

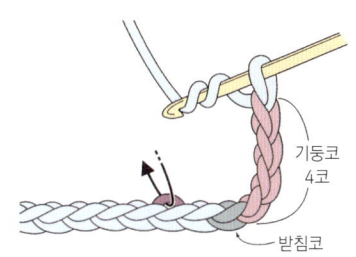

01 코바늘에 실을 2번 감고, 받침코에서 2번째 사슬코의 뒷산에 바늘을 넣어 2길긴뜨기를 뜬다.

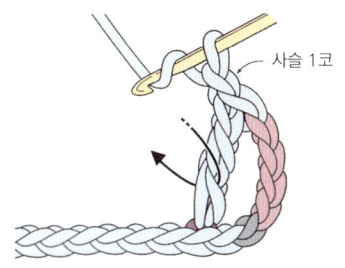

02 사슬 1코를 뜨고, 코바늘에 실을 걸어 화살표 방향으로 넣는다.

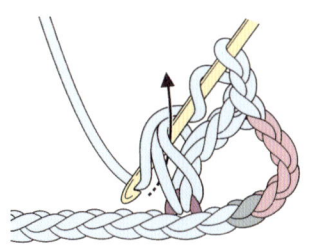

03 코바늘에 실을 걸어 빼낸다.

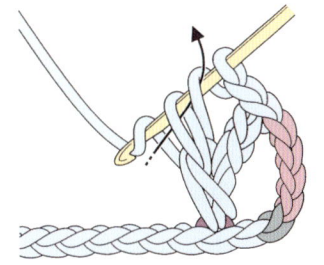

04 코바늘에 실을 걸어 바늘 앞쪽의 고리 2개를 빼낸다.

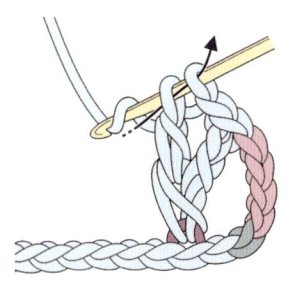

05 코바늘에 실을 걸어 남은 2개의 고리를 빼낸다.

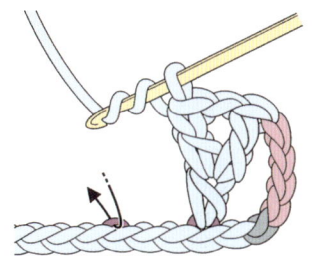

06 Y자뜨기 완성. 다음 코도 코바늘에 실을 2번 감아 시작코 2코 걸러 3번째 사슬코의 뒷산에 넣고 01~05를 반복한다.

역Y자뜨기

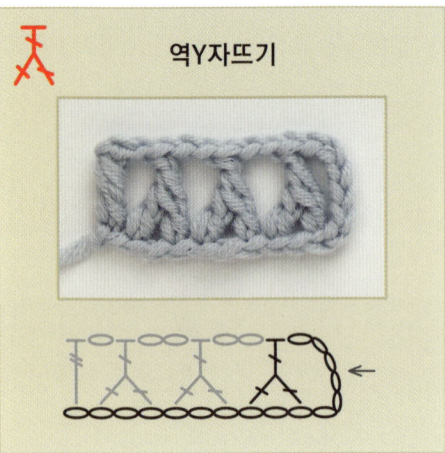

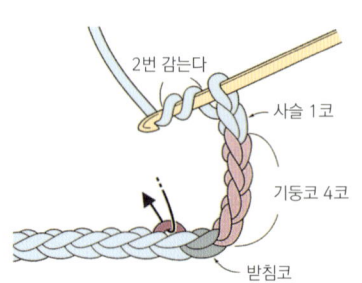

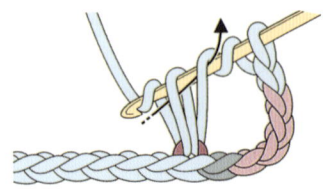

01 코바늘에 실을 2번 감아 받침코 다음 사슬코의 뒷산에 바늘을 넣고, 다시 코바늘에 실을 걸어 사슬 2코 높이만큼 빼낸다.

02 코바늘에 실을 걸어 바늘 앞쪽에 있는 2개의 고리를 빼내 미완성 1길긴뜨기를 뜬다.

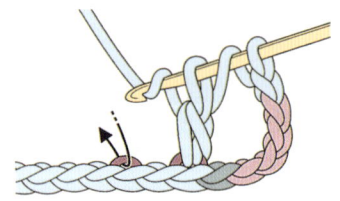

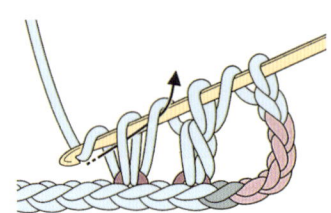

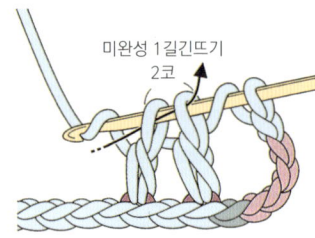

03 코바늘에 실을 걸어 시작코 1코 걸러 2번째 사슬코의 뒷산에 바늘을 넣고, 다시 실을 걸어 사슬 2코 높이만큼 빼낸다.

04 코바늘에 실을 걸어 바늘 앞쪽에 있는 2개의 고리를 빼내 미완성 1길긴뜨기를 뜬다.

05 코바늘에 실을 걸어 고리 2개를 빼내어 미완성 1길긴뜨기 2코를 1코로 줄인다.

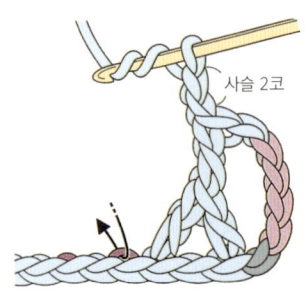

06 코바늘에 실을 걸어 바늘 앞쪽에 있는 2개의 고리를 빼내고, 다시 코바늘에 실을 걸어 2개의 고리를 빼낸다.

07 역Y자뜨기 완성. 사슬 2코를 뜬다.

08 코바늘에 실을 2번 감고 바늘을 다음 사슬코의 뒷산에 넣어 01~06을 반복한다.

긴뜨기3코구슬 2코모아뜨기

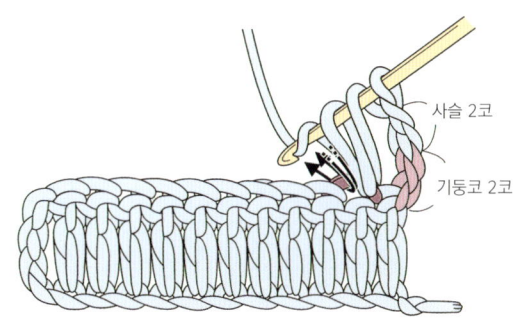

01 코바늘에 실을 걸어 미완성 긴뜨기를 뜨고, 다시 코바늘에 실을 걸어 같은 코에 미완성 긴뜨기를 2코 더 뜬다.

사슬 2코
기둥코 2코

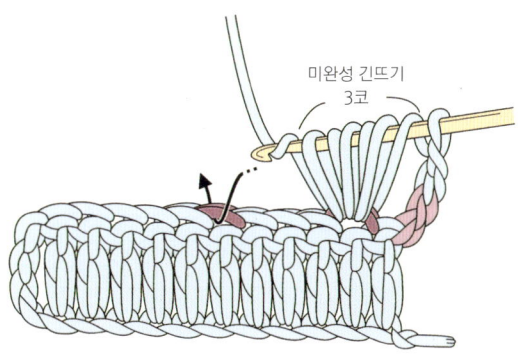

02 코바늘에 실을 걸어 3코 걸러 4번째 코에 미완성 긴뜨기 3코를 뜬다.

미완성 긴뜨기 3코

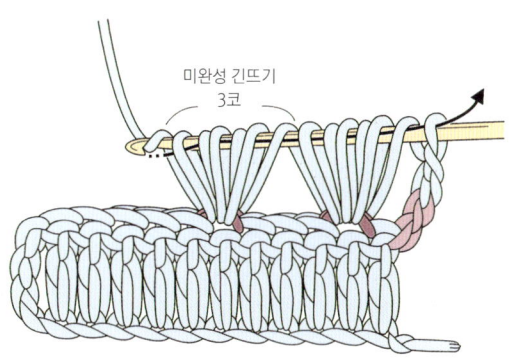

03 코바늘에 실을 걸어 바늘에 걸려 있는 13개의 고리를 한꺼번에 빼낸다.

미완성 긴뜨기 3코

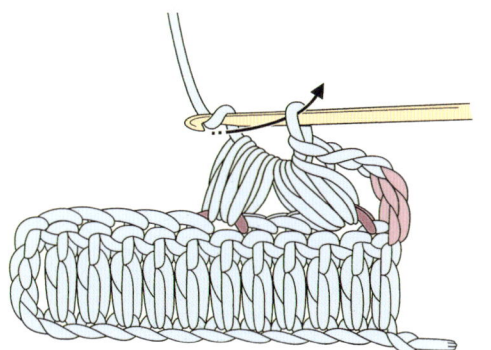

04 긴뜨기3코구슬 2코모아뜨기 완성. 이어서 사슬 4코를 뜨는데, 사슬을 떠야 비로소 형태가 안정된다.

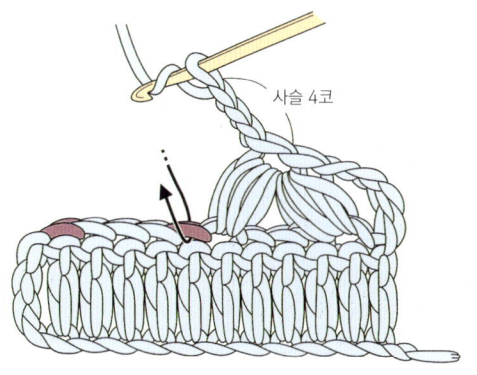

05 01~04를 반복하여 2번째 긴뜨기3코구슬 2코모아뜨기를 한다.

사슬 4코

1길긴뜨기3코방울 2코모아뜨기

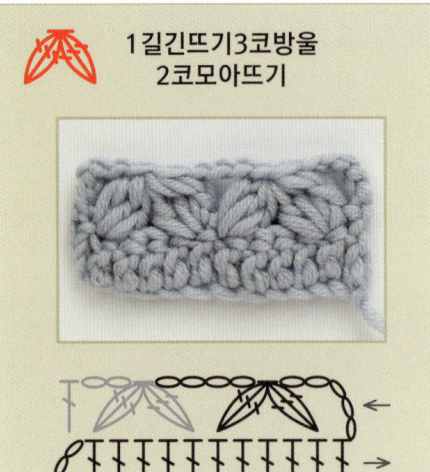

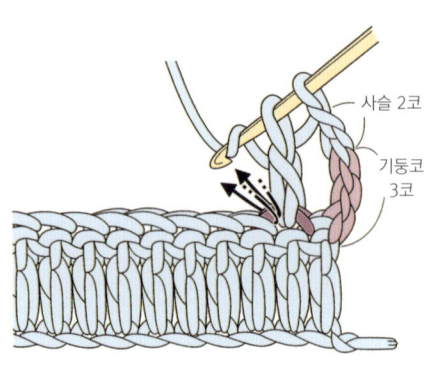

01 코바늘에 실을 걸어 미완성 1길긴뜨기를 뜨고, 다시 실을 걸어 같은 코에 미완성 1길긴뜨기를 2코 더 뜬다.

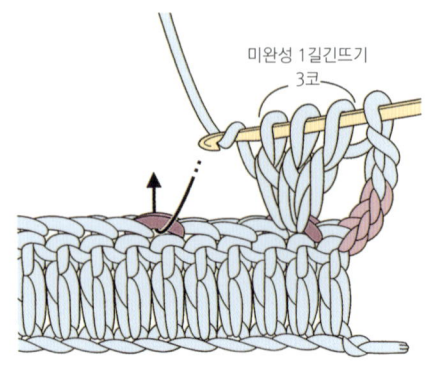

02 코바늘에 실을 걸어 3코 걸러 4번째 코에 바늘을 넣는다.

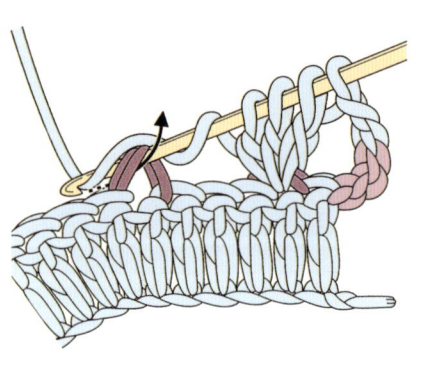

03 코바늘에 실을 걸어 사슬 2코 높이만큼 빼낸다.

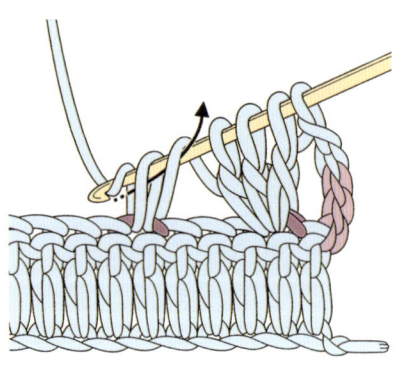

04 코바늘에 실을 걸어 바늘에 있는 2개의 고리를 빼낸다(미완성 1길긴뜨기).

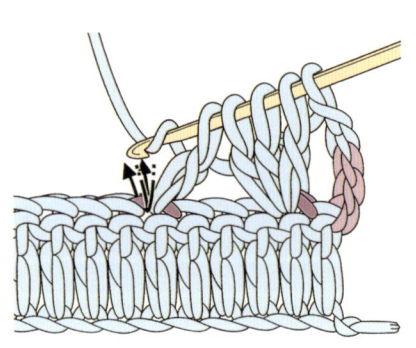

05 코바늘에 실을 걸어 같은 코에 미완성 1길긴뜨기를 2코 더 뜬다.

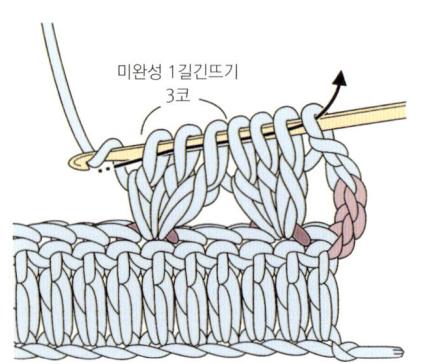

06 코바늘에 실을 걸어 바늘에 있는 7개의 고리를 한꺼번에 빼낸다.

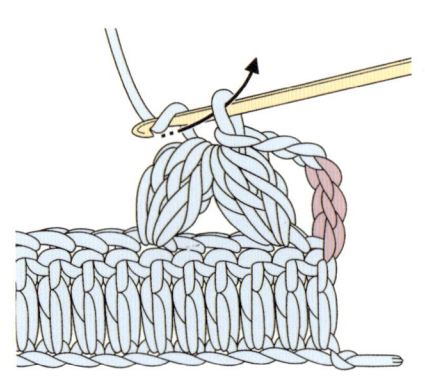

07 1길긴뜨기3코방울 2코모아뜨기 완성. 이어서 사슬 4코를 뜨는데, 사슬을 떠야 비로소 형태가 안정된다.

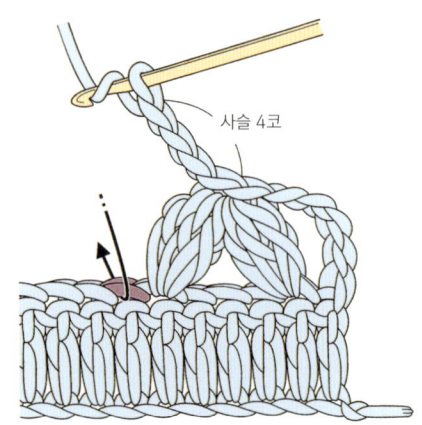

08 01~07을 반복하여 2번째 1길긴뜨기3코방울 2코모아뜨기를 한다.

04. 코바늘 뜨기 기법 | 링뜨기

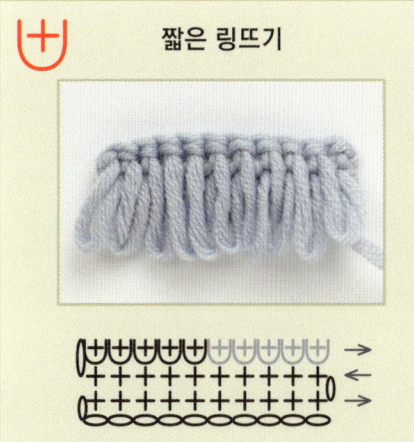

짧은 링뜨기

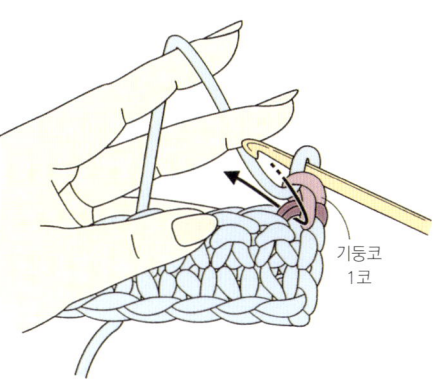

01 왼손의 중지를 실 위에 놓고 실을 내린 다음, 그 상태로 아랫단의 코에 코바늘을 넣는다.

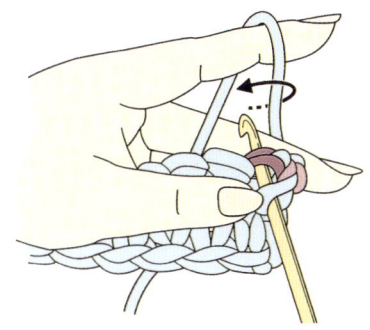

02 왼손의 중지로 실을 누르면서 코바늘에 실을 감는다. 누른 실의 길이가 링의 크기가 된다.

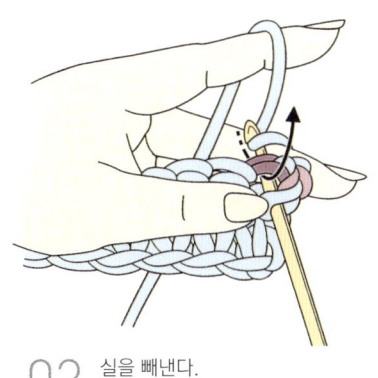

03 실을 빼낸다.

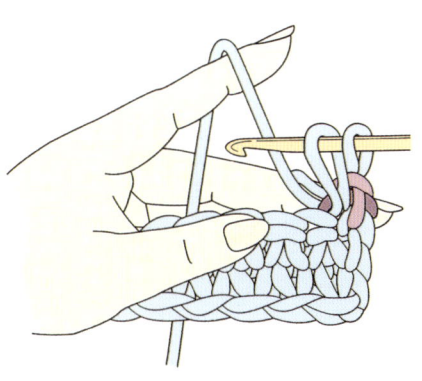

04 실을 빼낸 모습.

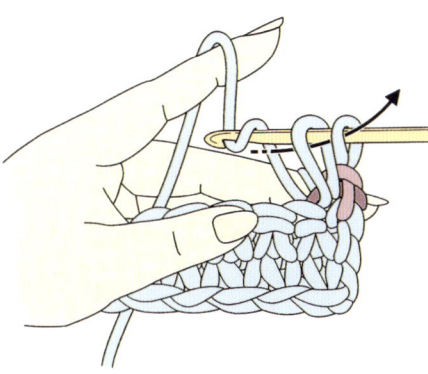

05 코바늘에 실을 걸어 바늘에 있는 2개의 고리를 빼내 짧은뜨기를 뜬다. 중지를 빼면 편물의 안쪽에 링이 생긴다.

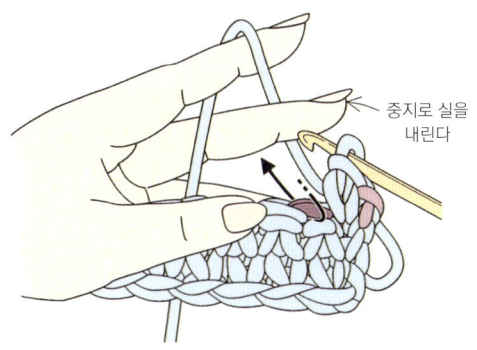

06 01~05를 반복한다.

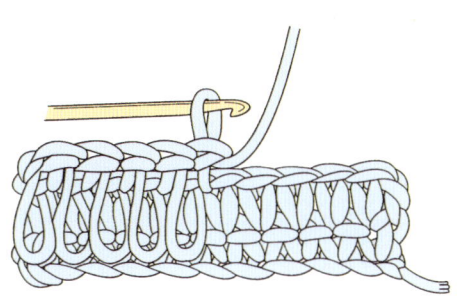

07 안쪽에 링이 생긴 모습.

1길 링뜨기

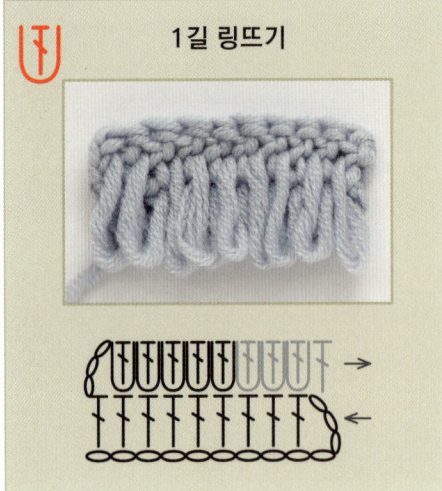

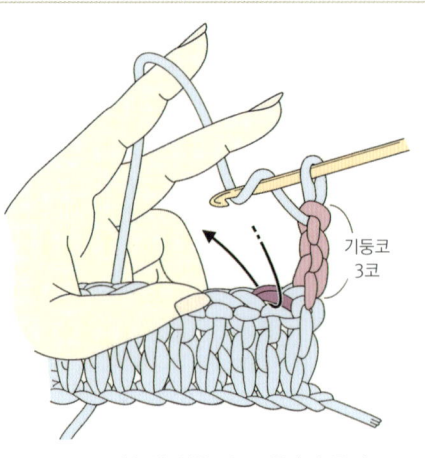

01 코바늘에 실을 걸고, 왼손의 중지로 실을 내린 다음, 아랫단의 코에 바늘을 넣는다. 중지로 내린 실의 길이가 링의 크기가 된다.

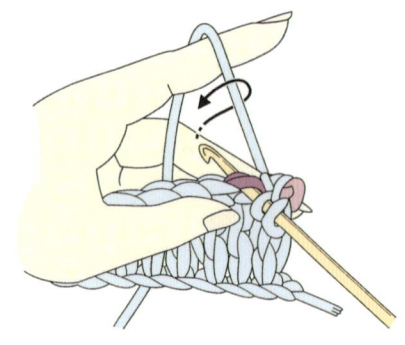

02 화살표 방향으로 코바늘에 실을 건다.

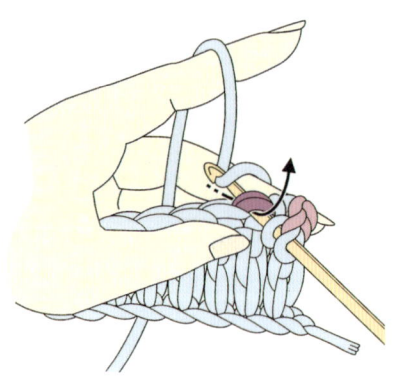

03 사슬 2코 높이로 빼낸다.

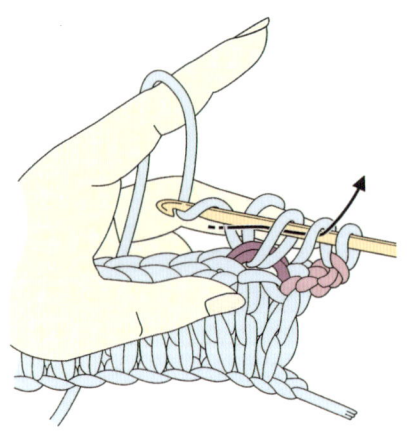

04 코바늘에 실을 걸어 바늘에 있는 2개의 고리를 빼낸다.

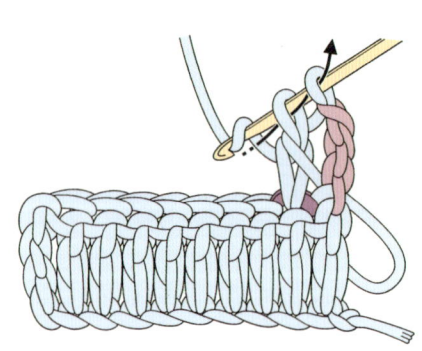

05 다시 한 번 코바늘에 실을 걸어 남은 2개의 고리를 빼내서 1길긴뜨기를 뜬다.

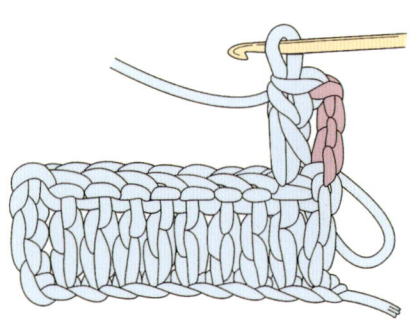

06 중지를 빼면 편물의 안쪽에 링이 생긴다. 01~05를 반복한다.

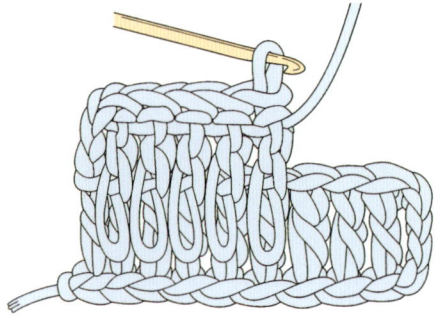

07 안쪽에 링이 생긴 모습.

TIP 링뜨기

왼손에 일정한 길이로 실을 걸어 링을 만들어가면서 뜨는 방법이다. 편물의 안쪽에 링이 생기므로 2단에 1번씩 한다. 링의 크기는 왼손의 중지로 실을 내려서 조절하는데, 편물의 안쪽에 생기기 때문에 링의 모양이나 길이를 계속 확인하면서 떠야 한다. 소매 끝이나 칼라에 풍성하게 포인트를 줄 때 사용한다.

칠보뜨기

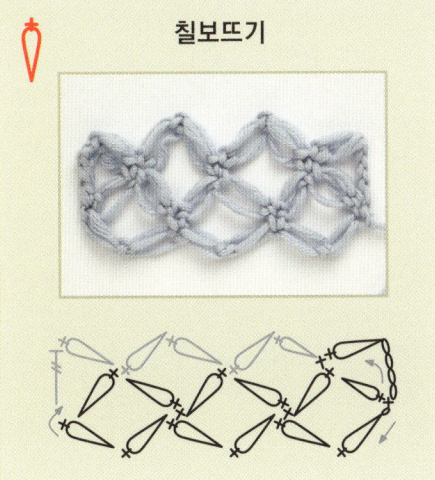

1단

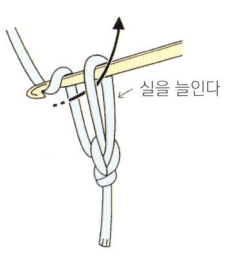

01 사슬 1코를 뜨고 코바늘에 걸린 코를 길게 늘인다. 코바늘에 실을 걸어 그 코 안으로 빼낸다(사슬뜨기).

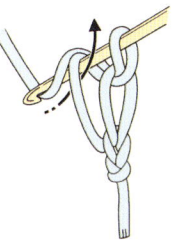

02 늘인 사슬코의 뒷산에 코바늘을 넣고 실을 걸어 빼낸다.

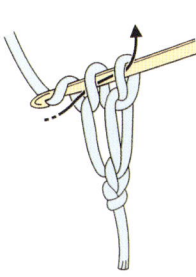

03 코바늘에 실을 걸어 바늘에 있는 2개의 고리를 빼내 짧은뜨기를 뜬다.

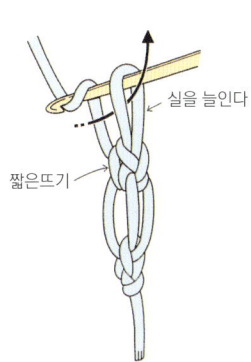

04 코바늘에 걸려 있는 코를 길게 늘이고 02~03을 반복한다.

2단

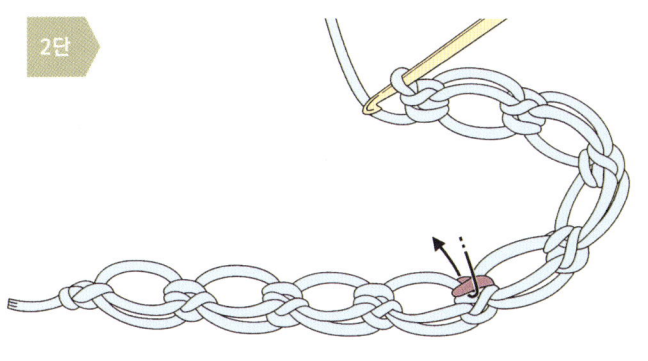

01 1단에 이어 무늬 2개를 뜨고, 1단의 끝에서 2번째 무늬의 짧은뜨기 코에 코바늘을 넣는다.

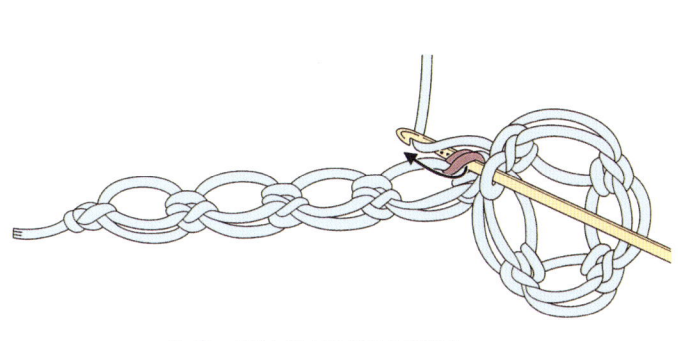

02 코바늘에 실을 걸어서 빼낸다.

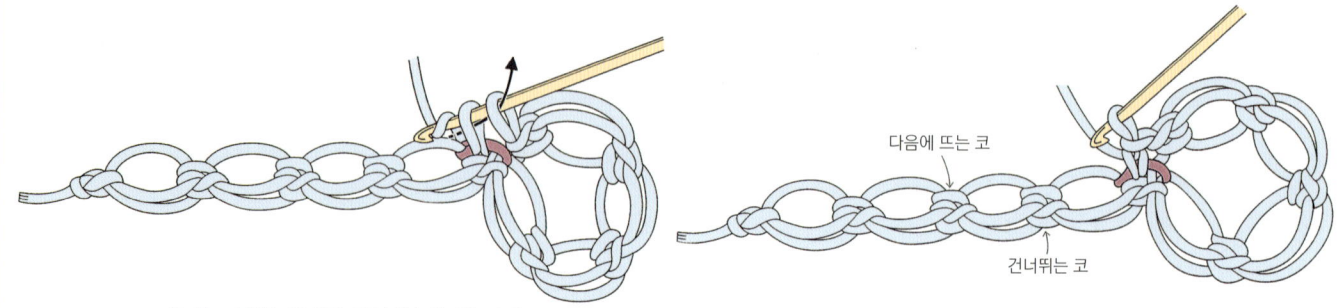

03 코바늘에 실을 걸어 바늘에 있는 2개의 고리를 빼내 짧은뜨기를 뜬다.

04 무늬 2개를 뜨고, 아랫단의 짧은뜨기 1코 걸러 다음 코에 짧은뜨기를 뜬다.

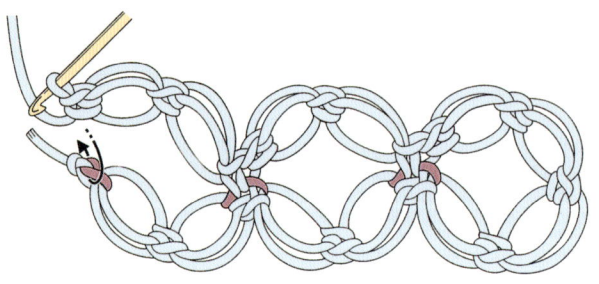

05 1단의 1번째 사슬 반 코와 사슬코의 뒷산에 코바늘을 넣는다.

06 짧은뜨기를 뜬다.

3단

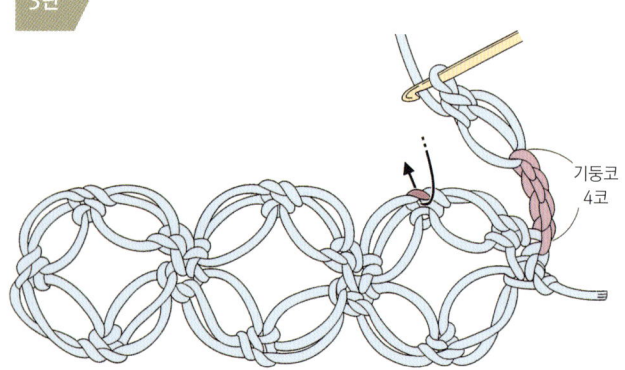

01 기둥코인 사슬 4코를 뜨고 편물을 돌려 잡는다. 무늬 1개를 뜨고 아랫단의 짧은뜨기 코 머리에 짧은뜨기를 뜬다.

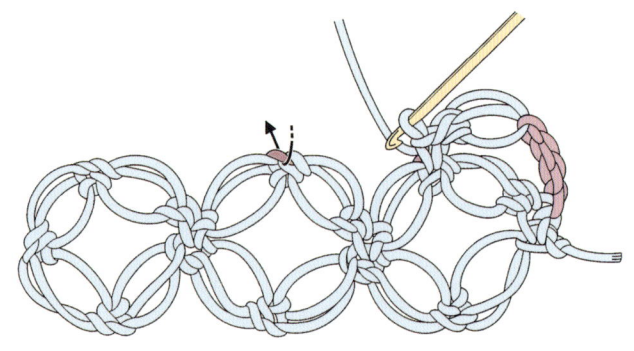

02 무늬 2개를 뜨고 아랫단의 짧은뜨기 코에 짧은뜨기를 뜨는 2단의 01~03 과정을 반복한다.

감아뜨기

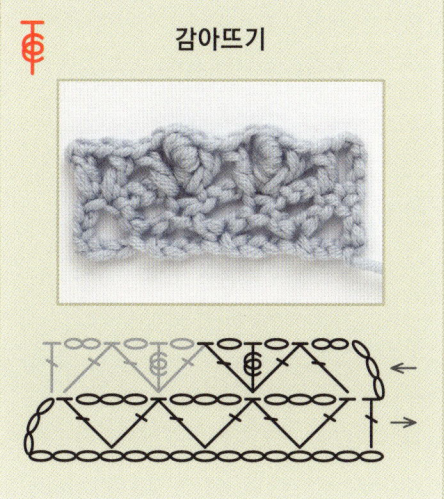

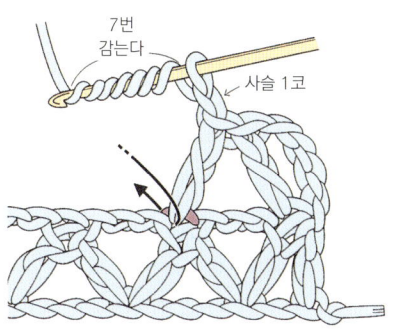

01 코바늘에 실을 7번 감고, 화살표 방향으로 코바늘을 넣는다.

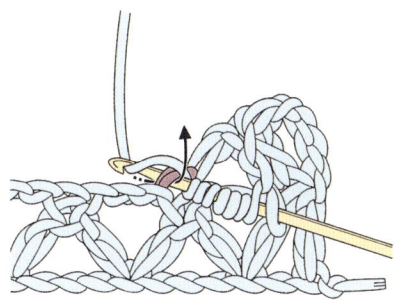

02 코바늘에 실을 걸어 빼낸다.

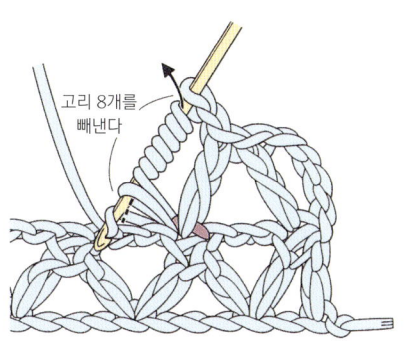

03 코바늘에 실을 걸어 바늘에 있는 8개의 고리를 끝에 1개만 남기고 빼낸다.

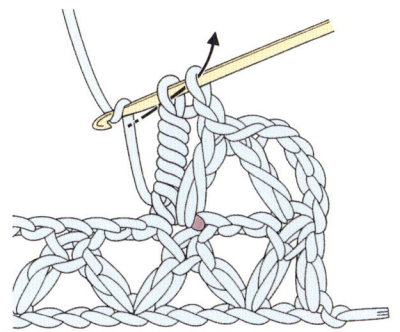

04 코바늘에 실을 걸어 남아 있는 2개의 고리를 한꺼번에 빼낸다.

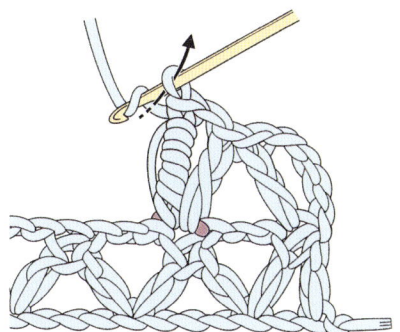

05 감아뜨기 완성. 이어서 사슬 1코를 뜬다.

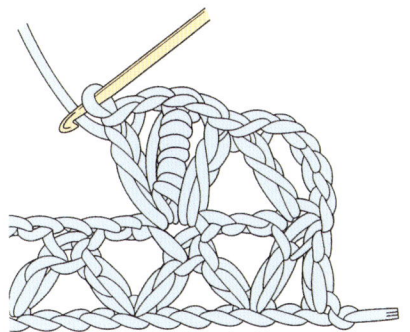

06 감아뜨기를 한 같은 코에 1길긴뜨기를 떠서 1무늬를 완성한다.

SKILL STUDY 3

코바늘 뜨기의 기초

코바늘 뜨기는 왕복으로 뜨는 평뜨기와, 모티브나 원통뜨기처럼 겉면만 보면서 뜨는 환편뜨기로 나뉜다.

01. 왕복으로 뜨는 평뜨기

평뜨기는 사슬뜨기로 시작코를 만들어 뜨며, 단을 바꿀 때마다 앞뒤를 돌려가면서 오른쪽에서 왼쪽 방향으로 뜬다. 따라서 도안을 보았을 때 기둥코가 오른쪽에 있는 단이 겉쪽에서 뜨는 단이고, 기둥코가 왼쪽에 있는 단이 안쪽에서 뜨는 단이다. 일반적으로는 앞뒤를 번갈아가며 뜨기 때문에 겉과 안의 구분이 없는데, **도안 2**의 솔잎무늬처럼 앞뒤가 확실하게 구분되는 조직도 있다. 도안의 1단의 기둥코가 왼쪽에 있으면 짝수 단이 겉면이다.

겉과 안의 구분이 없는 경우

짝수 단이 겉면인 경우

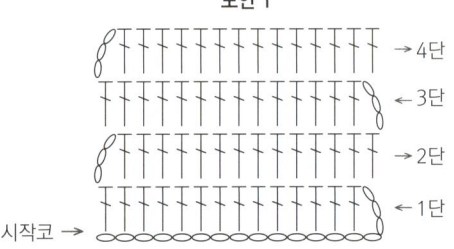
도안 1

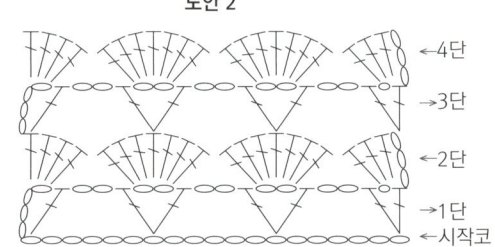
도안 2

사슬뜨기로 시작코 뜨기

원으로 시작하는 모티브 뜨기를 제외하고 모든 코바늘 뜨기는 사슬뜨기가 시작코가 된다.

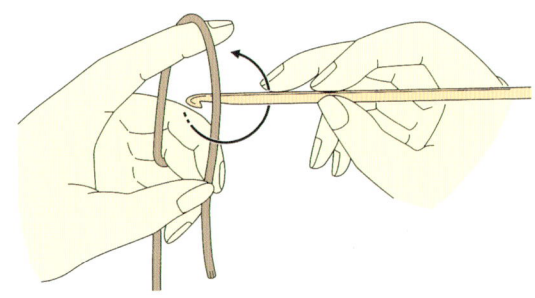

01 코바늘을 실의 뒤에 대고 화살표 방향으로 한 바퀴 돌려 감는다.

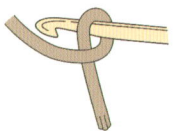

02 코바늘에 실을 감아놓은 모습.

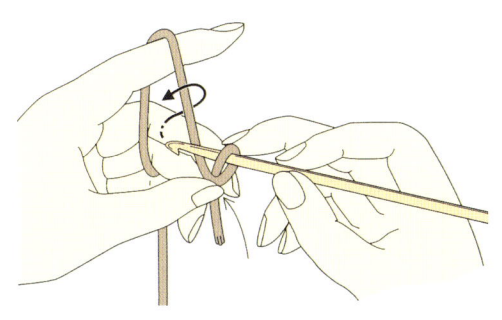

03 화살표 방향으로 코바늘을 돌려서 실을 건다.

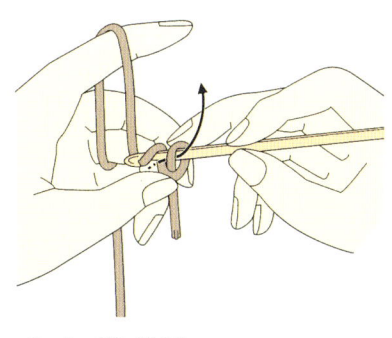

04 실을 빼낸다.

05 화살표 방향으로 코바늘을 돌려서 실을 건다.

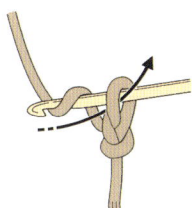

06 코바늘에 걸린 코 사이로 실을 빼면 사슬 1코가 떠진다.

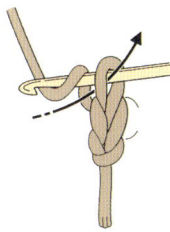

07 코바늘에 실을 걸어 코바늘에 걸린 코 사이로 빼내면 2번째 사슬코가 만들어진다.

사슬의 겉과 안

사슬의 겉쪽

볼록 튀어나온 것을 '사슬코의 뒷산'이라고 한다.

사슬의 안쪽

TIP 사슬뜨기로 시작코를 뜰 때 주의할 점

사슬뜨기를 반복하면 다른 뜨개코보다 조금 촘촘해지는 경향이 있어 시작단이 다른 부분에 비해 좁아진다. 사슬뜨기로 시작코를 뜰 때는 실제로 편물을 뜰 때 사용할 바늘보다 1호수 큰 것을 사용하는 것이 좋다.

시작 사슬코가 너무 촘촘해서 시작단이 좁아진 경우

1호수 큰 바늘로 시작코를 뜬 경우

사슬에서 코를 줍는 방법

사슬에서 코를 줍는 방법에는 3가지가 있다. 각 방법마다 특징이 있으므로 상황에 따라 알맞은 방법으로 코를 줍는다.

❶ 사슬코의 뒷산에서 코를 줍는 방법

가장 많이 사용하는 방법으로 코를 줍기가 조금 어렵지만 가장자리가 깔끔하게 나오기 때문에 테두리를 더해 주지 않는 경우에 주로 사용한다.

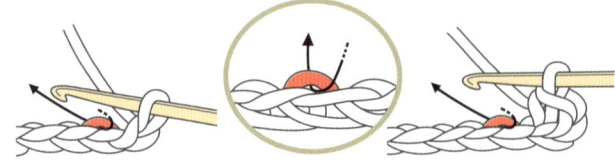

❷ 사슬의 반 코와 사슬코의 뒷산을 함께 줍는 방법

코를 줍기가 쉽다. 코를 몇 코씩 걸러서 줍거나 가는 실로 뜰 때 좋다. 실을 2가닥을 줍기 때문에 시작코 부분이 조금 도톰해진다.

❸ 사슬의 반 코를 줍는 방법

코를 줍기는 쉬우나 불안정한 반 코를 줍기 때문에 안정성이 떨어진다. 시작코에 신축성이 있어야 하거나 양쪽으로 코를 잡아야 할 때 사용한다.

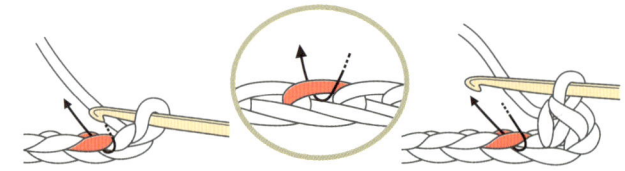

TIP 시작코가 남을 경우

시작 사슬코가 남았을 경우에는 사슬코를 뜨기 시작한 방향에서부터 한 코씩 풀어서 줄인다. 시작 콧수가 정확하게 맞는지 걱정이 된다면 콧수를 조금 여유 있게 떠서 나중에 풀어주는 방법도 좋다.

시작코를 너무 많이 떠서 남는다.

코가 많다

01 사슬의 겉쪽에서 사슬코를 뜨기 시작한 첫코의 반 코에 코바늘을 넣는다.

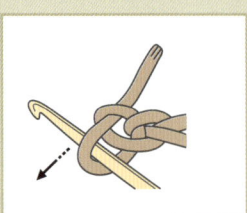

02 코바늘을 앞으로 당겨서 실을 빼낸다.

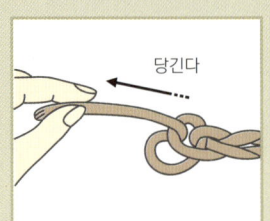

당긴다

03 실 끝을 당겨서 남는 사슬을 푼다.

짧은뜨기 평뜨기 ▶ PART1 - ① 짧은뜨기 평뜨기

❶ 짧은뜨기 1째단 뜨기

01 기둥코인 사슬 1코를 뜨고, 그림처럼 사슬코의 뒷산에 코바늘을 넣는다.

02 코바늘에 실을 걸고, 화살표 방향으로 사슬 1코 높이만큼 빼낸다.

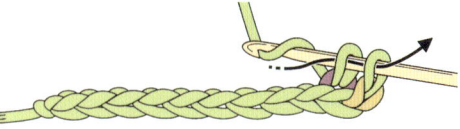

03 다시 코바늘에 실을 걸어 코바늘에 걸린 2개의 고리를 한꺼번에 빼낸다.

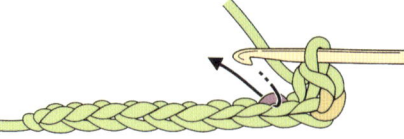

04 짧은뜨기 완성. 01~03을 반복한다.

❷ 짧은뜨기 2째단 뜨기

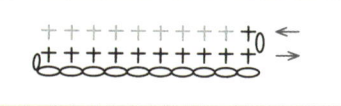

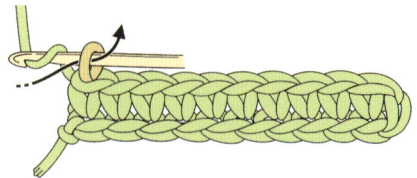

01 1단의 끝에서 기둥코인 사슬 1코를 뜬다.

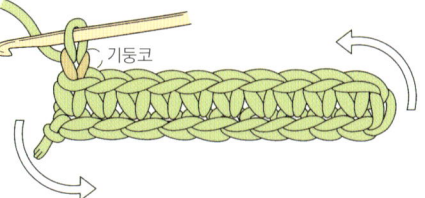

02 편물의 오른쪽을 뒤로 보내 편물을 돌려 잡는다.

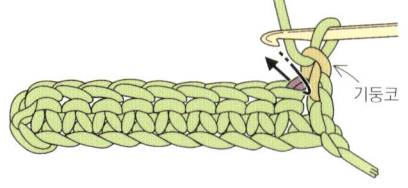

03 아랫단의 오른쪽 끝코에 코바늘을 넣는다.

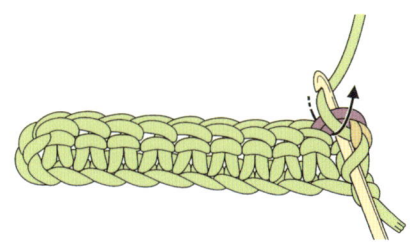

04 실을 걸어 화살표 방향으로 빼낸다.

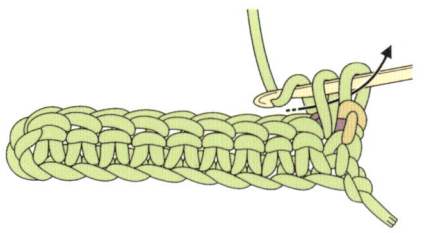

05 다시 한 번 실을 걸어 코바늘에 걸려 있는 2개의 고리를 한꺼번에 빼낸다.

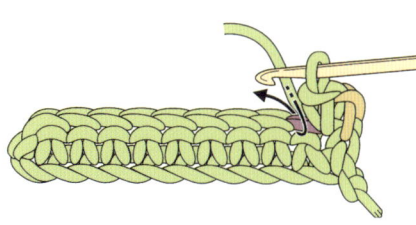

06 짧은뜨기 완성. 03~05를 반복한다.

1길긴뜨기 평뜨기 ▶ PART1 - ② 1길긴뜨기 평뜨기

❶ 1길긴뜨기 1째단 뜨기

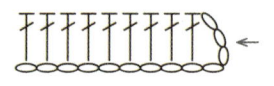

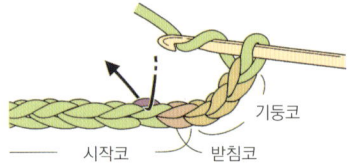

01 기둥코인 사슬 3코를 뜬 다음 코바늘에 실을 걸어 받침코 다음 사슬코의 뒷산에 화살표 방향으로 넣는다.

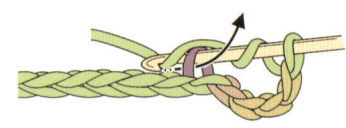

02 코바늘에 실을 걸어서 화살표 방향으로 빼낸다.

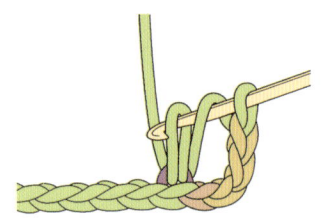

03 실을 사슬 2코 높이로 빼낸다.

04 코바늘에 실을 걸어 코바늘에 걸려 있는 앞쪽의 고리 2개를 빼낸다.

05 다시 한 번 코바늘에 실을 걸어 남은 2개의 고리를 한꺼번에 빼낸다.

06 1길긴뜨기 완성.

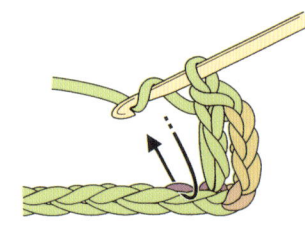

07 다음 코도 코바늘에 실을 걸어 사슬코의 뒷산에 화살표 방향으로 넣고 1길긴뜨기를 계속 떠나간다.

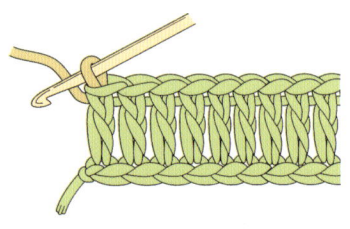

08 1길긴뜨기 1단 완성.

❷ 1길긴뜨기 2째단 뜨기

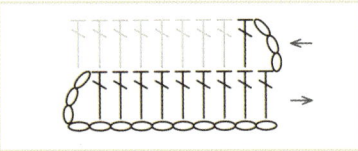

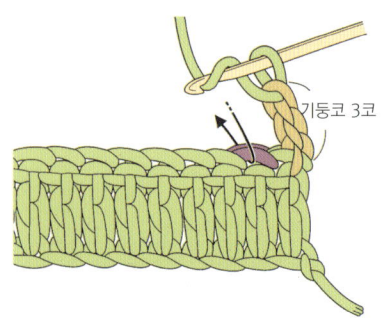

01 1단 끝에서 기둥 3코를 뜨고 편물을 돌려 잡는다. 코바늘에 실을 걸어 그림처럼 아랫단의 2째코에 넣는다.

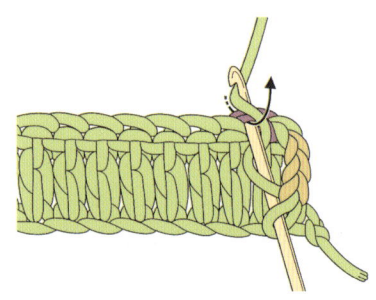

02 코바늘에 실을 걸어 사슬 2코 높이로 빼낸다.

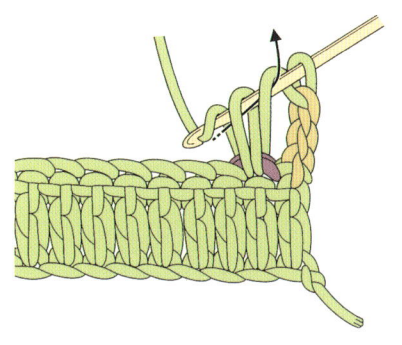

03 코바늘에 실을 걸어 코바늘 앞쪽에 있는 2개의 고리를 빼낸다.

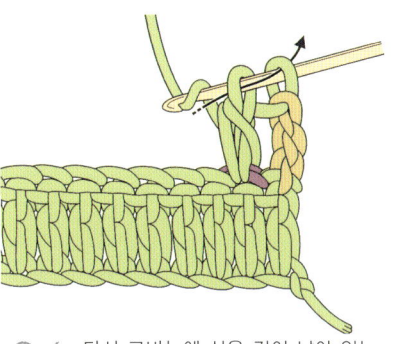

04 다시 코바늘에 실을 걸어 남아 있는 2개의 고리를 한꺼번에 빼낸다.

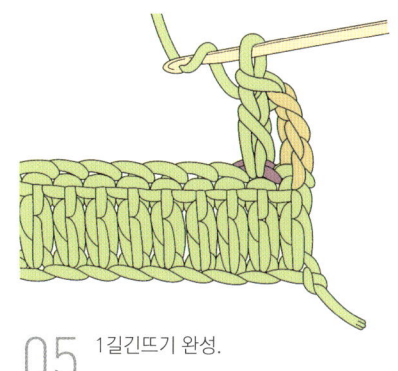

05 1길긴뜨기 완성.

TIP 시작코와 끝코 찾기

코바늘 뜨기가 익숙하지 않을 경우 시작코와 끝코를 구별하는 것이 어려울 수도 있는데,
시작코와 끝코가 정확하지 않으면 조직이 좁아지거나 넓어진다.
따라서 시작코와 첫코를 정확히 구별하는 것이 매우 중요한데,
시작하는 1번째 코에 표시링을 걸어놓으면 그 코가 다음 단에서 뜨는 마지막코가 되므로 쉽게 찾을 수 있다.
한 단을 뜰 때마다 단수 콧수 표시링을 옮겨놓아 시작코의 위치를 표시해둔다.

잘떠진 조직

코가 늘어난 조직

코가 줄어든 조직

짧은뜨기 시작코 기둥코가 1코의 기능을 하지 못하므로 1번째 짧은뜨기에 표시링을 건다.

긴뜨기 시작코 기둥코인 사슬 2코의 2번째 사슬코에 표시링을 건다.

1길긴뜨기 시작코 기둥코인 사슬 3코의 3번째 사슬코에 표시링을 건다.

배색 뜨기

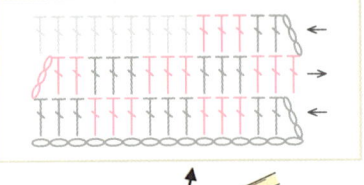

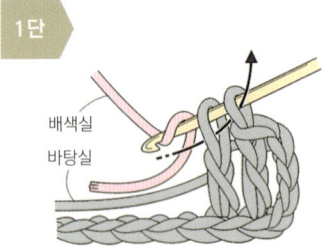
1단

01 배색을 시작하기 바로 전 코에서 마지막으로 코바늘에 남은 고리를 빼낼 때 배색실을 걸어서 빼낸다.

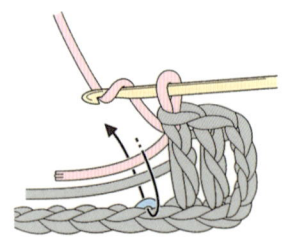

02 배색을 해서 뜨기 시작하는 코는 코바늘을 넣고 그림처럼 바탕실과 배색실의 끝부분을 감싸듯이 뜬다.

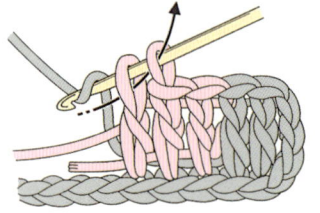

03 배색실의 마지막 코에서 코바늘에 남은 고리를 빼낼 때 코바늘에 바탕실을 걸어서 빼낸다.

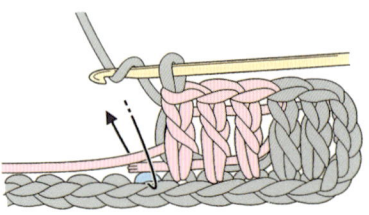

04 배색실을 감싸듯이 안에 넣고 바탕실로 뜬다.

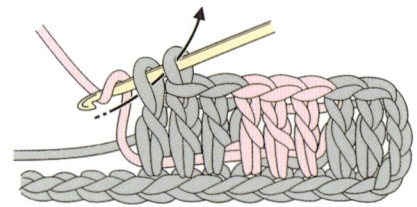

05 바탕실의 마지막코에서 코바늘에 남은 고리를 빼낼 때 코바늘에 배색실을 걸어서 빼낸다.

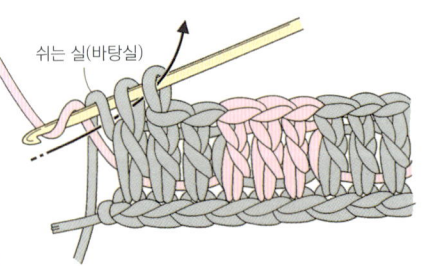

06 단의 끝코에서 마지막으로 코바늘에 남은 고리를 빼낼 때 바탕실을 코바늘에 걸어놓고 배색실로 바꾸는데, 쉬는 실의 끝이 편물의 안쪽으로 가게 앞에서 뒤로 건다.

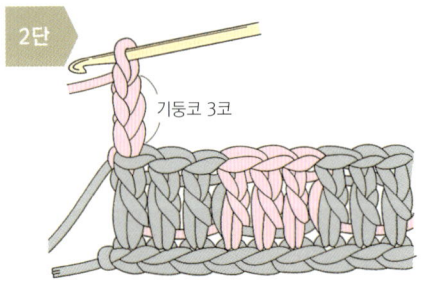
2단

01 배색실로 다음 단의 기둥코가 되는 사슬 3코를 뜨고, 편물을 돌려 잡아 안쪽이 앞에 오게 한다.

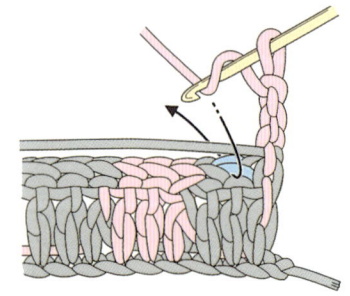

02 배색실을 바늘에 걸고 그림처럼 바탕실을 코 머리 위에 놓은 다음 코 머리에 코바늘을 넣는다.

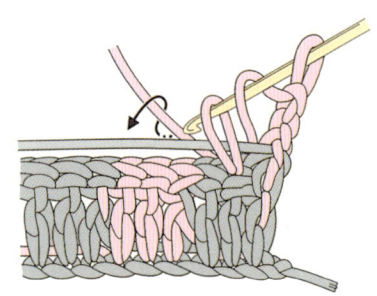

03 쉬고 있는 바탕실을 안에 넣고 감싸듯이 뜬다.

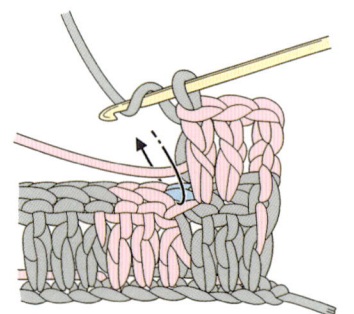

04 배색실의 마지막코에서 코바늘에 남은 고리를 빼낼 때 바탕실로 바꾸어 배색실을 감싸듯이 뜬다.

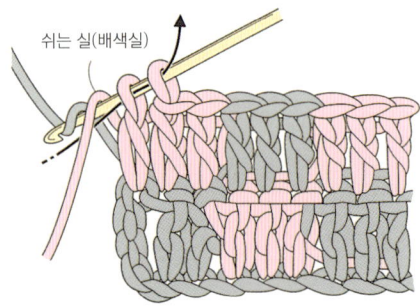

05 2단의 끝코에서는 배색실을 코바늘 뒤에서 앞으로 오게 걸고, 바탕실로 바꾼다.

> **3단**

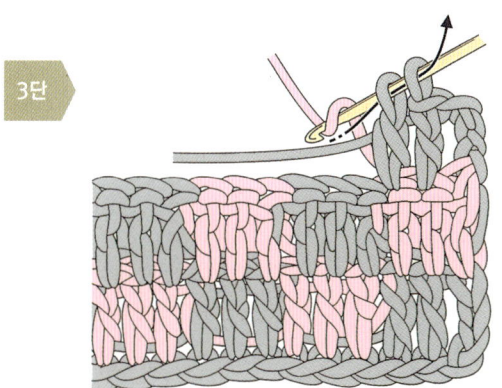

01 바탕실의 마지막코에서 코바늘에 남은 고리를 빼낼 때 배색실로 빼낸다.

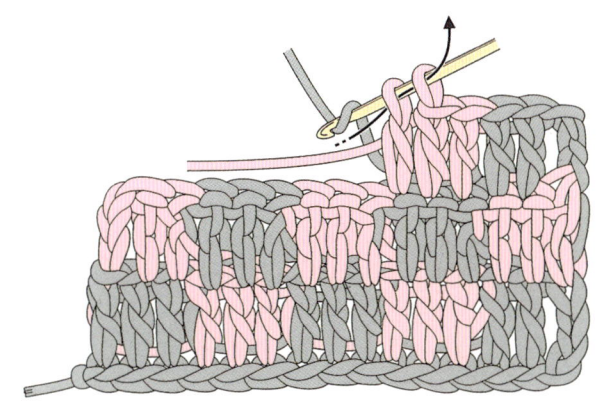

02 배색실의 마지막코에서 코바늘에 남은 고리를 빼낼 때 바탕실로 빼낸다.

꿰매기 ▶ PART2 - ⑥ 꿰매기와 잇기

편물의 단과 단을 연결하는 것을 '꿰매기'라고 한다. 이와 달리 코와 코를 연결하는 것은 '잇기'라고 한다. 꿰맬 때는 코를 줍는 간격이 일정해야 하며, 너무 느슨해서도 너무 쫀쫀해서도 안 된다.

❶ 사슬뜨기와 빼뜨기로 꿰매기

꿰매는 곳을 쉽게 알 수 있고 꿰매는 방법도 간단하다. 시접이 두껍지 않으므로 구멍이 많은 성긴 조직을 꿰맬 때 주로 사용한다.

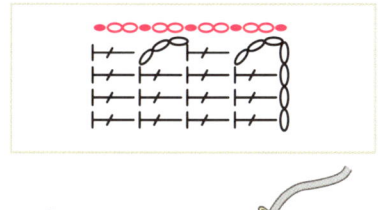

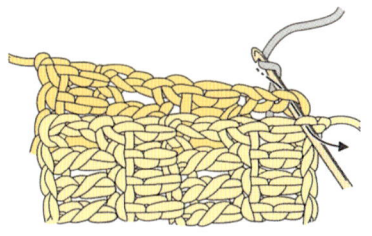

01 편물의 겉과 겉을 마주 대고, 시작코의 사슬에 코바늘을 넣은 다음 실을 걸어 빼낸다.

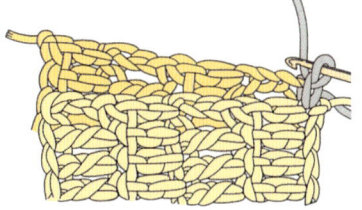

02 사슬 3코를 뜬다.

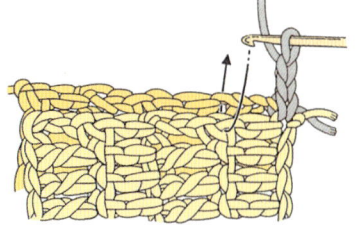

03 화살표 방향으로 1단의 코 머리에 코바늘을 넣는다.

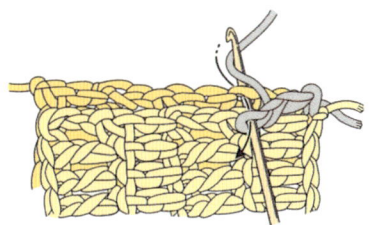

04 코바늘에 실을 걸어 빼뜨기를 뜬다.

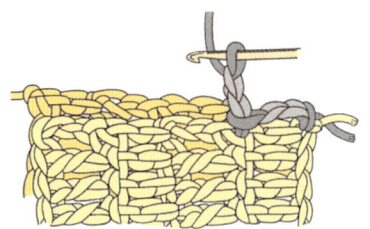

05 2단부터는 사슬을 2코만 뜬다.

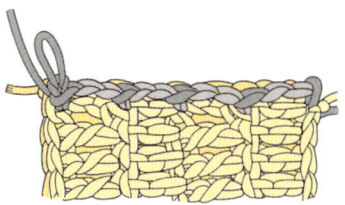

06 03~05를 반복하고, 끝에서 한 번 더 실을 걸어 빼낸 다음 코를 조인다.

❷ 빼뜨기로 꿰매기

편물 2개에서 가장자리의 반 코를 주워 빼뜨기로 뜨기 때문에 이음매가 좁다. 소매를 몸판에 붙일 때 주로 사용하며, 반 코만 주워 빼뜨기를 하기 때문에 쫀쫀해서 당겨질 수 있으므로 1호수 큰 코바늘을 사용하는 것이 좋다.

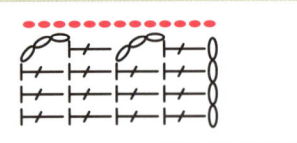

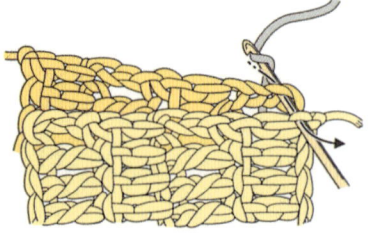

01 편물의 겉끼리 맞대고, 시작코 사슬에 코바늘을 넣어서 실을 걸어 빼낸다.

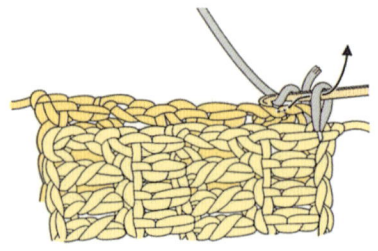

02 다시 한 번 코바늘에 실을 걸어서 빼낸다.

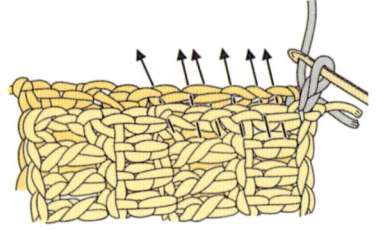

03 각 단의 뜨개코 높이에 따라 콧수를 맞춰 가장자리 코를 갈라 빼뜨기를 한다.

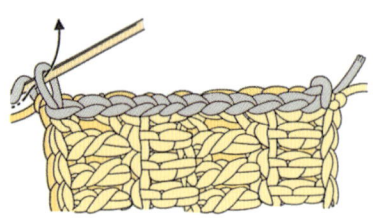

04 끝에서는 한 번 더 실을 걸어 빼낸 다음 코를 조인다.

❸ 돗바늘로 꿰매기

1길긴뜨기에 주로 사용한다.

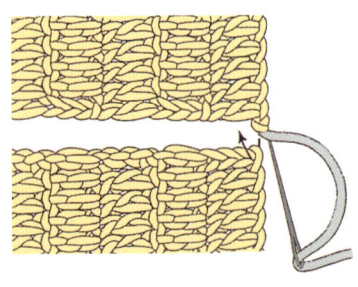

01 편물의 겉이 위로 오게 나란히 놓고, 그림처럼 화살표 방향으로 돗바늘을 넣는다.

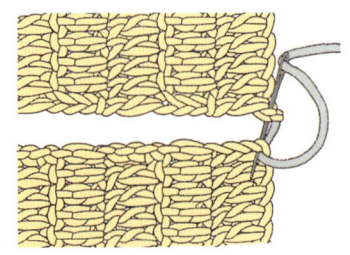

02 뒤쪽 편물의 시작코와 앞쪽 편물의 01과 같은 코에 돗바늘을 넣어 단단하게 조인다.

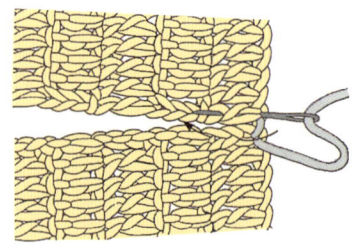

03 그림처럼 뒤쪽 편물은 1길긴뜨기의 반을, 앞쪽 편물은 사슬의 첫코부터 3째코까지 바늘을 넣는다.

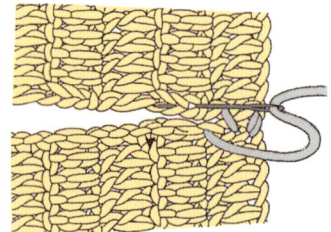

04 2단에서는, 뒤쪽 편물은 아랫단의 코 머리부터 2째코까지, 앞쪽 편물은 1길긴뜨기의 중심부터 코 머리까지 뜬다.

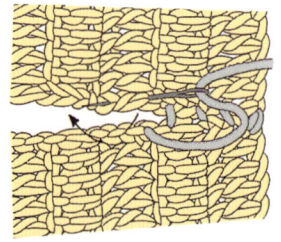

05 3단도 1단과 같은 방법으로 뜨는데, 실을 잡아당기면서 뜬다.

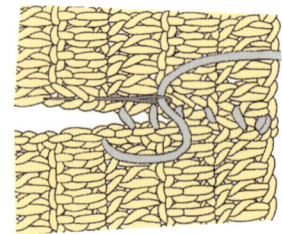

06 03~04를 반복한다.

02. 겉면만 보며 한 방향으로 뜨는 환편뜨기

원의 중심에서부터 빙글빙글 돌아가면서 한 방향으로 뜨며, 항상 편물의 겉면을 보고 뜬다.
한 단이 시작되는 지점은 기둥코와 단을 마무리하는 빼뜨기코가 만나는 부분이며, 시작코를 기준으로 시계 반대방향으로 떠 나간다.
원으로 시작하지만 만들어지는 패턴에 따라 원형, 삼각형, 사각형, 다각형 등의 다양한 모양이 있다.
모티브도 환편뜨기 종류의 하나이다.

모티브 도안 읽기

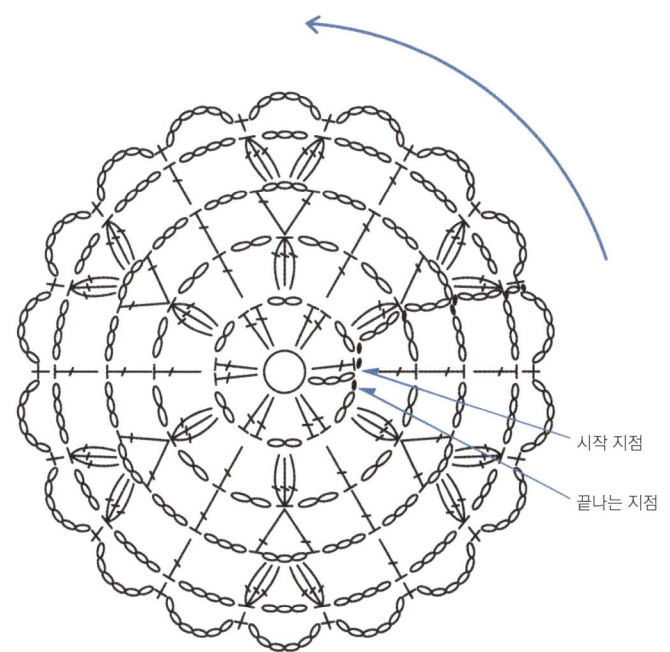

시작 지점
끝나는 지점

- 환편뜨기는 둥근 코 만들기로 시작하므로 도안의 중심에서부터 읽어 나간다.
- 사슬뜨기와 빼뜨기가 만나는 곳이 각 단의 시작과 끝이다.
- 도안의 시작점에서 시계 반대방향으로 한 바퀴 돌면 한 단이 떠진다.
- 익숙해질 때까지는 한 단을 뜰 때마다 펜으로 표시하면서 뜨면 알기 쉽다.

모티브 시작코 만들기

❶ 실 감아 둥근 코 만들기 🎬 PART1 - ③ 짧은뜨기 원형뜨기
중앙에 구멍이 생기지 않는다

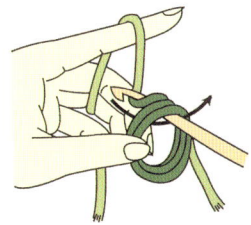

01 실을 둥글게 2번 감아서 손가락으로 잡은 다음, 코바늘을 넣고 그림처럼 실을 걸어 빼낸다.

02 다시 한 번 코바늘에 실을 걸어 화살표 방향으로 빼내어 원을 고정한다.

03 실을 감아 둥근 코가 만들어진 모습.

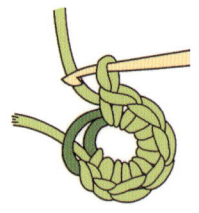

04 필요한 콧수만큼 짧은뜨기를 뜬다.

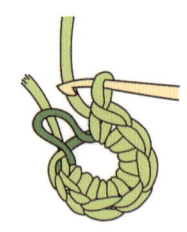

05 그림처럼 안쪽 원을 당긴 다음 실 끝을 잡아당겨 원을 조인다.

06 화살표 방향으로 1번째 짧은뜨기 코에 코바늘을 넣어 빼뜨기를 뜬다.

❶ 사슬뜨기로 둥근 코 만들기 PART1 - ⑤ 사각형 모티브 뜨기

모티브 중앙에 구멍이 생긴다.

01 코바늘에 실을 감고 화살표 부분을 손가락으로 잡는다.

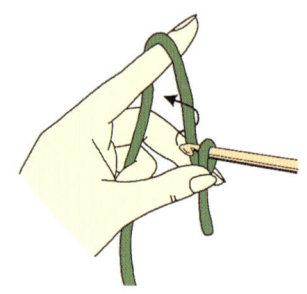

02 화살표 방향으로 코바늘을 움직여서 실을 건다.

03 그림처럼 실을 빼낸다.

04 실 끝을 잡아당기지 말고, 계속해서 사슬뜨기를 뜬다.

05 필요한 콧수만큼 사슬뜨기를 한 다음, 첫코에 코바늘을 넣는다.

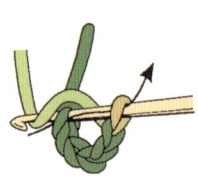

06 화살표 방향으로 빼뜨기를 해서 고리를 만든다.

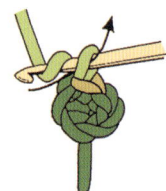

07 기둥 1코를 뜬다.

08 화살표 방향으로 코바늘을 넣는다.

09 짧은뜨기를 뜬다.

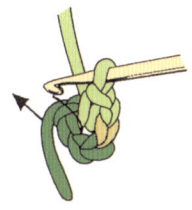

10 그림처럼 실 끝을 함께 감아 넣어 필요한 콧수만큼 짧은뜨기로 뜬다.

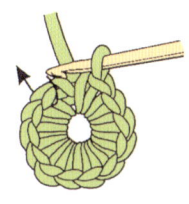

11 첫코에 화살표 방향으로 코바늘을 넣는다.

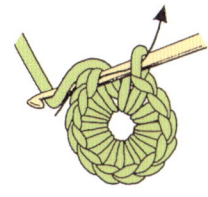

12 빼뜨기로 뜬다.

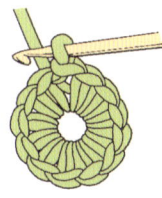

13 사슬뜨기로 둥근 코 만들기 완성.

환편뜨기의 끝마무리   ▶ PART1 - ④ 1길긴뜨기 원형뜨기

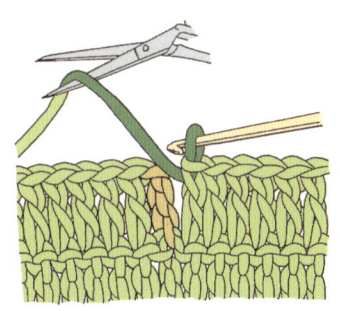

01 실 끝을 10㎝ 정도 남기고 자른 다음 빼낸다.

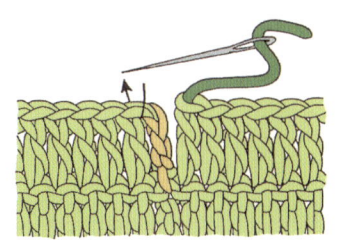

02 그림처럼 2째코에 화살표 방향으로 돗바늘을 넣는다.

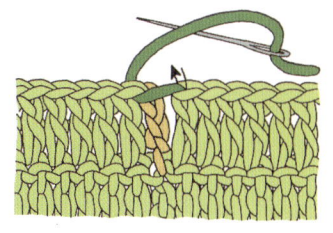

03 마지막코에 화살표 방향으로 돗바늘을 넣는다.

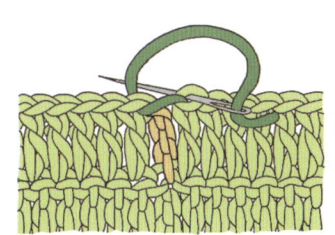

04 그림처럼 돗바늘을 넣어 사슬코 모양을 만든다.

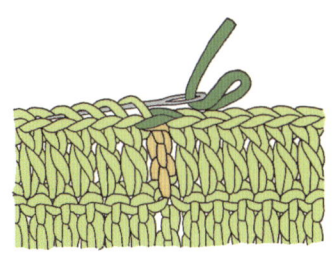

05 실 끝이 보이지 않도록 코 안으로 넣는다.

모티브 뜨기

❶ 짧은뜨기로 원형뜨기 ▶ PART1 - ③ 짧은뜨기 원형뜨기

짧은뜨기로 원형을 뜨는 경우에는 1단이 끝날 때 빼뜨기를 뜨지 않고 다음 단으로 넘어가야 단의 시작 자리가 도드라지지 않아 매끄러운 모양의 원이 된다. 단, 한 단이 끝난 것을 알 수 있도록 다른 실로 시작 지점을 표시해두거나, 각 단의 첫코를 뜰 때 단수 콧수 표시링으로 첫코의 위치를 표시해둔다.

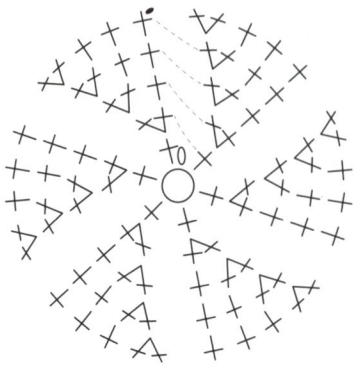

실 감아 둥근 코 만들기 _ p.99 참조

1단 : 짧은뜨기 6코
2단 : 짧은뜨기2코 늘려뜨기 6회
3단 : [짧은뜨기 1코, 짧은뜨기2코 늘려뜨기] 6회
4단 : [짧은뜨기 2코, 짧은뜨기2코 늘려뜨기] 6회
5단 : [짧은뜨기 3코, 짧은뜨기2코 늘려뜨기] 6회 ⇢ 1번째 짧은뜨기 코에 빼뜨기

❷ 1길긴뜨기 원형뜨기 ▶ PART1 - ④ 1길긴뜨기 원형뜨기

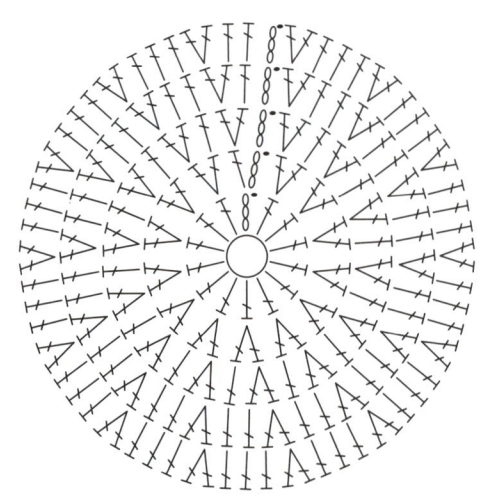

실 감아 둥근 코 만들기 _ p.99 참조

1단 : 사슬 3코(기둥코) ⇢ 1길긴뜨기 13코 ⇢ 기둥코인 사슬 3번째 코에 빼뜨기
2단 : 사슬 3코(기둥코) ⇢ 같은 코에 1길긴뜨기 ⇢ 1길긴뜨기2코 늘려뜨기 13회 ⇢ 기둥코인 사슬 3번째 코에 빼뜨기
3단 : 사슬 3코(기둥코) ⇢ [1길긴뜨기2코 늘려뜨기 ⇢ 1길긴뜨기] 13회 ⇢ 1길긴뜨기2코 늘려뜨기 ⇢ 기둥코인 사슬 3번째 코에 빼뜨기
4단 : 사슬 3코(기둥코) ⇢ 1길긴뜨기 1코 ⇢ [1길긴뜨기2코 늘려뜨기, 1길긴뜨기 2코] 13회 ⇢ 1길긴뜨기2코 늘려뜨기 ⇢ 기둥코인 사슬 3번째 코에 빼뜨기
5단 : 사슬 3코(기둥코) ⇢ 1길긴뜨기 2코 ⇢ [1길긴뜨기2코 늘려뜨기, 1길긴뜨기 3코] 13회 ⇢ 1길긴뜨기2코 늘려뜨기 ⇢ 기둥코인 사슬 3번째 코에 빼뜨기

❸ 사각형 모티브 ▶ PART1 - ⑤ 사각형 모티브 뜨기

 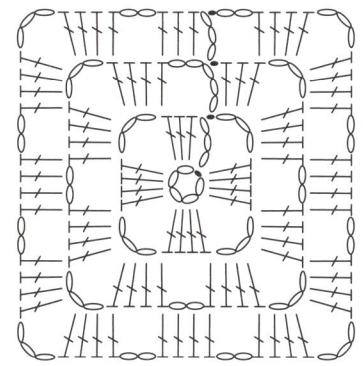

사슬뜨기로 둥근 코 만들기 _ 사슬뜨기 5코 → 1번째 사슬코에 빼뜨기

1단 : 사슬 3코(기둥코) → 1길긴뜨기 3코 → [사슬 3코, 1길긴뜨기 4코] 3회 → 사슬 3코 → 기둥코인 사슬 3번째 코에 빼뜨기

2단 : 사슬 3코(기둥코) → 사슬 2코 → [1길긴뜨기 4코, 사슬 3코, 1길긴뜨기 4코, 사슬 2코] 3회 → 1길긴뜨기 4코 → 사슬 3코 → 1길긴뜨기 3코 → 기둥코인 사슬 3번째 코에 빼뜨기

3단 : 사슬 3코(기둥코) → 1길긴뜨기 3코 → [사슬 2코, 1길긴뜨기 4코, 사슬 3코, 1길긴뜨기 4코, 사슬 2코, 1길긴뜨기 4코] 3회 → 사슬 2코 → 1길긴뜨기 4코 → 사슬 3코 → 1길긴뜨기 4코 → 사슬 2코 → 기둥코인 사슬 3번째 코에 빼뜨기

모티브 연결하기

모티브를 연결하는 방법에는 모티브의 마지막 단을 뜨면서 연결하는 방법과, 모티브를 다 뜨고 나서 연결하는 방법이 있다. 마지막 단을 뜨면서 연결하면 연결 부분이 표시가 나지 않고 자연스러워서 옷이나 숄, 블랭킷 등을 뜰 때 주로 사용한다. 모티브를 다 뜨고 나서 연결한 경우는 연결 부분이 표시가 나지만 튼튼하게 연결된다는 장점이 있다. 가방이나 매트, 인테리어 소품처럼 내구성이 필요한 물건을 뜰 때 사용한다.

❶ 마지막 단을 뜨면서 잇기
■ 마지막 단을 뜨면서 빼뜨기로 잇기

1번째 모티브를 완성한 뒤 2번째 모티브의 마지막 단을 뜨면서 연결한다. 마지막 단이 사슬뜨기로 이루어진 고리인 경우, 고리의 중심이 되는 코를 빼뜨기로 뜨면서 1번째 모티브와 연결한다.

 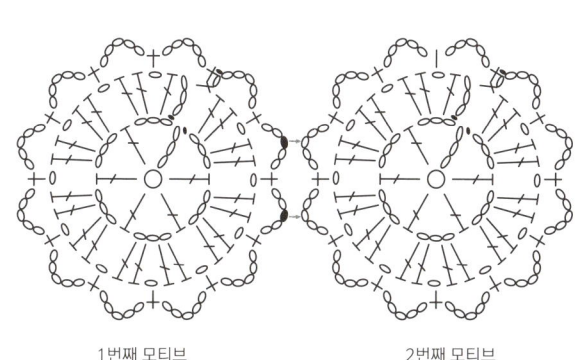

1번째 모티브   2번째 모티브

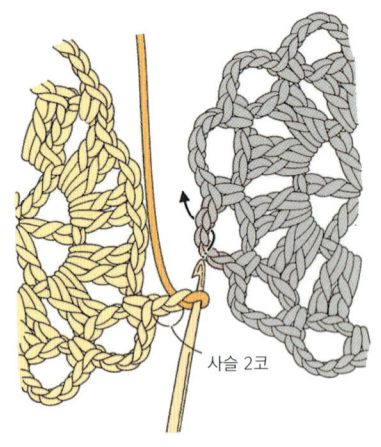
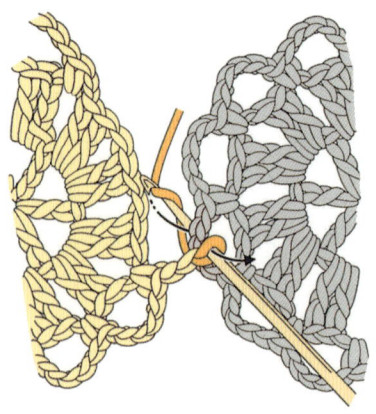
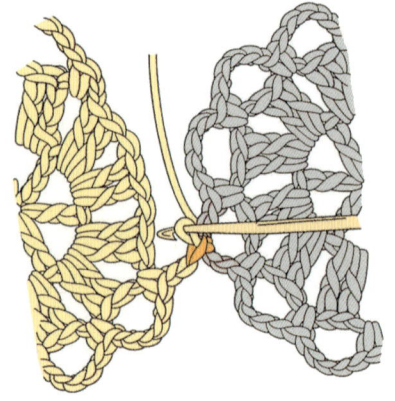

01 완성된 1번째 모티브의 겉면이 위로 오게 놓는다. 2번째 모티브의 이을 지점에서 사슬 2코를 뜨고, 1번째 모티브의 연결할 부분에 화살표 방향으로 바늘을 넣는다.

02 실을 걸어 빼낸다.

03 빼뜨기를 마친 모습.

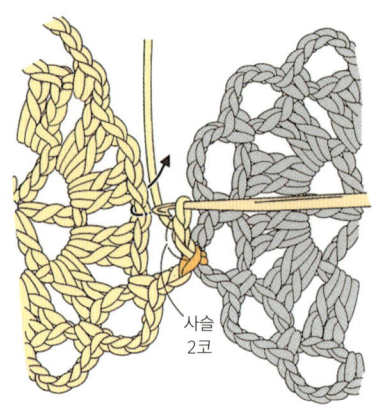
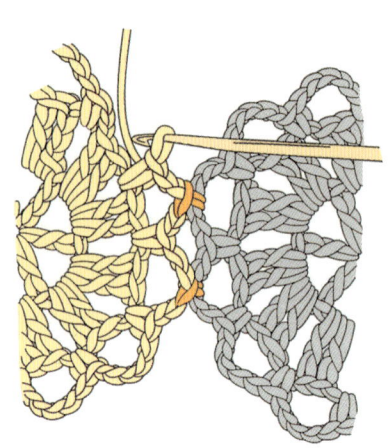

04 사슬 2코를 뜨고, 2번째 모티브에 화살표 방향으로 코바늘을 넣어 짧은뜨기를 뜬다.

05 01~04를 한 번 더 반복하고, 2번째 모티브의 남은 부분을 완성한다.

■ 마지막 단을 뜨면서 빼뜨기로 4장 잇기

4장을 이을 때는 모서리를 잇는 방법에 주의한다. 3번째, 4번째 모티브를 1번째 모티브가 아니고 2번째 모티브에 잇는다.

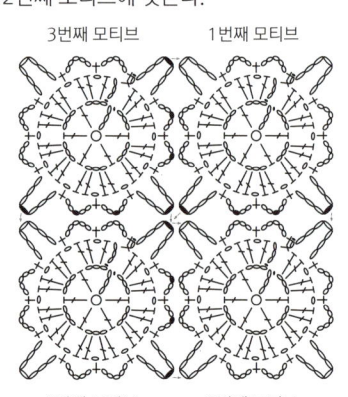

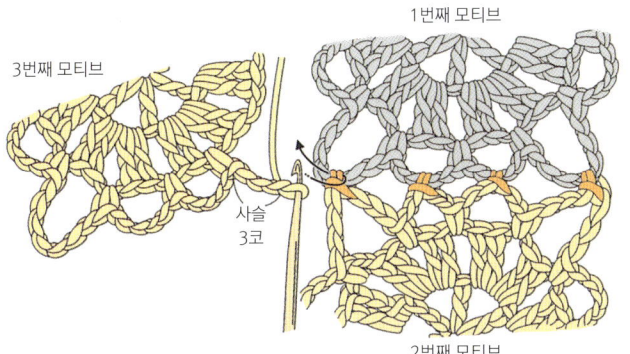

01 이어놓은 1번째와 2번째 모티브의 겉면이 위로 오게 놓고, 3번째 모티브의 이을 지점에서 사슬 3코를 뜬 다음 그림과 같이 1번째와 2번째 모티브를 이은 빼뜨기 코의 다리에 화살표 방향으로 코바늘을 넣는다.

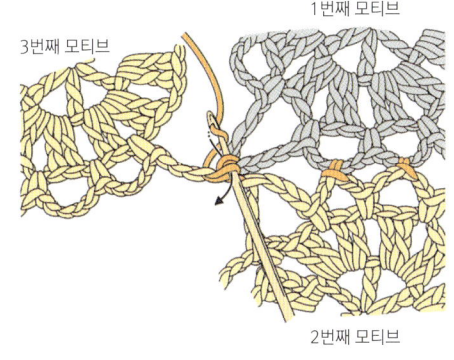

02 실을 걸어 빼낸다.

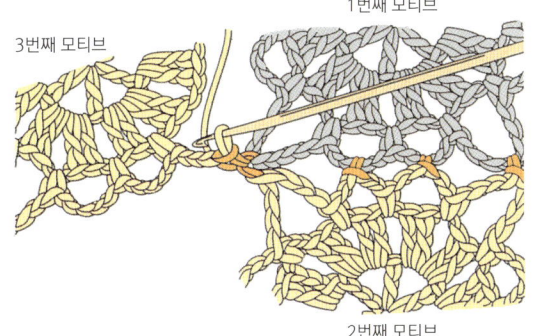

03 빼뜨기를 마친 모습.

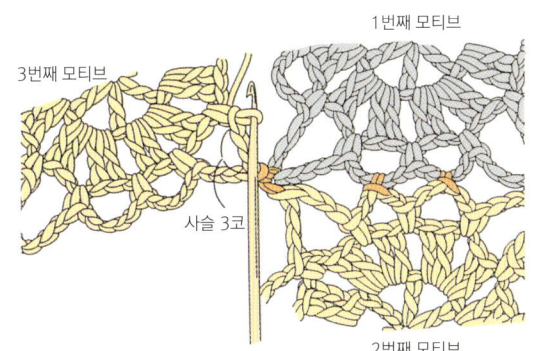

04 사슬 3코를 뜨고, 3번째 모티브에 코바늘을 넣어 짧은뜨기를 뜬다. 3번째 모티브의 나머지 부분은 1번째 모티브와 잇는다.

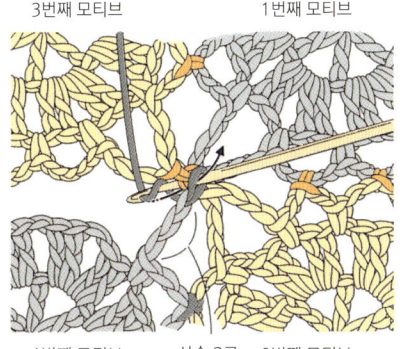

05 이어놓은 3장의 모티브 겉면이 위로 오게 놓고, 4번째 모티브를 2번째 모티브에 잇는다. 4장의 모티브가 만나는 4번째 모티브 모서리의 이을 지점에 사슬 3코를 뜨고, 모티브 3장을 이은 빼뜨기코의 다리에 바늘을 넣고 실을 걸어 화살표 방향으로 빼낸다.

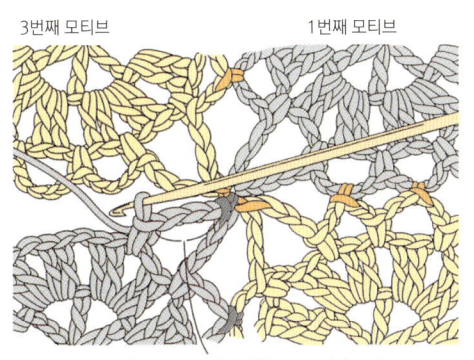

06 모티브 4장의 모서리가 이어진 모습. 4번째 모티브의 나머지 부분은 3번째 모티브와 잇는다.

■ 마지막 단을 뜨면서 1길긴뜨기로 잇기

이음매가 튼튼한 것이 특징으로 1길긴뜨기를 많이 사용한 모티브에 알맞은 방법이다.

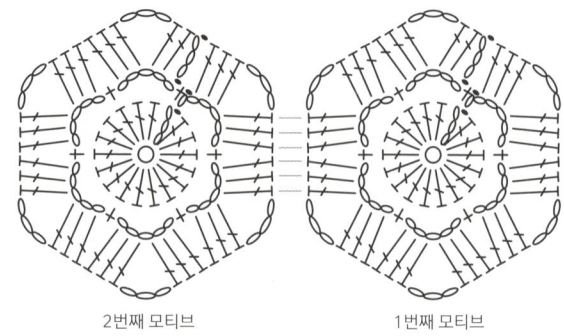

2번째 모티브   1번째 모티브

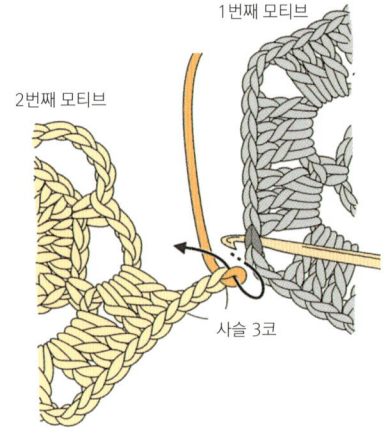

01 완성된 1번째 모티브의 겉면이 위로 오게 놓는다. 2번째 모티브의 이을 지점에 사슬 3코를 뜨고, 바늘을 빼서 그림과 같이 1번째 모티브에 넣어 2번째 모티브의 코를 빼낸다.

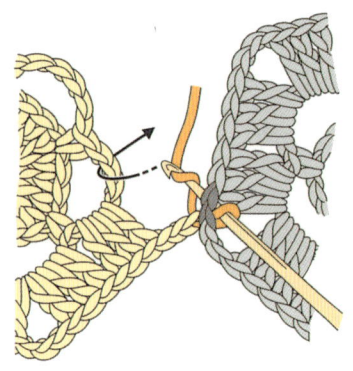

02 1번째 모티브의 1길긴뜨기 코 머리에 코바늘을 넣고, 바늘에 실을 걸어 2번째 모티브에 1길긴뜨기를 뜬다.

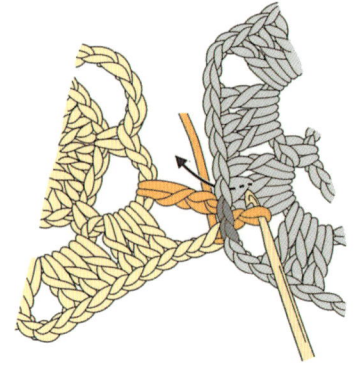

03 그림과 같이 1번째 모티브의 다음 1길긴뜨기의 코 머리에 코바늘을 넣는다.

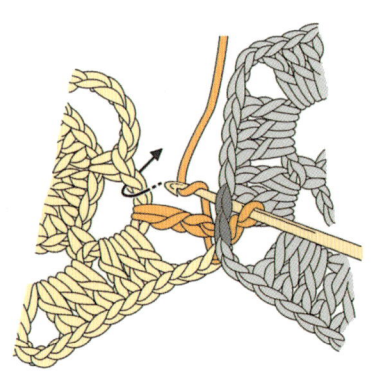

04 코바늘에 실을 걸어 2번째 모티브에 1길긴뜨기를 뜬다.

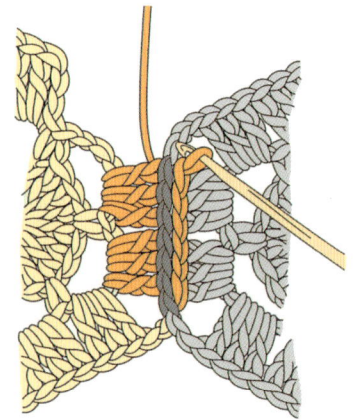

05 03~04를 한 번 더 반복한다.

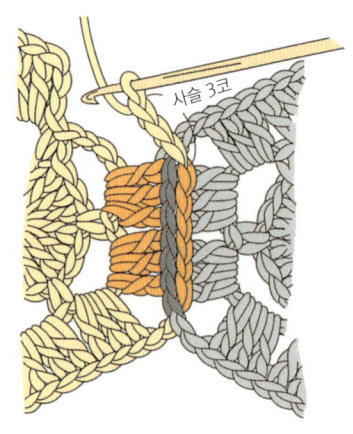

06 사슬 3코를 뜨고, 2번째 모티브의 남은 부분을 완성한다.

❷ 다 떠놓고 잇기
■ 짧은뜨기로 잇기
모티브를 다 떠놓고 잇기 때문에 매우 편리하다. 사각형 모티브에 주로 사용하고, 이음매가 매우 튼튼하다.

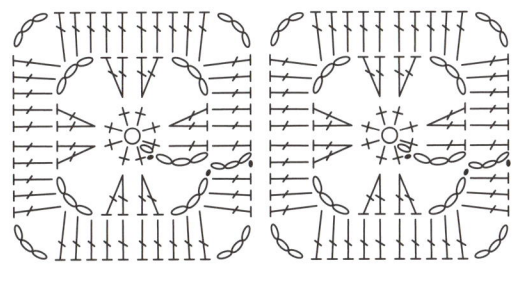

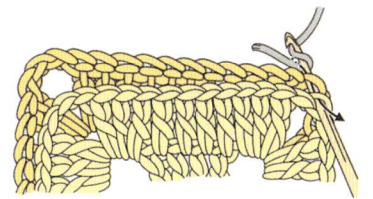

01 2장의 모티브를 안쪽이 맞닿게 놓는다. 각 모티브의 모서리 코에서 바깥쪽 반 코에 코바늘을 넣어 실을 걸어 빼낸다.

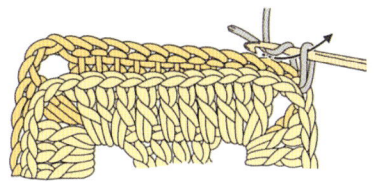

02 기둥코인 사슬1코를 뜬다.

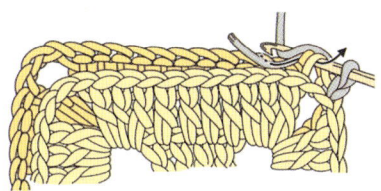

03 다음 코도 각 모티브의 바깥쪽 반 코에 코바늘을 넣고 실을 걸어 빼낸다.

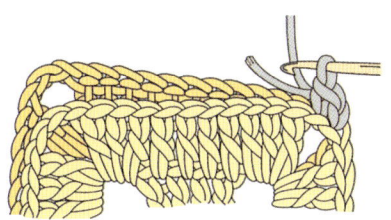

04 코바늘에 실을 걸어 짧은뜨기를 뜬다.

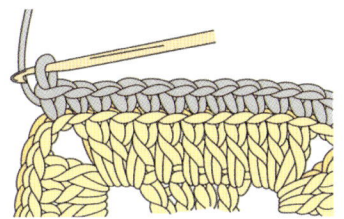

05 03~04를 반복하면서 짧은뜨기를 뜬다.

■ 돗바늘로 반 코 감아서 잇기

돗바늘을 사용해서 뜨개코 머리의 반 코를 휘감아 잇는다.
1길긴뜨기 등으로 뜨개코가 채워져 있는 모티브나 사각형, 육각형 모티브 등을 잇기에 알맞은 방법이다.

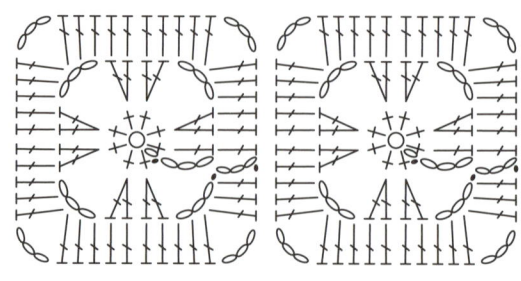

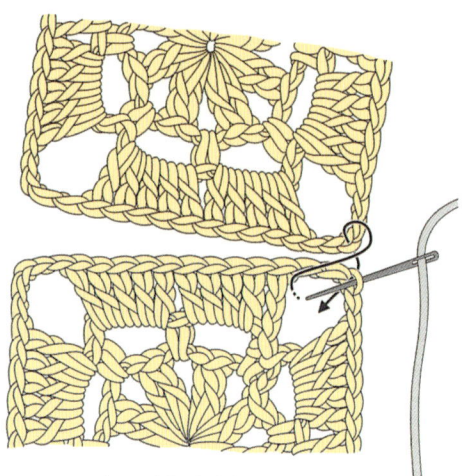

01 모티브 2장을 겉면이 위로 오게 놓고, 각 모티브의 모서리 반 코에 그림과 같이 돗바늘을 넣어 잡아당긴다.

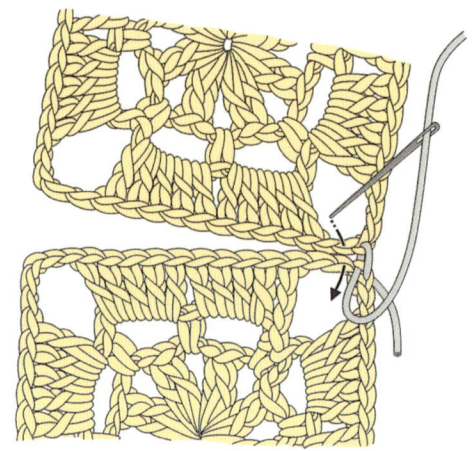

02 각 사슬의 바깥쪽 반 코를 줍고 실을 잡아당긴다.

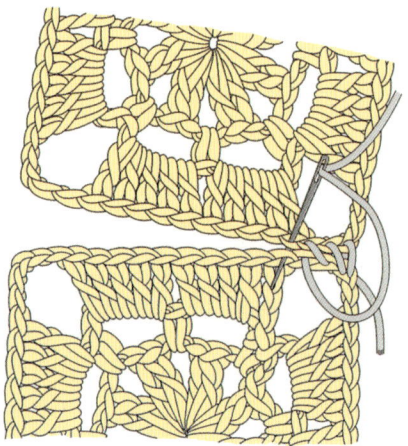

03 각각의 1길긴뜨기 코 머리에서 바깥쪽 반 코를 줍고 실을 잡아당긴다.

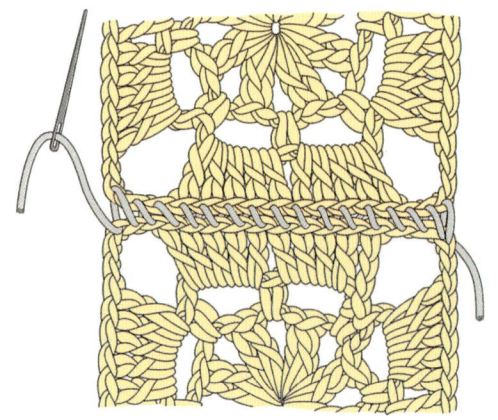

04 돗바늘로 반 코 감아서 잇기 완성.

03. 마무리단(테두리) 뜨기

코줍기

마무리단에서 코를 주워가며 테두리를 뜰 때 코에서는 코마다, 단에서는 각 단의 기둥코만큼 코를 줍는 것이 일반적이다. 예를 들어 1길긴뜨기로 뜬 단은 각 단에서 짧은뜨기 3코씩을 줍는다. 그러나 뜨는 손놀림에 따라 이 방법이 잘 맞지 않는 경우도 있다. 이 경우 코를 주울 면의 길이를 재고, 짧은뜨기 게이지의 콧수를 곱한 다음 떠진 단의 수로 나누면 한 단에서 주워야 할 콧수가 결정된다. 마무리단을 다른 종류의 실로 뜰 때도 같은 방법으로 한다.

예) 1길 긴뜨기 10㎝ = 12단
　　짧은뜨기 10㎝ = 24코 } 1길긴뜨기 1단마다 짧은뜨기 2코씩을 줍는다.
　　24코 ÷ 12단 = 2코

코를 주울 뜨개조직의 특성에 따라 코를 줍는 방법도 달라진다. 코가 가득 찬 뜨개조직에서 코를 주울 때는 코를 갈라서 줍고, 구멍이 많은 뜨개조직에서 코를 주울 때는 코 아래 구멍에서 코를 줍는다.

❶ 코가 가득 찬 뜨개조직에서 코를 주울 때　▶ PART2 - ⑦ 마무리단

코가 가득 찬 뜨개조직에서 코를 주울 때는 코를 갈라서 줍는다. 코의 다리를 주우면 코를 주운 위치에 틈이 벌어지게 된다.

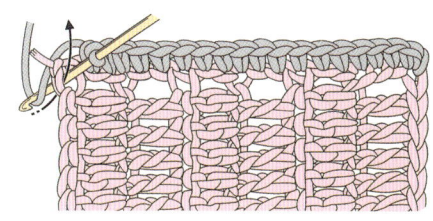

01 코가 가득 찬 뜨개조직의 단에서 코를 주울 때는 마지막 뜨개코의 반을 갈라서 짧은뜨기를 뜬다.

02 뜨개조직의 위쪽 모서리는 마지막 뜨개코의 머리에 짧은뜨기를 뜬다.

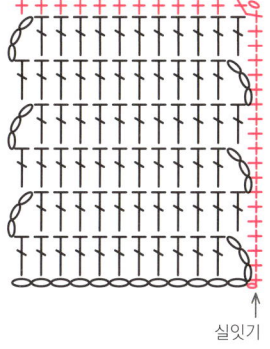

↑ 실잇기

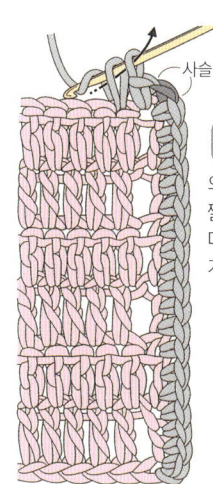

사슬 1코

03 모서리는 마지막 뜨개코의 머리에 사슬 1코와 짧은뜨기 1코를 더 뜬다(짧은뜨기 3코를 뜨기도 한다).

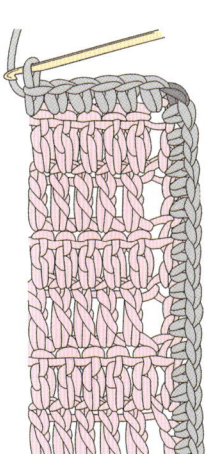

04 코에서 코를 주울 때는 각 뜨개코의 머리에 짧은뜨기를 뜬다.

❷ **구멍이 많은 뜨개조직에서 코를 주울 때**

그물뜨기처럼 전체적으로 구멍이 있는 뜨개조직에서 코를 주울 때는 코와 단 모두 코 아래 구멍에서 주워서 뜬다.
단, 모서리 부분은 모양이 틀어지지 않게 하기 위해 코를 갈라서 줍는다.

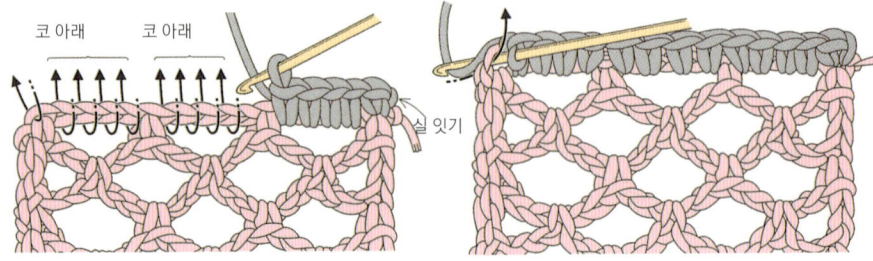

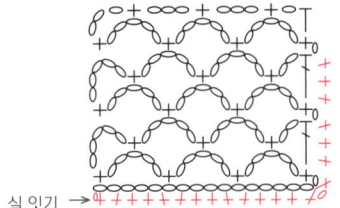

01 코를 줍기 시작하는 모서리 코는 코를 갈라서 실을 연결하여 짧은뜨기를 뜬다. 나머지 코는 그림과 같이 사슬코 아래 구멍에 짧은뜨기를 뜬다.

02 모서리는 시작 부분과 같이 코를 갈라서 떠야 사각형이 틀어지지 않고 모양이 안정적으로 잘 나온다.

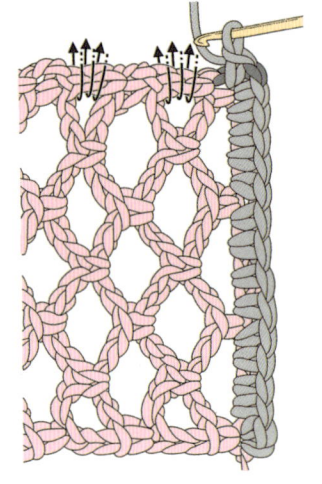

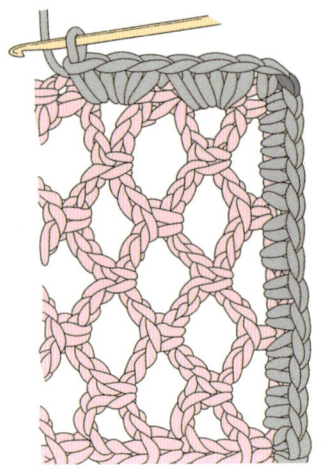

03 단에서도 그림과 같이 뜨개코를 가르지 않고 전체를 감싸서 코를 줍는다.

04 안정적으로 코를 주운 모습.

❸ **코가 찬 곳과 빈 곳이 섞여 있는 뜨개조직에서 코를 주울 때**

모눈뜨기처럼 코가 가득 찬 곳과 빈 곳이 섞여 있는 뜨개조직에서는 코 갈라서 줍기와 코 아래 구멍에서 줍기를 적절히 섞어서 코를 줍는다.

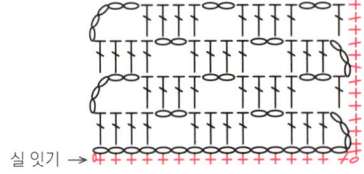

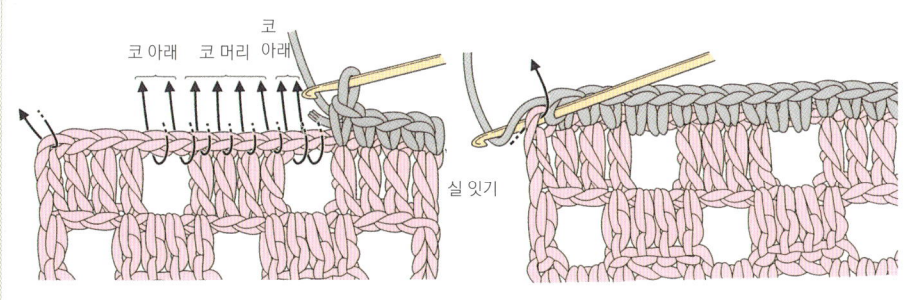

01 뜨개코가 찬 곳은 뜨개코의 머리에, 사슬로 이루어진 빈 곳은 코 아래 구멍에 짧은뜨기를 뜬다.

02 모서리는 코를 갈라서 떠야 모양이 안정적이다.

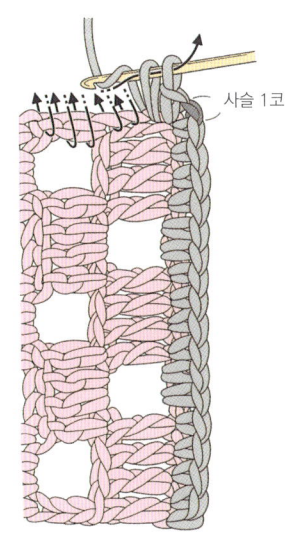

03 단에서도 그림과 같이 뜨개코가 가득 찬 곳은 마지막코를 갈라서 짧은뜨기를 뜨고, 빈 곳은 뜨개코 전체를 감싸서 짧은뜨기를 뜬다.

바깥쪽 모서리 뜨기

앞단과 밑단의 연결 부분이나, 칼라처럼 바깥쪽에 꺾이는 모서리가 있는 가장자리를 뜰 때 사용한다. 꺾이는 모서리 부분은 짧은뜨기3코 늘려뜨기로 뜬다.

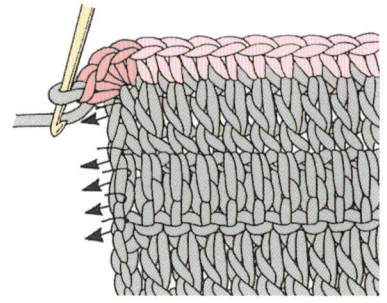

1단

01 화살표가 있는 마지막코에 짧은뜨기 3코를 뜬다(짧은뜨기 3코 중 가운데 코가 모서리 코가 된다).

02 단에서는 마지막코를 갈라 짧은뜨기를 뜬다.

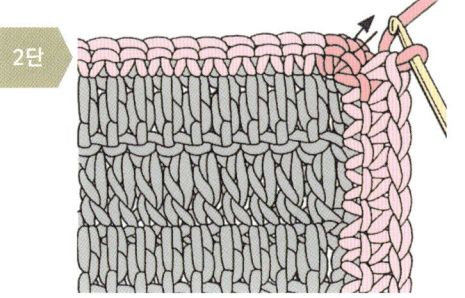

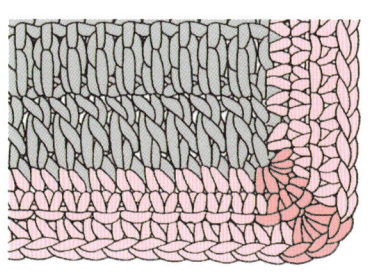

2단

01 아랫단의 모서리 코에 짧은뜨기 3코를 뜬다.

02 각 단의 모서리 코마다 짧은뜨기 3코를 뜬다.

안쪽 모서리 뜨기

사각이나 V자 목선처럼 안쪽에 꺾이는 모서리가 있는 가장자리를 뜰 때 사용한다. 안쪽의 꺾이는 모서리 부분은 짧은뜨기3코 모아뜨기(가운데 1코 건너뛰기)로 뜬다(p.28 참조).

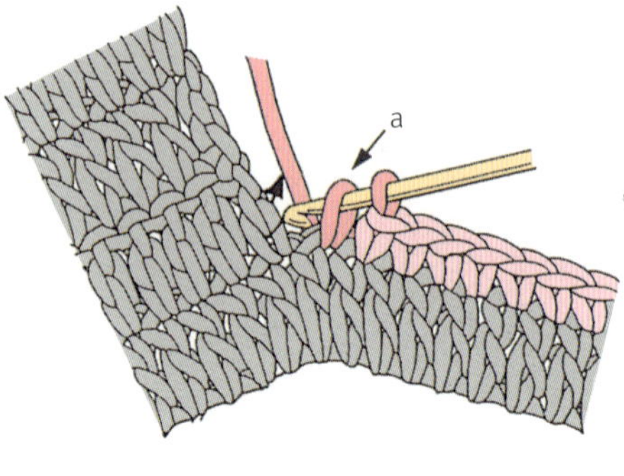

01 코와 단이 만나는 모서리의 전 코 a에 바늘을 넣어 실을 잡아 뺀다.

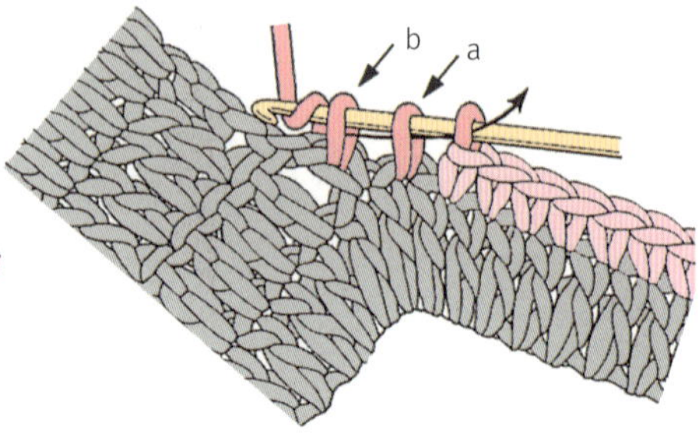

02 모서리 부분을 건너뛰고, b에 바늘을 넣어 실을 잡아뺀 다음 2코를 한꺼번에 짧은뜨기로 뜬다.

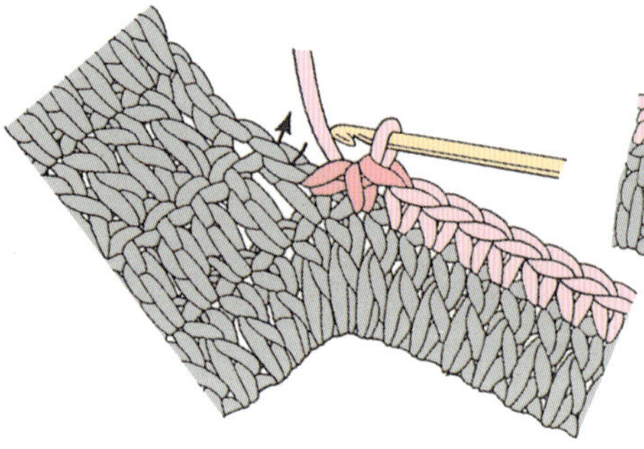

03 단에서는 코를 갈라 짧은뜨기를 뜬다.

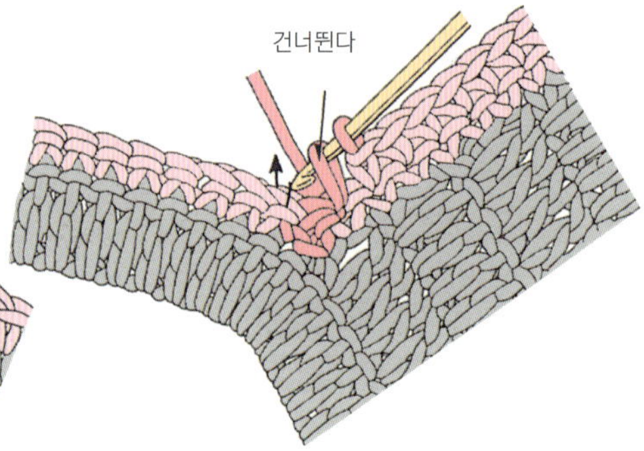

04 나머지 단의 모서리 부분도 짧은뜨기 3코 모아뜨기(가운데 1코 건너뛰기)로 뜬다.

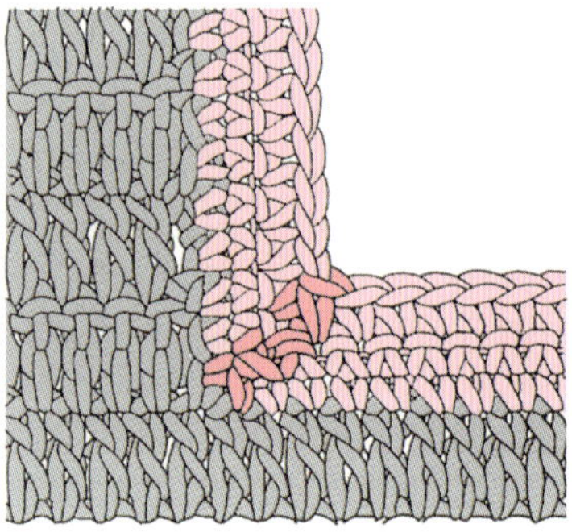

05 안쪽에서 꺾이는 안쪽 모서리 뜨기 완성.

바깥쪽 곡선단 뜨기

곡선으로 늘어나는 앞단을 뜰 때 사용한다. 코를 주운 안쪽 곡선보다 바깥쪽 곡선의 길이가 더 길기 때문에 그만큼 콧수를 늘려주어야 한다. 곡선이 길이 차이가 크면 각 단마다 코를 늘리고, 작으면 2단마다 늘린다. 늘린 콧수가 부족하면 단이 오그라들고, 많으면 물결치듯이 구불거리게 된다. 늘릴 콧수와 늘릴 위치를 미리 계산하여 정해놓고 뜨는 것이 좋다.

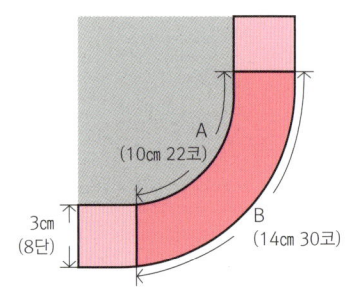

• 늘려야 하는 콧수와 단수 계산

예) 짧은뜨기 10㎠ = 22코 × 27단
A(1째단의 줍는 콧수) : 10㎝ = 22코
B(8째단의 콧수) : 14㎝ × 2.2코 = 30코

늘려야 할 콧수 = B - A = 8코
단넓이 3㎝ × 2.7단 = 8단

짧은뜨기로 8단을 뜨면서 8코를 늘린다. 늘리는 위치가 같으면 곡선이 자연스럽지 않으므로 늘리는 자리가 겹치지 않게 하여 2단마다 2코씩 늘린다.

안쪽 곡선단 뜨기

진동선이나 둥근 목선처럼 안쪽에 곡선이 있는 마무리단을 뜰 때 사용한다. 늘리는 방법과 같은 방법으로 계산하여 줄이는 콧수와 위치를 정해서 뜬다.

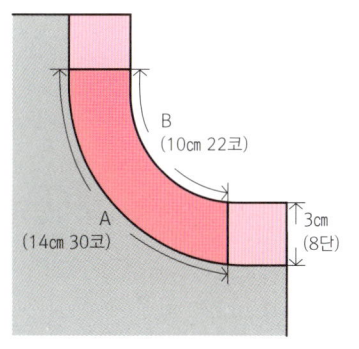

• 줄여야 하는 콧수와 단수 계산

예) 짧은뜨기 10㎠ = 22코 × 27단
A(1째단의 줍는 콧수) : 14cm × 2.2코
= 30코
B(8째단의 콧수) : 10cm = 22코

줄여야 할 콧수 = A − B = 8코
단넓이 3cm × 2.7단 = 8단

짧은뜨기로 8단을 뜨면서 8코를 줄인다. 줄이는 위치가 같으면 곡선이 자연스럽지 않으므로 줄이는 자리가 겹치지 않게 하여 2단마다 2코씩 줄인다.

단춧구멍과 단춧고리 만들기

뜨면서 만드는 방법과 다 뜨고 나서 나중에 돗바늘로 만드는 방법이 있다. 단춧구멍과 단춧고리는 모두 구멍 크기를 단추지름의 80% 정도로 한다. 뜨개조직이 늘어나는 성질이 있으므로 단추와 같은 크기면 헐거워서 단추가 쉽게 빠진다.

❶ **짧은뜨기로 만드는 단춧구멍**

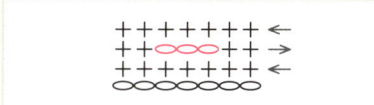

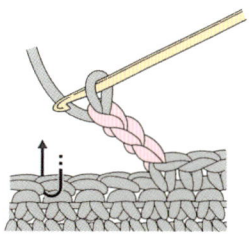

01 단추지름의 80% 길이 정도로 사슬을 뜬다.

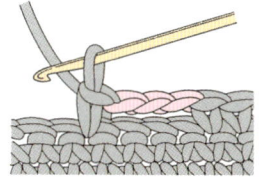

02 뜬 사슬의 수만큼 코를 건너뛰어 짧은뜨기를 뜬다.

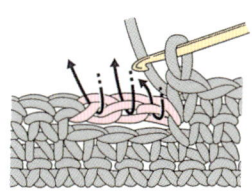

03 다음 단에서는 사슬코의 뒷산에 짧은뜨기를 뜬다.

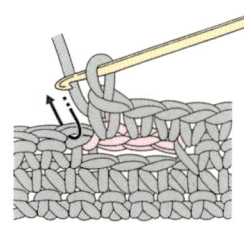

04 남은 코들도 짧은뜨기로 뜬다.

❷ **짧은뜨기로 만드는 단춧고리**

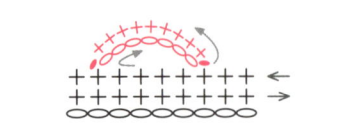

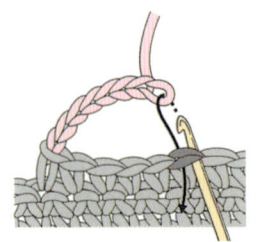

01 단추지름보다 조금 작게 사슬코를 뜬 다음, 코바늘을 빼서 그림처럼 화살표 방향으로 코를 빼낸다.

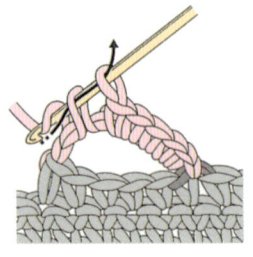

02 사슬코로 된 고리를 짧은뜨기로 감싸면서 뜬다.

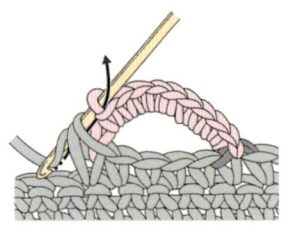

03 마지막 짧은뜨기 코에 화살표와 같이 코바늘을 넣어 빼뜨기를 뜬다.

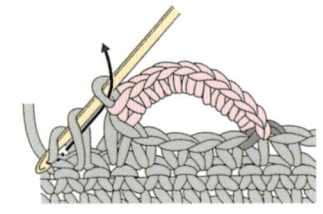

04 남은 코들은 짧은뜨기로 뜬다.

❸ **빼뜨기로 만드는 단춧고리**

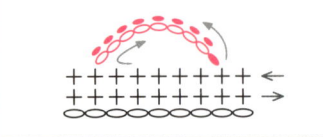

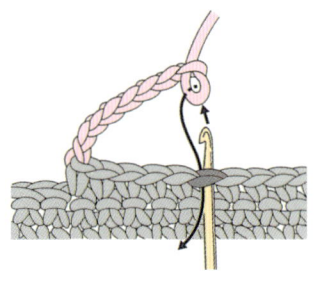

01 단추지름보다 조금 작게 사슬코를 뜬 다음, 코바늘을 빼서 그림처럼 화살표 방향으로 코를 빼낸다.

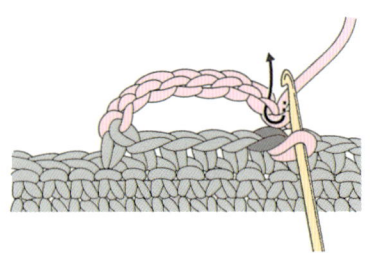

02 사슬코의 뒷산을 주워 빼뜨기를 뜬다.

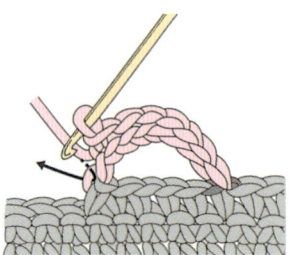

03 1번째 사슬코의 뒷산까지 빼뜨기를 뜨고, 남은 코들은 짧은뜨기로 뜬다.

❹ 버튼홀스티치로 만드는 단춧고리

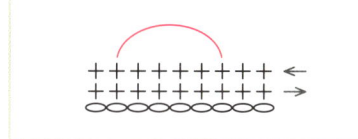

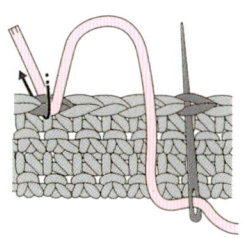

01 뜨개조직을 다 뜬 다음 돗바늘에 뜨개조직과 같은 색 실을 끼워서 단추지름보다 조금 짧은 길이로 그림과 같이 걸어서 고리를 만든다.

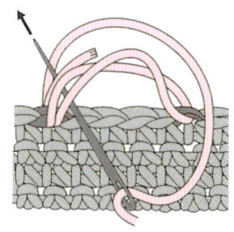

02 실을 한 번 더 걸고, 이 고리 위에 버튼홀스티치를 한다.

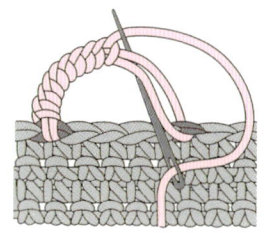

03 안쪽 실이 보이지 않게 고리 전체에 촘촘하게 버튼홀스티치를 한다.

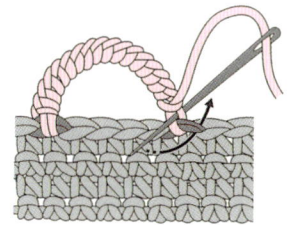

04 마지막은 화살표 방향으로 돗바늘을 넣어 실을 잡아당기고, 뜨개조직의 안쪽에서 실이 안 보이게 정리한다.

단추 달기

단추는 단춧구멍의 위치에 맞추어 다는데, 실은 편물과 같은 실을 갈라서 쓰고 가는 돗바늘을 사용한다. 실과 바늘이 통과할 단춧구멍이 작은 경우에는 일반 봉제용 바늘을 사용한다. 편물과 단추 사이에는 편물의 두께만큼 실을 감아 실기둥을 만들고, 단추 때문에 뜨개조직이 많이 늘어나는 것을 막으려면 보조단추를 덧대어 단다.

❶ 일반 단추 달기

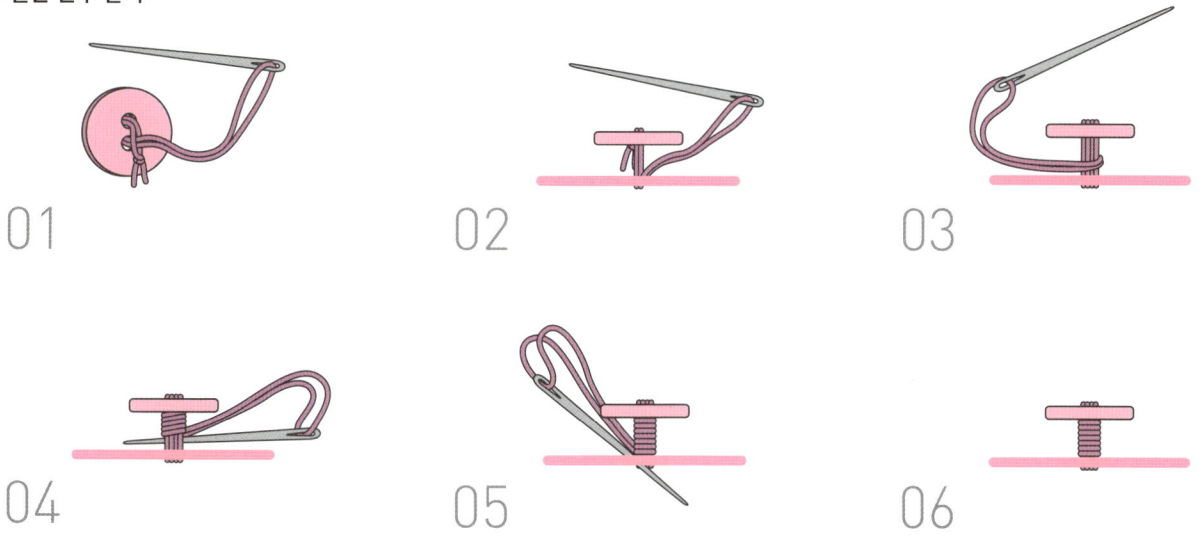

❷ **보조단추 덧대어 달기**

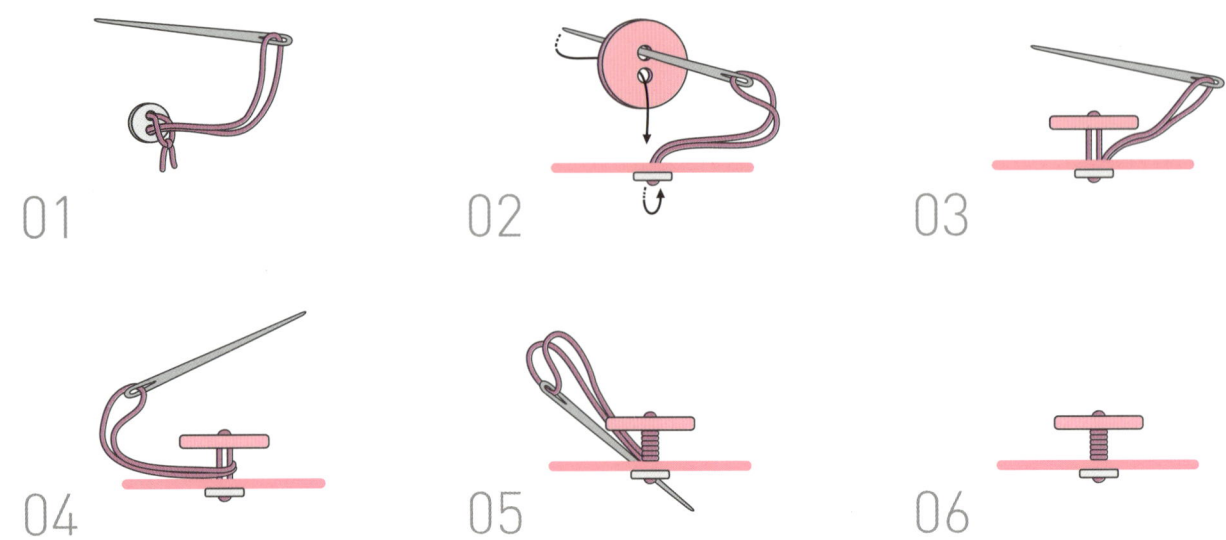

뜨다가 중간에 실 잇기

실은 가능하면 단의 양끝에서 바꾸는 것이 좋다. 실을 바꾸기 직전의 미완성코 단계까지 뜨고, 코바늘에 바꿀 실을 걸어서 빼낸다. 남은 실의 끝부분은 돗바늘을 이용해 위아래 코에 넣어 정리한다. 뜨다가 중간에 실타래에서 매듭이 나오는 경우, 매듭 부분을 잘라내고 새 실을 연결하는 것과 같은 방법으로 연결한다. 연결한 실 매듭이 편물 중간에 생기는 경우에는 실자락을 좌우로 나누어 정리한다.

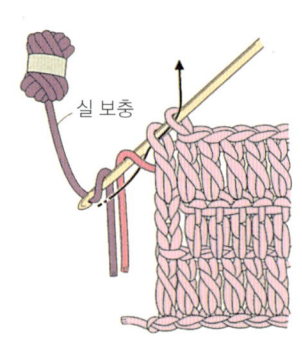
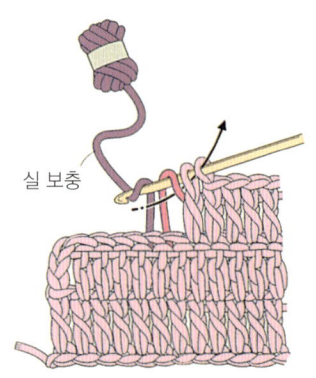

마무리와 실 정리

❶ **마무리할 때 실 묶는 법**

01 마지막코를 뜨고 바늘을 위로 들어 올려 바늘에 걸린 고리를 길게 늘인다.

02 바늘을 뺀 다음 길이 10㎝ 정도 남기고 실을 자른다.

03 자른 실의 끝자락을 길게 늘인 고리 사이에 넣는다.

04 실 끝을 잡아당겨 조인다.

❷ 돗바늘에 실 끼우는 법

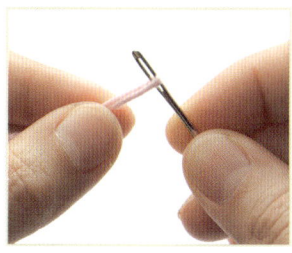 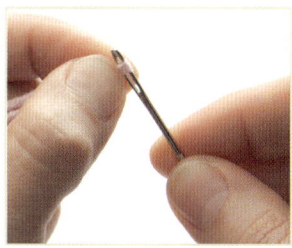 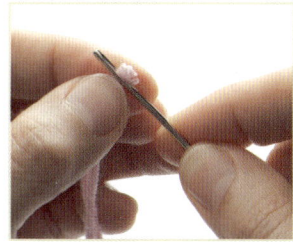 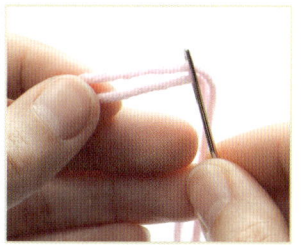

01 실을 돗바늘에 걸어 반으로 접는다.

02 실을 납작하게 누르면서 바늘을 뺀다.

03 실의 납작해진 부분을 잡고 돗바늘의 귀에 끼운다.

04 실을 끼운 모습.

❸ 실 정리하기

남아 있는 실 끝에 돗바늘을 끼워서 눈에 띄지 않게 뜨개조직 안으로 집어넣는다.
이은 2가닥의 실자락을 같은 방향으로 끼우면 조직이 두꺼워져서 표시가 나므로 서로 반대 방향으로 집어넣는다.

■ 안쪽에서 정리할 때

코가 가득 찬 뜨개조직이나 앞뒤 구분이 확실한 조직일 경우, 실 끝을 안쪽으로 빼내서 남은 실을 가로 방향으로 감춘다.
3~4㎝ 정도 감춰 넣고 뜨개조직 가까이에서 자른다.

코가 가득찬 조직은 안쪽 면에 가로방향으로 감춘다.

짧게 자른다.

■ 옆선 가장자리에서 정리할 때

구멍이 많은 뜨개조직이나 안쪽이 겉으로 드러나는 경우, 남은 실을 옆선에 해당하는 가장자리 코에 세로방향으로 감춘다. 3~4㎝ 정도 감춰 넣고 뜨개조직 가까이에서 자른다.

안쪽이 겉으로 드러나는 구멍이 많은 조직은 세로방향으로 감춘다.

완성품 모양 다듬기

모양이 비뚤어지고 울퉁불퉁해 보이는 편물에 스팀을 쏘이면 모양이 정리되어 완성도가 높아진다. 그렇다고 편물에 직접 다리미를 대면 코가 눌려서 조직이 납작해진다. 편물의 뒷면(안쪽)이 위로 오게 놓고 완성치수에 맞춰 시침핀으로 고정한 다음 모양을 정리하는데, 시침핀은 45° 각도로 눕혀서 꽂아야 스팀을 주기가 좋다. 다리미가 편물에 직접 닿지 않도록 2~3㎝ 거리를 두고, 열이 완전히 식어서 편물의 형태가 고정이 되면 시침핀을 뺀다. 다리미 온도는 실의 라벨을 참조한다.

다듬기 전

다듬은 후

STEP 02 : 혼자 해보고

혼자서 원피스 완성하기

치수 재기

몸에 잘 맞는 이상적인 옷을 만들려면 인체 각 부위의 치수를 정확하게 재는 것이 중요하다.
기본적인 치수 재는 방법을 살펴보자.

가슴둘레(bust circumference)
두 손을 겨드랑이 사이로 넣어 등 뒤에서부터 줄자를 가슴의 가장 높은 위치에 오도록 놓는다. 줄자가 흘러내리지 않고 수평이 되게 하며, 너무 조여지지 않도록 주의하며 잰다.

허리둘레(waist circumference)
허리의 가장 가는 위치에 줄자를 수평으로 돌려서 잰다.

엉덩이둘레(hip circumference)
엉덩이의 가장 잘 발달된 부분에 줄자를 수평으로 돌려서 잰다.

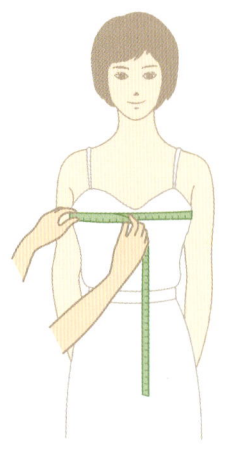
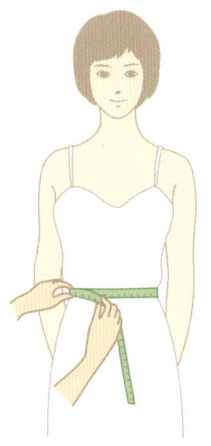

어깨너비(shoulder width)
등의 좌우 어깨끝점 사이를 재는데, 줄자가 뒷목점을 통과해야 한다.

등너비(back width)
등쪽의 가슴둘레 높이에서 어깨뼈의 밑부분을 재는데, 좌우의 겨드랑이점 사이를 재야 한다.

등길이(center back length)
뒷목점에서 척추를 따라 수직으로 내려와 허리선까지를 잰다.

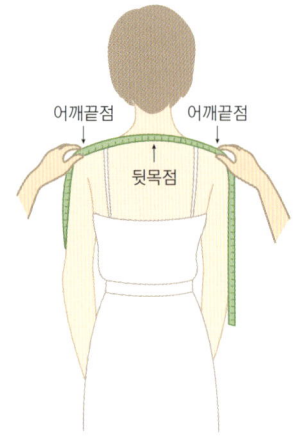
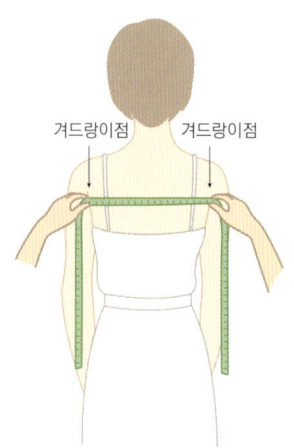
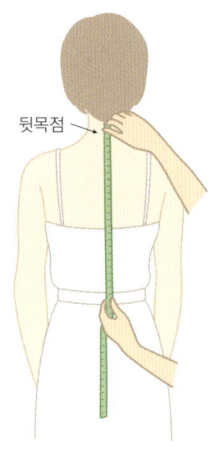

팔꿈치길이(elbow length)
팔을 살짝 구부린 상태에서 어깨끝점부터 팔꿈치까지의 길이를 잰다.

소매길이(sleeve length)
손을 자연스럽게 구부리게 한 다음 어깨끝점부터 팔꿈치를 지나 소매단 끝까지의 길이를 재는데, 소매 디자인에 따라 재는 위치가 달라진다. 기본형 니트에서는 손등의 반까지를 소매길이로 한다.

옷길이(length)
뒷목점부터 등길이를 재듯이 수직으로 내려와 허리선에서 살짝 눌러주고, 다시 뜨고자 하는 옷의 밑단 끝까지의 길이를 잰다.

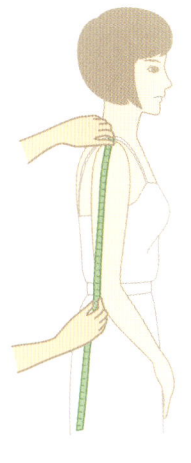
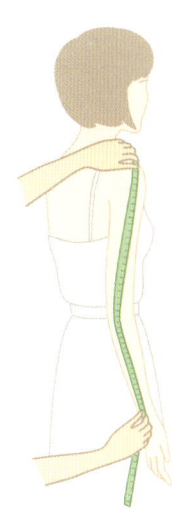
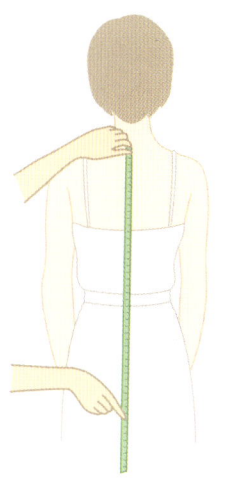

진동둘레(armhole circumference)
어깨끝점, 앞품점, 뒤품점, 겨드랑이점을 지나도록 한 바퀴 돌려서 잰다.

팔둘레(biceps circumference)
위팔의 가장 굵은 곳을 한 바퀴 돌려서 재는데 반드시 줄자가 수평이 되어야 한다.

손목둘레(wrist circumference)
줄자가 손목뼈를 지나도록 수평으로 돌려서 잰다.

머리둘레(head circumference)
이마 중앙에서 귀 위를 지나 튀어나온 후두부를 통과하여 한바퀴를 돌려서 잰다.

엉덩이길이(hip length)
허리선에서 엉덩이선 사이를 몸 측면에서 잰다.

밑위길이(crotch length)
수평인 의자에 바른 자세로 앉은 후, 허리선에서 의자 바닥까지의 길이를 잰다.

바지길이(slacks length)
보통 옆허리선에서 무릎을 지나 발목의 복사뼈까지의 길이를 재는데, 디자인에 따라 재는 위치가 달라진다.

치마길이(skirt length)
옆허리선에서 원하는 스커트의 밑단 끝까지의 길이를 잰다.

2 표준 의복 사이즈표

01. 신체 사이즈의 활용

신체 치수를 측정하였다면 이것을 기초로 뜨고자 하는 옷의 사이즈를 정할 수 있다.

가슴둘레

- 베스트 : 가슴둘레 + 15cm
- 스웨터 : 가슴둘레 + 17cm
- 카디건, 점퍼 : 가슴둘레 + 18cm
- 두꺼운 소재의 점퍼, 코트 : 가슴둘레 + 20cm

소매길이

어깨끝점에서 손등의 ½까지를 소매길이로 하는데, 스웨터나 카디건보다 점퍼나 코트의 소매길이를 1~2cm 더 길게 잡는다.

어깨너비

어린이의 경우에는 계속 성장하기 때문에 신체의 어깨너비에 약간의 여유분을 준다.
성인 남자의 경우에는 신체의 어깨너비를 그대로 쓰고, 여성의 경우에는 등너비의 사이즈를 사용하는 것이 훨씬 더 날씬해 보이는 니트를 만들 수 있는 포인트이다.

옷길이

디자인에 따라 원하는 길이가 달라지는데, 베스트는 스웨터보다 길지 않고, 스웨터는 점퍼나 카디건보다 길지 않은 것이 좋다.

※ 위의 수치는 가장 기본적인 디자인을 뜰 때의 예이다.
※ 옷의 종류나 디자인, 입는 사람의 취향, 연령에 따라 여유분은 달라질 수 있다.

02. 아동복의 연령별 표준 의복 사이즈

구분 \ 연령	1~2세	3~4세	5~6세	7~8세	9~10세	11~12세
가슴너비	30~33cm	34~36cm	36~38cm	38~41cm	41~43cm	43~45cm
어깨너비	22~23cm	24~26cm	27~29cm	30~32cm	32~34cm	34~35cm
소매길이	28~31cm	32~35cm	36~38cm	39~41cm	42~45cm	46~48cm

옷길이	33~35cm	36~40cm	40~44cm	44~48cm	48~52cm	52~56cm
진동길이	13cm	14cm	15cm	16cm	17cm	17cm
뒷목옷깃너비	13cm	14cm	15cm	16cm	17cm	17cm

아동복의 사이즈별 표준편차는 가슴둘레 2.5cm, 옷길이 4cm, 어깨너비 2cm, 소매길이 4cm이다.
보고 뜨려는 도안이 내 아이의 사이즈와 맞지 않을 경우에는 위의 사이즈표와 사이즈별 표준편차를 활용하면 필요한 사이즈를 쉽게 알아낼 수 있다.

03. 남성복의 표준 의복 사이즈(기성복의 니트스웨터 기준)

사이즈 / 구분	95	100	105	110
가슴너비	51cm	54cm	57cm	60cm
어깨너비	41.5cm	43cm	45.5cm	48cm
옷길이	67cm	69cm	71cm	73cm
소매길이	61.5cm	63cm	64.5cm	66cm

04. 여성복의 표준 의복 사이즈(기성복의 니트스웨터 기준)

사이즈 / 구분	55	66	77	88
가슴너비	44cm	46cm	48cm	50cm
어깨너비	34cm	36cm	38cm	40cm
옷길이	56cm	60cm	64cm	68cm
소매길이	52cm	54cm	56cm	58cm

게이지(Gauge)

01. 코바늘 뜨기의 게이지

게이지란 일정한 면적 안에 들어가는 단수와 콧수를 말하는데, 실의 굵기, 바늘의 굵기, 무늬뜨기, 뜨는 사람의 손놀림에 따라 달라진다. 자신이 뜬 게이지가 뜨고 싶은 작품의 게이지와 같다면 완성 사이즈도 같아진다. 코바늘 뜨기는 대바늘 뜨기보다 뜨는 사람의 손놀림에 따라 게이지 차이가 더 크게 나는데, 소품이 아닌 니트류를 뜬다면 반드시 게이지를 내서 계산해야 원하는 사이즈를 만들 수 있다. 또한 여름 니트류에 사용되는 면사 종류는 세탁하면 수축이 많이 되므로 반드시 세탁해서 정돈된 상태로 게이지를 본다.

코바늘 뜨기는 대바늘 뜨기와 달리 높이가 서로 다른 다양한 뜨개코의 조합으로 이루어져 있어 공식에 대입하여 곡선이나 사선 형태를 계산해낼 수 없다. 사각형인 경우만 단수와 콧수를 계산해서 구할 수 있고, 사선이나 곡선은 가로, 세로 사이즈를 무늬의 수로 환산한 뒤 실물 무늬도안 위에 직접 곡선과 사선을 그려 도안을 만들어야 한다.

평뜨기조직과 모티브 연결조직에 따라 달라지는 게이지 계산법을 알아보고, 원하는 형태에 맞는 곡선과 사선 도안을 만들어보자.

02. 코바늘 뜨기의 게이지 측정

평뜨기조직에는 코가 규칙적으로 나열되는 조직과 불규칙하게 조합된 조직이 있다. 규칙적인 조직은 가로, 세로 각 10㎝ 안의 단수와 콧수를 센다. 다양한 무늬로 이루어진 복잡한 조직은 무늬를 기준으로 하므로 무늬가 가로 몇㎝, 세로 몇㎝인지를 잰다. 이때 1무늬보다는 2~3무늬를 재는 것이 오차가 적다.

코가 규칙적으로 나열되는 조직

예) 짧은뜨기 평뜨기의 경우

10㎠ = 22코 × 27단

10cm 27단
10cm 22코

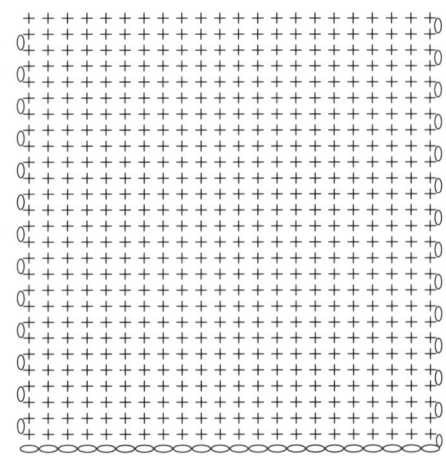

다양한 무늬의 복잡한 조직

무늬 크기가 정수로 떨어지는 것이 계산하기 쉽고, 1무늬가 큰 경우에는 게이지 크기를 넉넉히 떠야 사이즈 오차를 줄일 수 있다.

예) 1무늬 = 10코 × 1단의 경우

가로 2무늬 8cm × 세로 6무늬 5cm

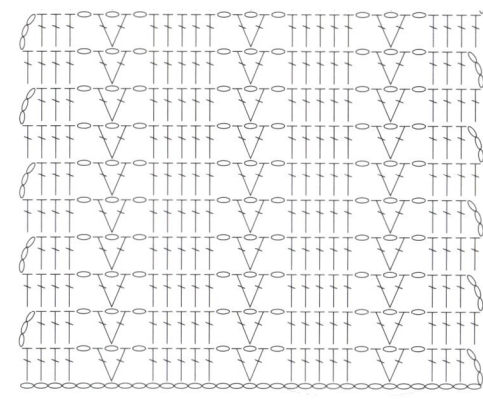

모티브로 연결된 조직

모티브로 이루어진 조직의 게이지는 몇 개의 모티브를 떠서 연결한 다음 가운데 있는 모티브의 가로, 세로 길이를 재서 사용한다. 필요한 사이즈를 모티브의 크기로 나누어 필요한 모티브의 수를 정한다.

예) 가로, 세로 7.2cm의 경우

밑단 폭 36cm ÷ 7.2cm = 모티브 5개

03. 게이지 계산과 도안 그리기

모티브 장식의 민소매 원피스 (3~4세용)
치수 : 가슴둘레 64cm, 밑단둘레 72cm, 어깨너비 20cm, 옷길이 45.7cm
게이지 : 코바늘 4호, 무늬뜨기(1무늬 = 10코 × 1단)_가로 2무늬 8cm × 세로 6단(6무늬) 5cm

게이지 계산

도안의 각 치수를 가로, 세로의 무늬 수로 바꾸는데, 뒤판에서 앞판의 순서로 각 부위의 게이지를 자세히 알아본다.

❶ 뒤판
밑단 : (36cm ÷ 8cm) × 2무늬 = 9무늬
시작코 : (9무늬 × 10코) + 1코 = 91코

■ 가슴너비
(가슴너비 32cm ÷ 8cm) × 2무늬 = 8무늬
진동까지의 길이 = (23cm ÷ 5cm) × 6무늬 = 27.6무늬 ➡ 28무늬 = 28단
옆선에서 줄여야 할 무늬 = (밑단 9무늬 − 가슴너비 8무늬) ÷ 2
= 0.5무늬 ➡ ½무늬
>>> 9무늬(91코)로 시작하여 28단을 뜨면서 좌우 ½무늬씩 줄여 가슴에서 8무늬가 된다.

■ 어깨너비
(어깨너비 20cm ÷ 8cm) × 2무늬 = 5무늬
진동에서 줄여야할 무늬 = (가슴너비 8무늬 − 어깨너비 5무늬) ÷ 2
= 1.5무늬 = 1½무늬
진동길이 = (14cm ÷ 5cm) × 6무늬 = 17무늬 = 17단
>>> 17단을 뜨면서 좌우 1½무늬씩 줄여 가슴너비의 8무늬가 어깨너비에서 5무늬가 된다.

■ 어깨기울기
어깨기울기 높이 = (1.5cm ÷ 5cm) × 6무늬 = 1.8무늬 ➡ 2무늬 = 2단
어깨폭 = (3cm ÷ 8cm) × 2무늬 = 0.75무늬 = ¾무늬

■ 뒷목 곡선
고대너비 = (14cm ÷ 8cm) × 2무늬 = 3.5무늬 = 3½무늬
뒷목높이 = (1.5cm ÷ 5cm) × 6무늬 = 1.8무늬 ➡ 2무늬 = 2단

■ 뒤트임
5cm = 6무늬 = 6단

❷ 앞판
앞판의 원피스 옆선 줄임, 진동곡선, 어깨기울기의 게이지 계산 방법은 뒤판과 동일하다.
여기서는 앞목 곡선의 게이지 계산하는 방법을 알아본다.

■ 앞목 곡선
고대너비 = (14cm ÷ 8cm) × 2무늬 = 3.5무늬 = 3½무늬
앞목파임 = (7cm ÷ 5cm) × 6무늬 = 8.4무늬 ➡ 8무늬 = 8단

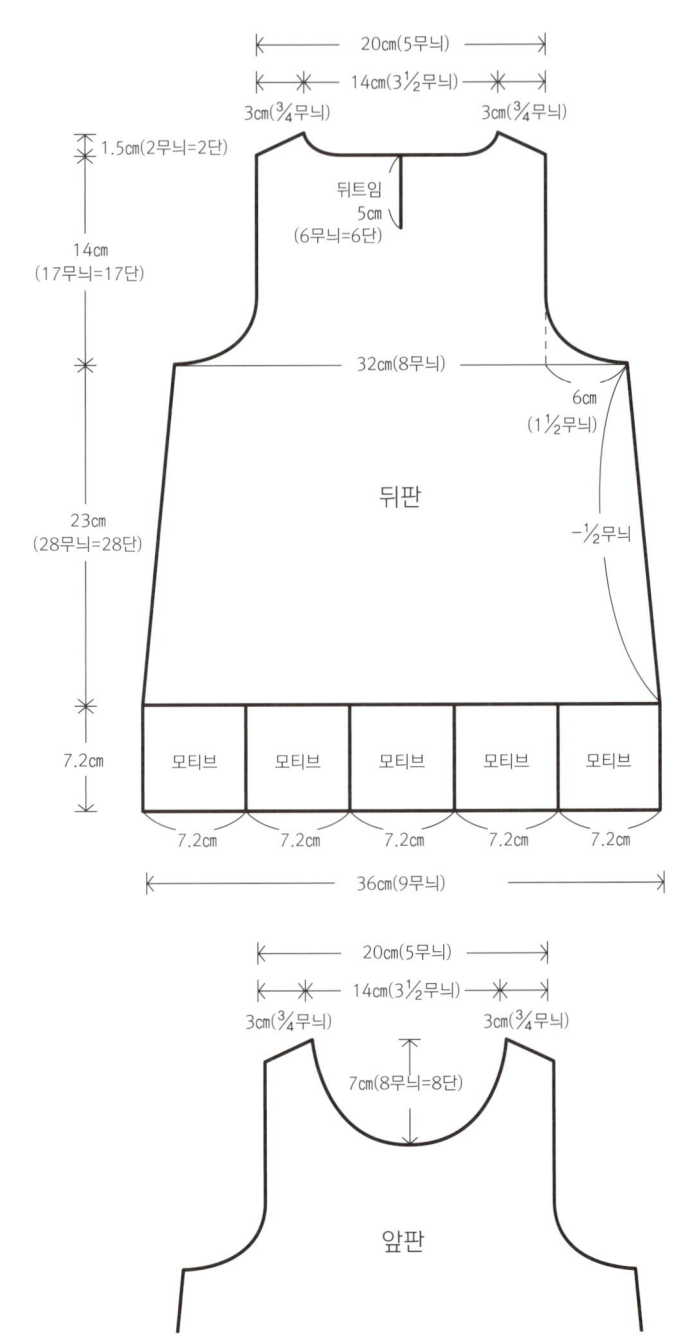

사선 도안 그리기 (원피스 옆선의 사선 줄임)

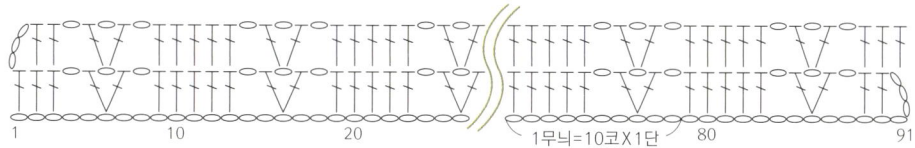

밑단 = (36cm ÷ 8cm) × 2무늬 = 9무늬
시작콧수 = (9무늬 × 10코) + 1코 = 91코
가슴너비 = (가슴너비 32cm ÷ 8cm) × 2무늬 = 8무늬
진동까지의 길이 = (23cm ÷ 5cm) × 6무늬 = 27.6무늬 ⇒ 28무늬 = 28단
옆선에서 줄여야 할 무늬 = (밑단 9무늬 − 가슴너비 8무늬) ÷ 2 = 0.5무늬 = ½무늬

▶▶▶ 9무늬(91코)로 시작하여 28단을 뜨면서 좌우 ½무늬씩 줄여 가슴에서 8무늬가 된다.

1) 코바늘 도안들은 좌우 대칭인 경우가 일반적이다. 그러므로 시작 위치에서 무늬가 좌우 대칭이 되도록 9무늬를 배열한다.
2) 실물 사이즈의 도안 위에 기름종이를 올려놓고 시작점 a에서 28단 올라가고, 가슴너비에서 ½무늬가 들어간 점 b를 연결하여 옆선을 그린다.
3) 옆선에 맞게 무늬도안을 그린다. 이때 짝수단과 홀수단의 색을 달리하고, 화살표로 진행방향을 표시하며, 각 단에 단수를 적는다.

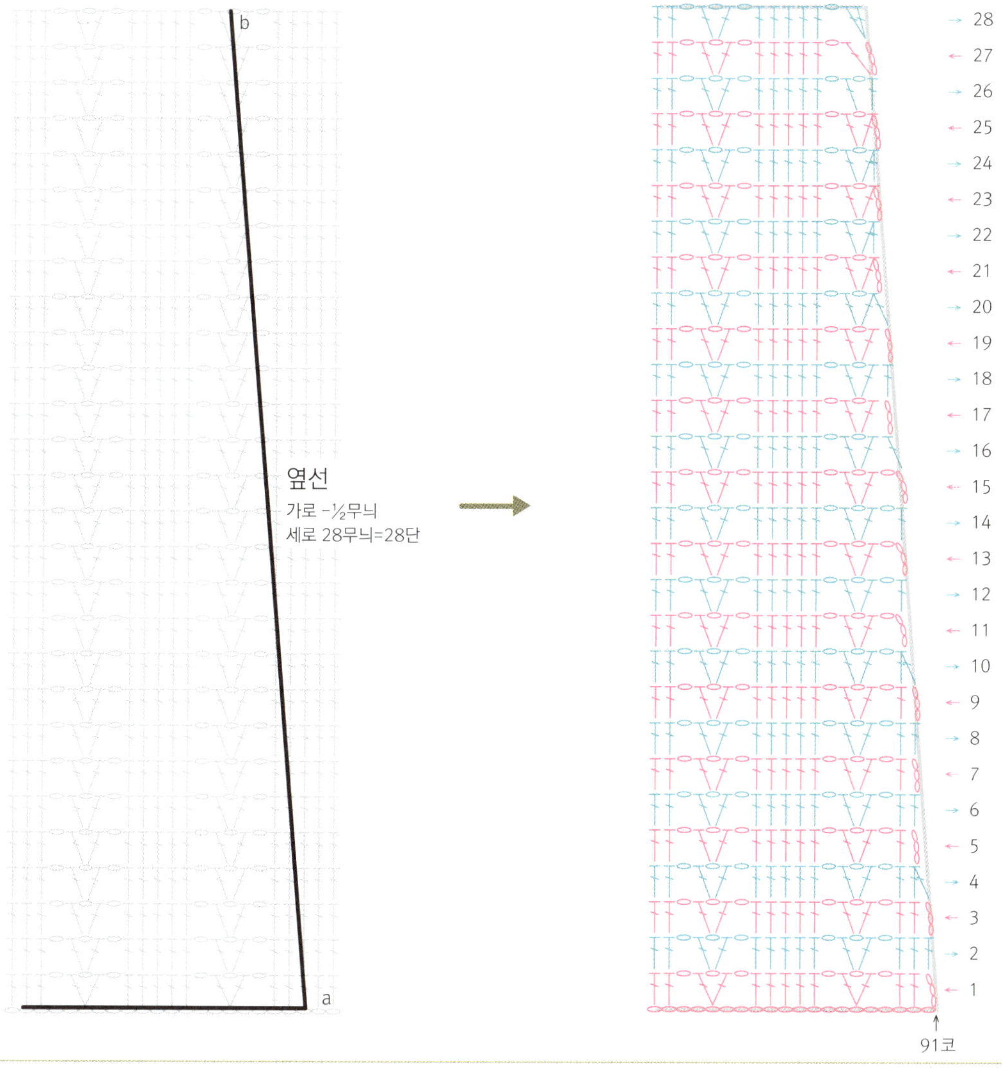

곡선 도안 그리기 (진동과 목선)

큰 무늬의 패턴 위에 기름종이를 놓고 움직이지 않게 고정한다. 뒤판 도안의 각 사이즈를 무늬의 수로 변환하여 기름종이 위에 패턴을 그리는데, 각각의 직선과 곡선에 맞도록 무늬 도안을 그린다. 이때 사선 그래프 그릴 때와 마찬가지로 짝수단과 홀수단의 색을 달리 하고, 화살표로 진행방향을 표시하며, 각 단에 단수를 적는다.

❶ 곡선 도안을 그리기 위한 준비물

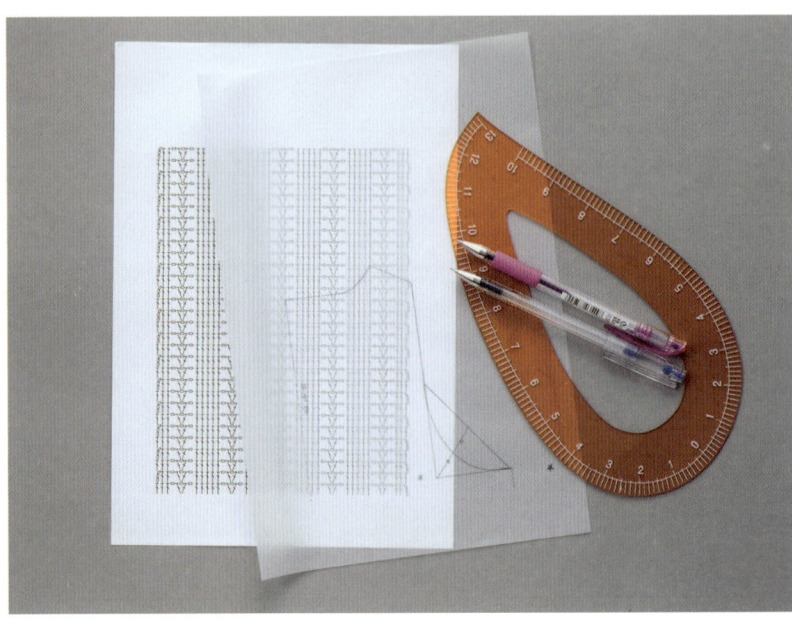

큰 무늬 패턴
기름종이
암홀자
색펜

❷ 코바늘 뜨기의 곡선 도안을 그리는 5가지 요령

곡선 도안을 그릴 때는 코바늘 뜨기의 특성을 고려한 다음의 5가지 요령에 맞춰 그린다.

■ 뜨개코의 높이를 고려한다

코바늘 뜨기는 대바늘 뜨기와 달리 높이가 서로 다른 다양한 뜨개코의 조합으로 이루어져 있다. 각각의 뜨개코는 시작하는 지점에서 갑자기 다른 높이의 뜨개코로 바꾸어 뜰 수 없으므로 단을 시작할 때 먼저 떠야 하는 뜨개코의 높이만큼 사슬코(기둥코)를 뜬다. 코바늘 도안에 기호가 한쪽만 표시되어 있어도 이와 같은 원리로 반대편의 기호를 유추해낸다. 각 뜨개코의 높이는 아래 그림과 같다.

2길긴뜨기 이후부터는 감는 횟수를 나타내는 표시가 하나씩 늘어날 때마다 기둥코의 사슬도 하나씩 늘어난다. 만들고자 하는 곡선에 뜨개코가 걸리는 경우에는 그 곡선의 높이에 맞는 뜨개코로 바꾼다.

같은 높이의 뜨개코라도 손놀림에 따라 높이를 조절하여 보다 매끄러운 곡선을 만들 수 있다.

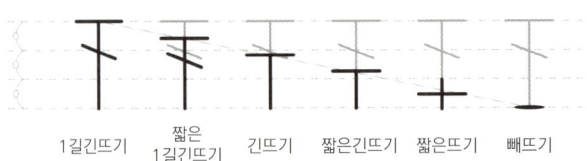

■ **실이 단의 위쪽에 오게 한다**

한 단을 뜨고 다음 단으로 매끄럽게 연결되도록 하려면 마지막코를 뜨고 난 실이 뜨개코의 위쪽에 놓이게 해야 한다.
예1)의 경우 마지막 사슬코의 끝이 단의 아래쪽에 있어서 다음 단의 시작 지점으로 올라가기 위해서는 빼뜨기로 이동해야 한다. 따라서 끝부분이 두꺼워진다. 그러나 예2)처럼 1길긴뜨기를 뜨면 마지막코를 뜨고 난 실이 단의 위쪽에 놓이므로 곧바로 자연스럽게 다음 단을 시작한다.

예1)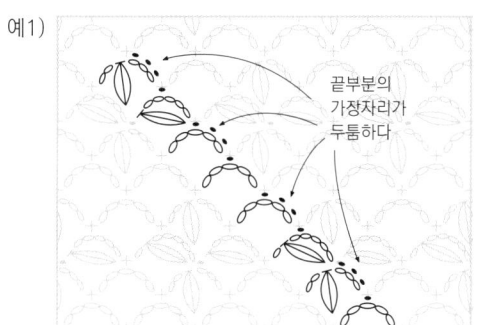

예2)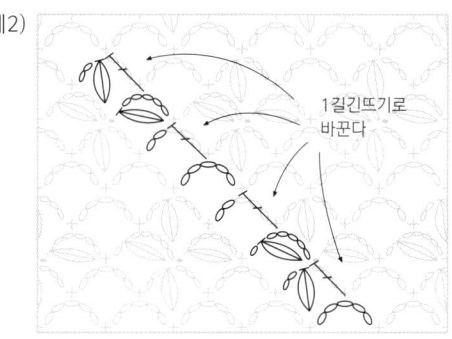

■ **불필요한 무늬는 잘라낸다**

여러 개의 코가 모여 하나의 무늬를 만드는 경우에도 만들고자 하는 곡선의 밖에 있는 코들은 버리거나 곡선에 맞는 뜨개코로 바꾼다.

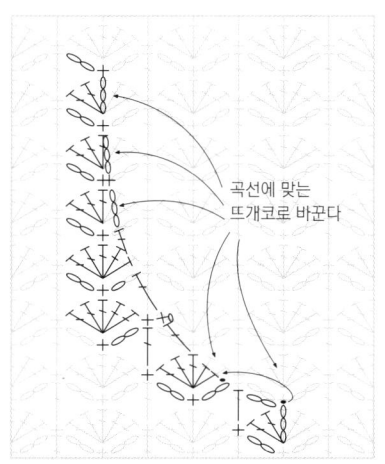

■ **부족한 부분은 채워 넣는다**

코바늘 뜨기 무늬에는 빈 공간이 있는 무늬들이 많다. 만들려는 곡선에 빈 공간이 걸리면 곡선에 맞는 뜨개코를 넣어서 곡선 형태를 매끄럽게 만든다.

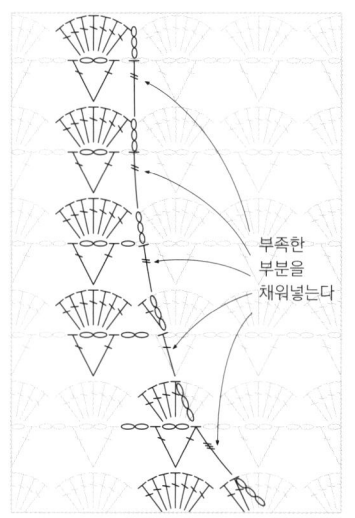

■ **단과 단을 자연스럽게 연결한다**

어깨기울기에서처럼 단과 단의 경계에도 빈 공간이 걸리는 경우가 있다. 이런 경우 공간의 길이에 맞는 뜨개코를 넣어 단과 단이 자연스럽게 연결되도록 한다.

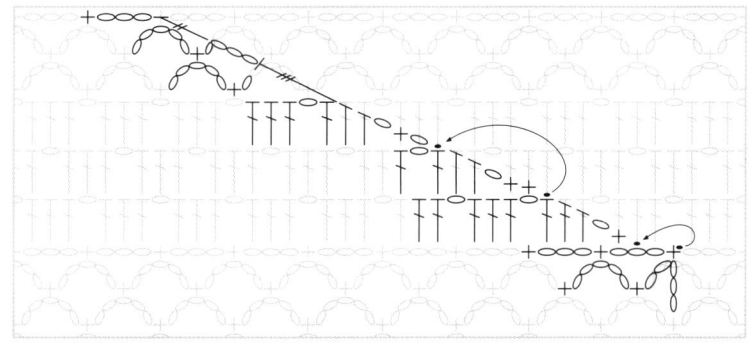

❸ 뒤판

■ 뒷목 곡선

고대너비 = (14cm ÷ 8cm) × 2무늬 = 3.5무늬 = 3½무늬

좌우 대칭이라 한쪽만 그려 주므로 3.5무늬 ÷ 2 = 1.75무늬 = 1¾무늬

뒷목높이 = (1.5cm ÷ 5cm) × 6무늬 = 1.8무늬 ⇒ 2무늬 = 2단

1) 실물 도안 위에 고대너비를 4등분한 점과 옆목점을 자연스러운 곡선으로 연결한다.

■ 어깨기울기

어깨기울기 높이 = (1.5cm ÷ 5cm) × 6무늬 = 1.8무늬

⇒ 2무늬 = 2단

어깨폭 = (3cm ÷ 8cm) × 2무늬 = 0.75무늬 = ¾무늬

1) 실물 도안 위에 어깨끝점 a에서 ¾무늬를 안으로 들어간 다음 위로 2단 올라가 옆목점을 찍고, 어깨끝점과 직선으로 연결한다.

■ 뒤트임

5cm = 6무늬 = 6단

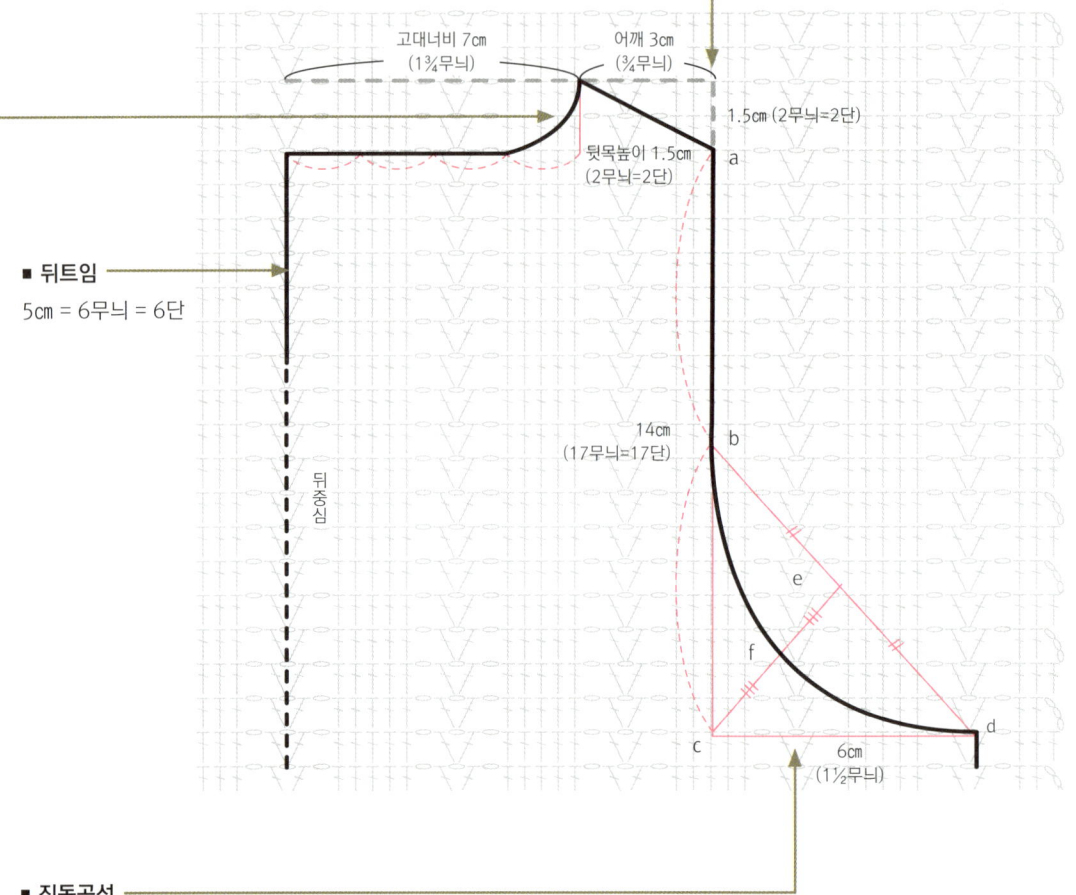

■ 진동곡선

가슴너비 = (32cm ÷ 8cm) × 2무늬 = 8무늬

어깨너비 = (20cm ÷ 8cm) × 2무늬 = 5무늬

진동에서 줄여야할 무늬 = (가슴너비 8무늬 − 어깨너비 5무늬) ÷ 2 = 1.5무늬 = 1½무늬

진동길이 = (14cm ÷ 5cm) × 6무늬 = 16.8무늬 ⇒ 17무늬 = 17단

1) 실물 도안 위에 옆선이 끝난 위치 d에서 1½무늬가 안으로 들어간 점 c까지 선을 긋는다.

2) c에서 진동높이인 17단까지 선을 긋는다. 진동길이의 끝점을 a, a에서 c의 2등분점을 b라고 한다.

3) 진동높이의 2등분점 b에서 d까지 선을 긋고, 이 선의 2등분점을 e라고 한다.

4) e에서 c까지 선을 긋고, 이 선의 2등분점을 f라고 한다.

5) a에서 b까지는 직선으로, b에서 f를 지나 d까지는 자연스러운 곡선으로 진동곡선을 그린다.

❹ 실전 곡선 도안 그리기_뒤판 진동과 목선

큰 무늬 패턴 위에 기름종이를 놓고 움직이지 않게 고정한 다음 뒤판 도안의 치수를 무늬의 수로 변환하여 기름종이 위에 패턴을 그린다.

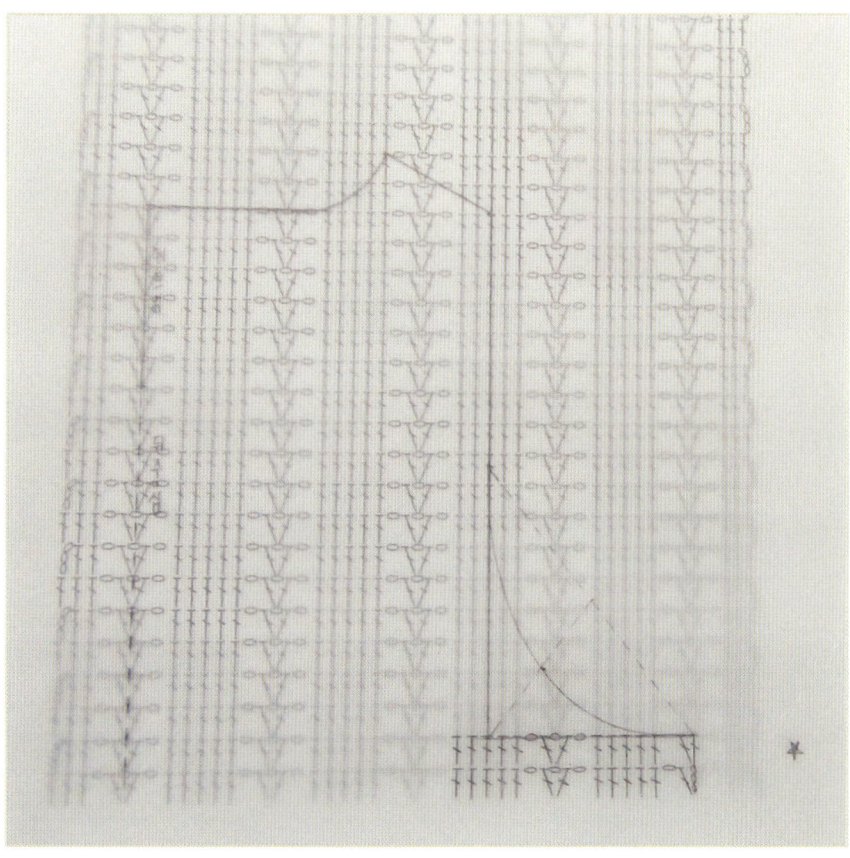

■ 진동 1째단

진동곡선이 시작되는 6번째 코부터 곡선의 형태에 맞게 빼뜨기, 짧은뜨기, 긴뜨기, 사슬뜨기를 그린다.

■ 진동 2째단
마지막코를 곡선의 형태에 맞게 2길긴뜨기로 그린다.

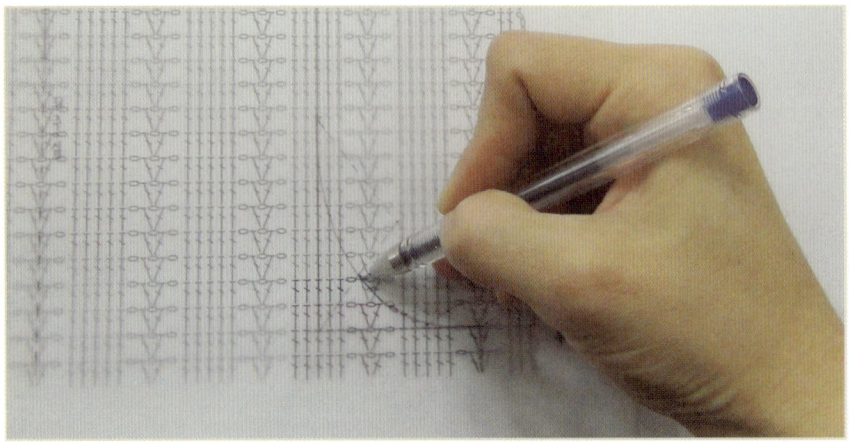

■ 진동 3째단
곡선의 형태에 맞게 기둥코인 사슬 3코와 1길긴뜨기를 모아뜨기로 그린다.

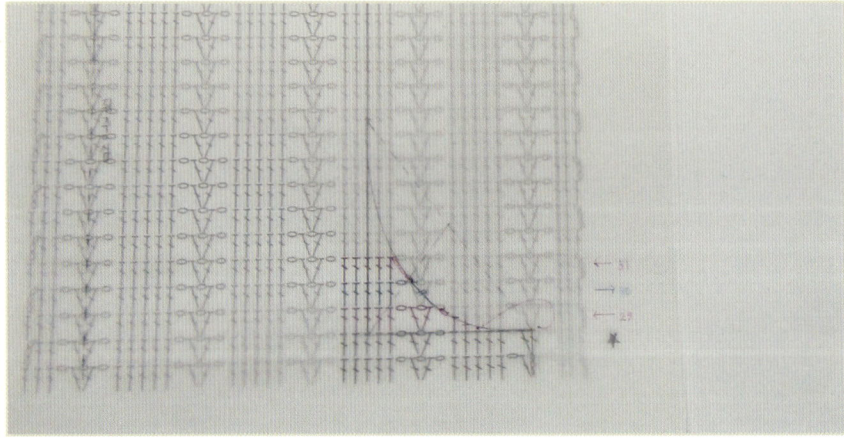

■ 진동 4째단
마지막코를 곡선의 형태에 맞게 1길긴뜨기2코 모아뜨기로 그린다.

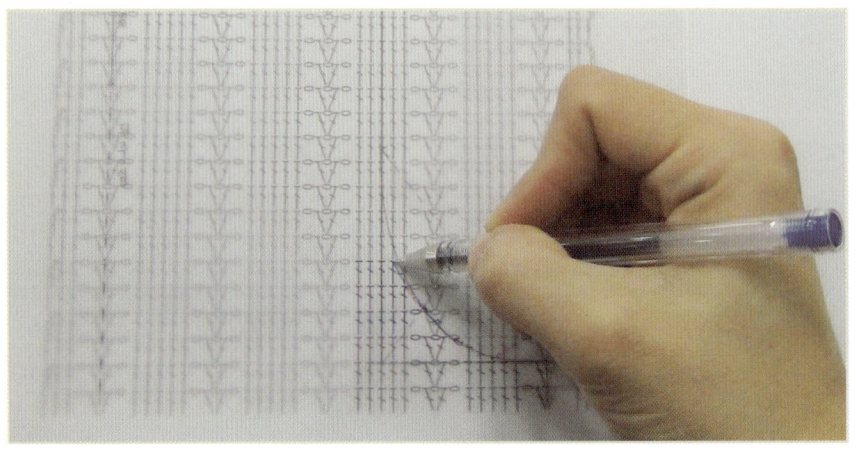

■ 진동 5째단

기둥코인 사슬 3코를 그린다.

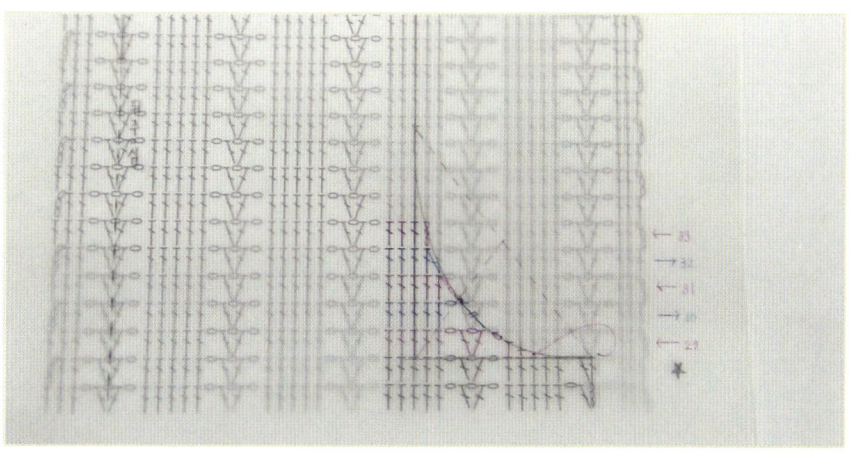

■ 진동 6째단

마지막코를 곡선의 형태에 맞게 1길긴뜨기2코 모아뜨기로 그린다.

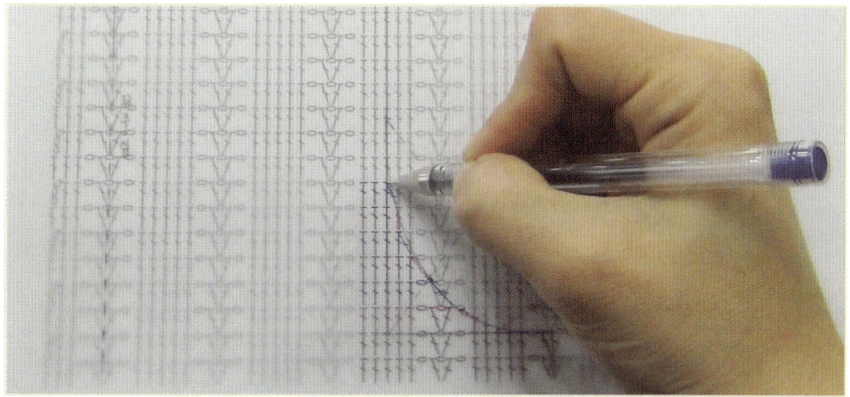

■ 진동 7~11째단

7, 9, 11단의 시작은 기둥코인 사슬 3코로 그린다.
8, 10단의 마지막코는 1길긴뜨기로 그린다.

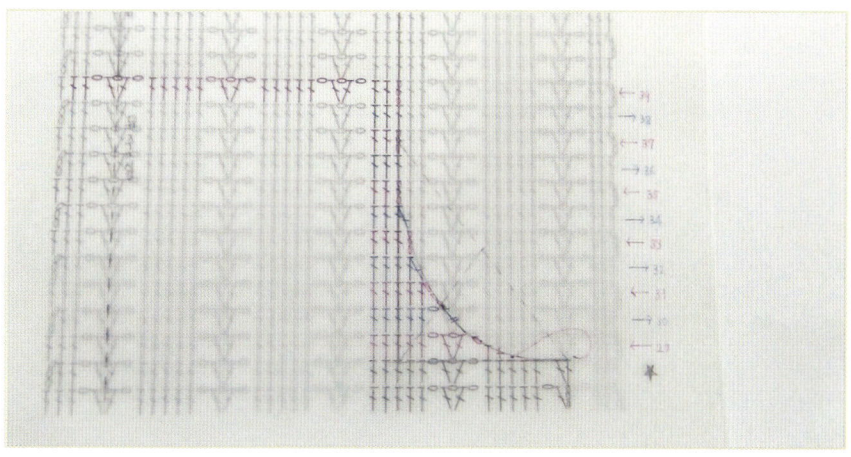

■ 진동 12째단
뒤판의 중심에 뒤트임이 있으므로 중심 부분에 실을 새로 연결하는 삼각형 표시를 하고, 기둥코인 사슬 3코를 그린다.

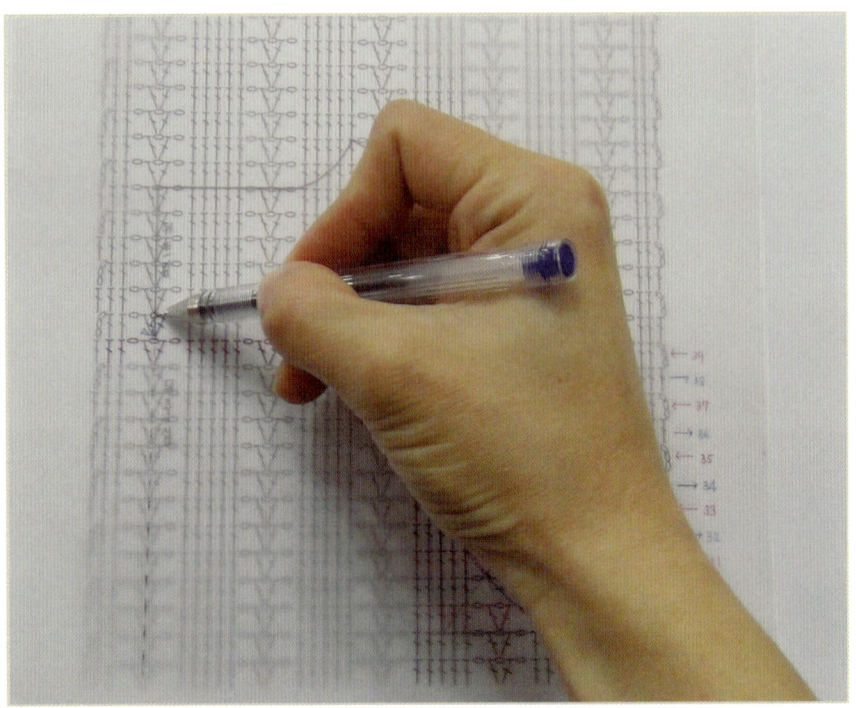

■ 진동 13~17째단
13, 15, 17단의 시작은 기둥코인 사슬 3코로 그린다.
14, 16단의 마지막코는 1길긴뜨기로 그린다.

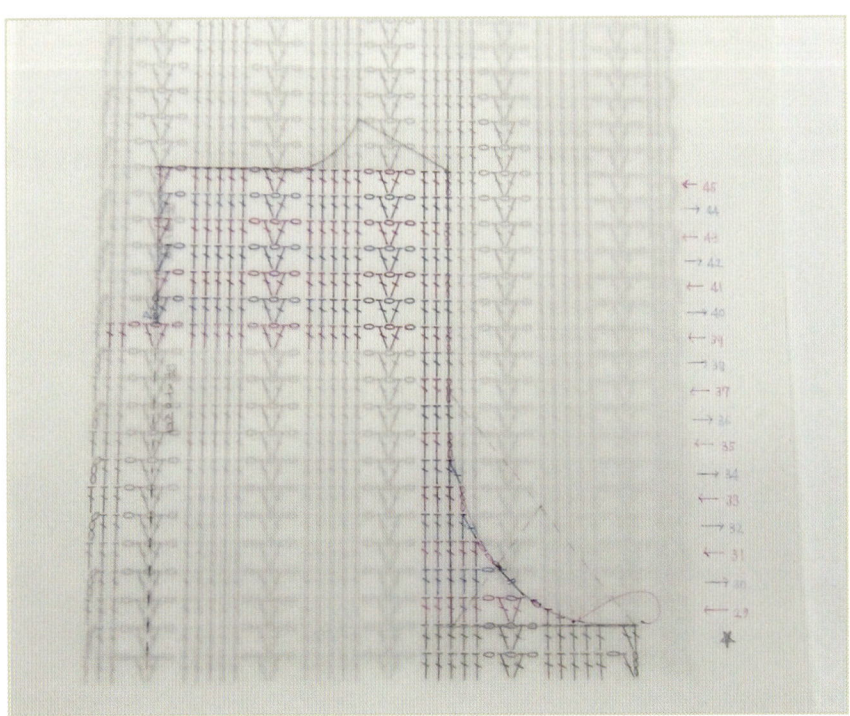

■ 진동과 목선 18째단

17단이 뒤판의 중심에서 끝나므로 뒷목 곡선이 시작되는 부분에 실을 새로 연결하는 삼각형 표시를 하고 빼뜨기, 짧은뜨기, 긴뜨기, 1길긴뜨기를 그린다. 단의 끝부분은 어깨기울기로 낮아지므로 경사선에 맞게 긴뜨기, 짧은뜨기, 빼뜨기로 그린다.

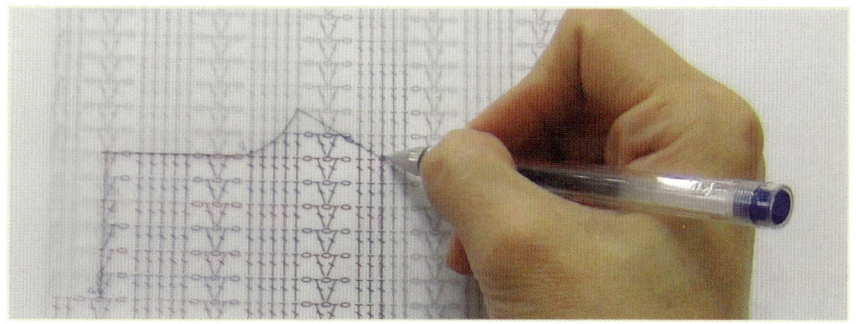

■ 진동과 목선 19째단

경사선에 맞춰 빼뜨기, 짧은뜨기, 사슬 3코, 1길긴뜨기2코 모아뜨기로 그린다.

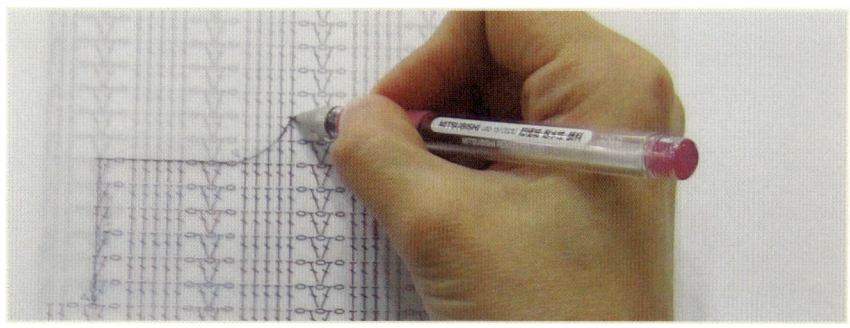

■ 완성된 뒤판 진동과 목선 도안

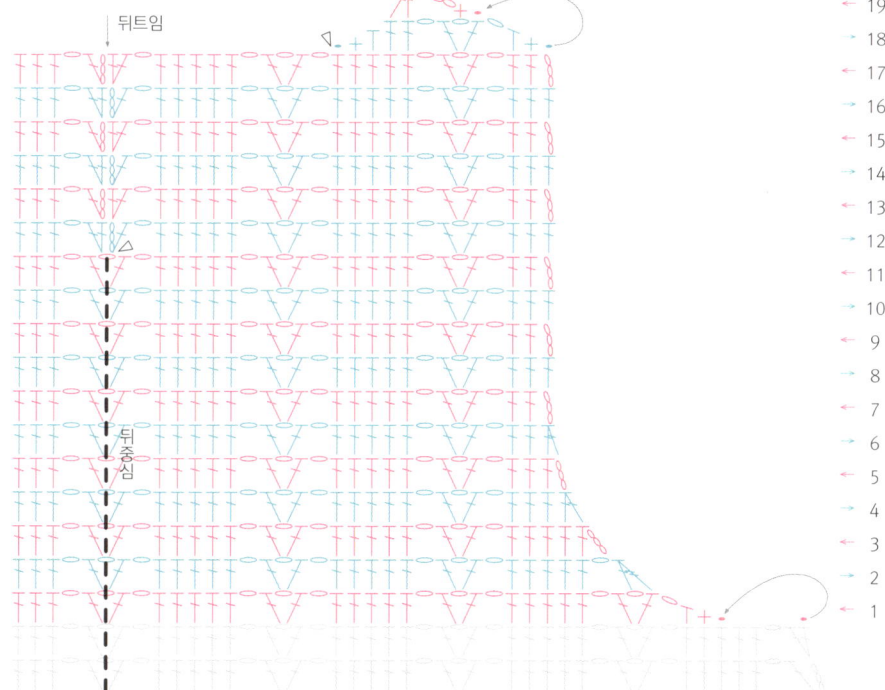

❺ 앞판

■ 앞목 곡선

고대너비 = (14cm ÷ 8cm) × 2무늬 = 3.5무늬 = 3½무늬

좌우 대칭이라 한쪽만 그리므로 3.5무늬 ÷ 2 = 1.75무늬 = 1¾무늬

앞목파임 = (7cm ÷ 5cm) × 6무늬 = 8.4무늬 ⇒ 8무늬 = 8단

1) 실물도안 위에 옆목점 g에서 세로 8무늬 내려온 점 j까지 선을 긋는다.
2) j에서 1¾무늬 들어간 앞목중심점 h까지 선을 긋는다.
3) 옆목점 g에서 앞목 중심점 h까지 연결한 선의 2등분점을 i라고 한다.
4) i에서 j까지 연결한 선의 2등분점을 k라고 한다.
5) 옆목점 g에서 k와 고대너비의 4등분점을 지나 앞목 중심점 h를 잇는 자연스러운 곡선으로 앞목 곡선을 그린다.

■ 어깨기울기(뒤판과 동일)

어깨기울기 높이 = (1.5cm ÷ 5cm) × 6무늬 = 1.8무늬
⇒ 2무늬 = 2단

어깨폭 = (3cm ÷ 8cm) × 2무늬 = 0.75무늬 = ¾무늬

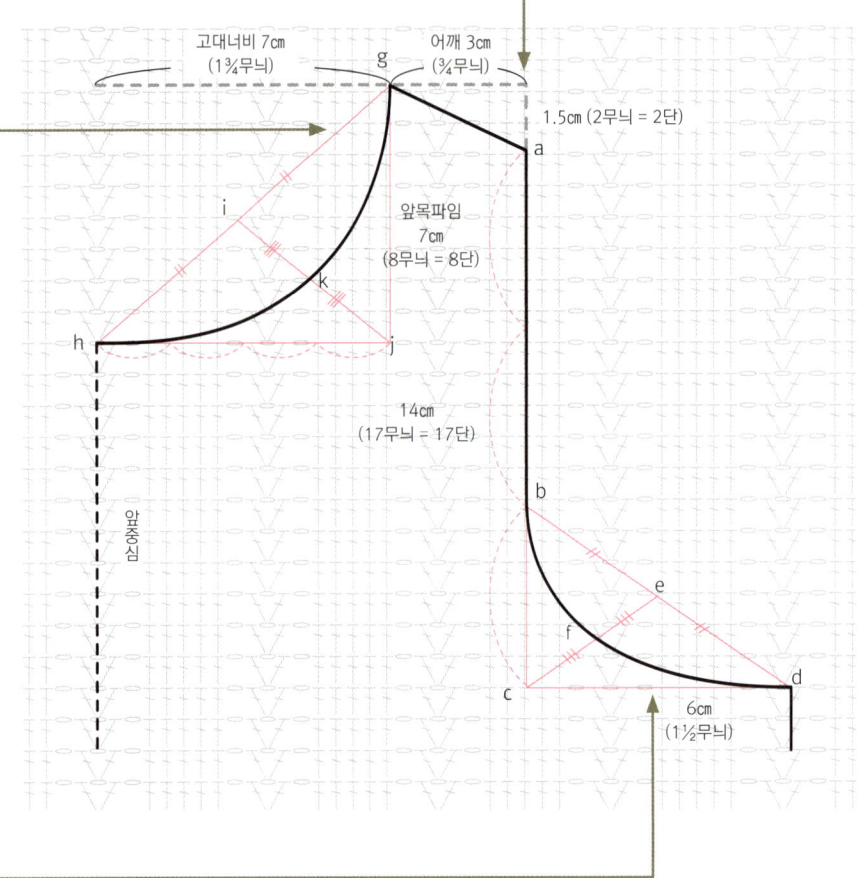

■ 진동곡선

가슴너비 = (32cm ÷ 8cm) × 2무늬 = 8무늬

어깨너비 = (20cm ÷ 8cm) × 2무늬 = 5무늬

진동에서 줄여야 할 무늬 = (가슴너비 8무늬 − 어깨너비 5무늬) ÷ 2 = 1.5무늬 = 1½무늬

진동길이 = (14cm ÷ 5cm) × 6무늬 = 17무늬 = 17단

1) 실물도안 위에 옆선이 끝난 위치 d에서 안으로 1½무늬가 들어간 점 c까지 선을 긋는다.
2) c에서 진동 높이인 17단까지 선을 긋는다. 진동길이의 끝점을 a, a에서 c의 3등분점을 b라고 한다.
3) 진동높이의 3등분점 b에서 d까지 선을 긋고, 이 선의 2등분점을 e라고 한다.
4) e에서 c까지 선을 긋고 이선의 2등분점을 f라고 한다.
5) a에서 b까지는 직선으로, b에서 f를 지나 d까지 자연스러운 곡선으로 진동곡선을 그린다.

❻ 실전 곡선 도안 그리기_앞판 진동과 목선

큰 무늬 패턴 위에 기름종이를 놓고 움직이지 않게 고정한 다음 앞판 도안의 치수를 무늬의 수로 변환하여 기름종이 위에 패턴을 그린다.

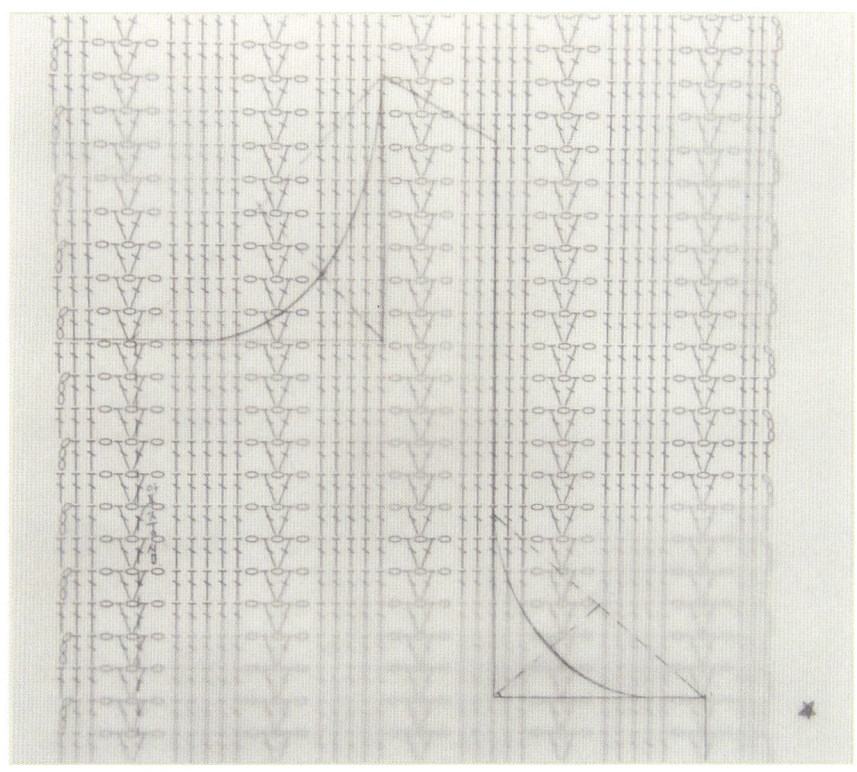

■ 진동 1째단

진동곡선이 시작되는 6번째 코부터 곡선 형태에 맞게 빼뜨기, 짧은뜨기 2코, 사슬뜨기 2코를 그린다.

■ **진동 2째단**

마지막 코를 곡선 형태에 맞게 1길긴뜨기로 그린다.

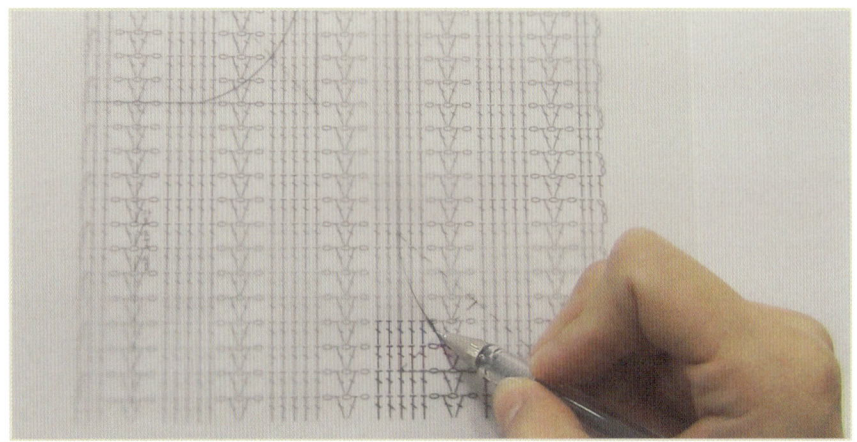

■ **진동 3째단**

곡선 형태에 맞게 기둥코인 사슬 3코와 1길긴뜨기를 모아뜨기로 그린다.

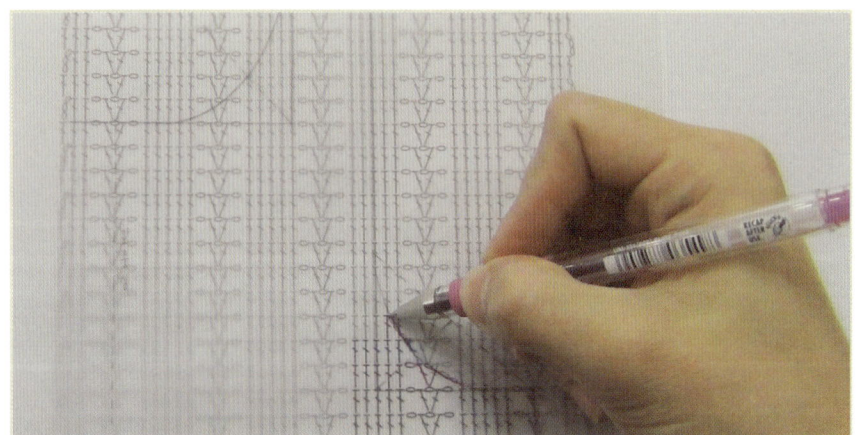

■ **진동 4째단**

마지막코를 곡선 형태에 맞게 1길긴뜨기로 그린다.

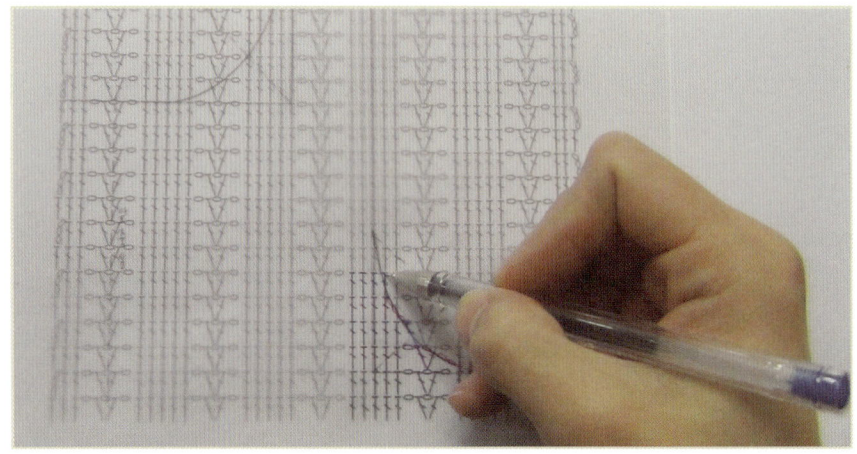

■ 진동 5째단

곡선 형태에 맞게 기둥코인 사슬 3코와 1길긴뜨기를 모아뜨기로 그린다.

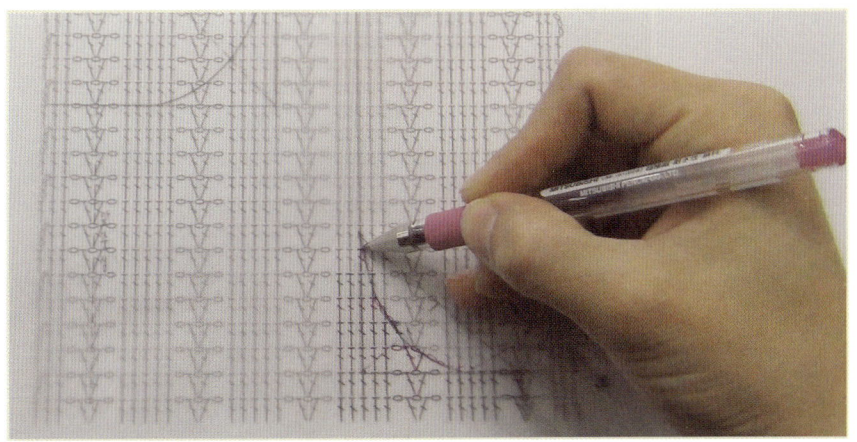

■ 진동 6~11째단

7, 9, 11단의 시작은 기둥코인 사슬 3코를 그린다.

6, 8, 10단의 마지막코는 1길긴뜨기로 그린다.

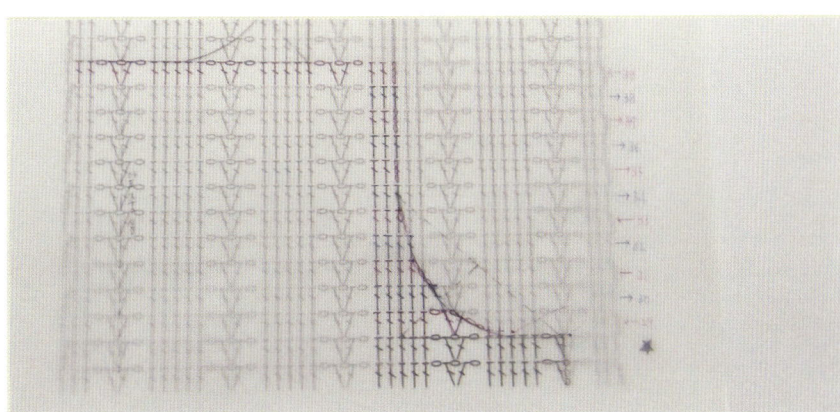

■ 진동과 목선 12째단

앞목 곡선이 시작되는 위치에 실을 새로 연결하는 삼각형 표시를 하고 빼뜨기, 짧은뜨기, 사슬 2코, 긴뜨기, 사슬 1코, 1길긴뜨기를 그린다.

마지막코는 1길긴뜨기.

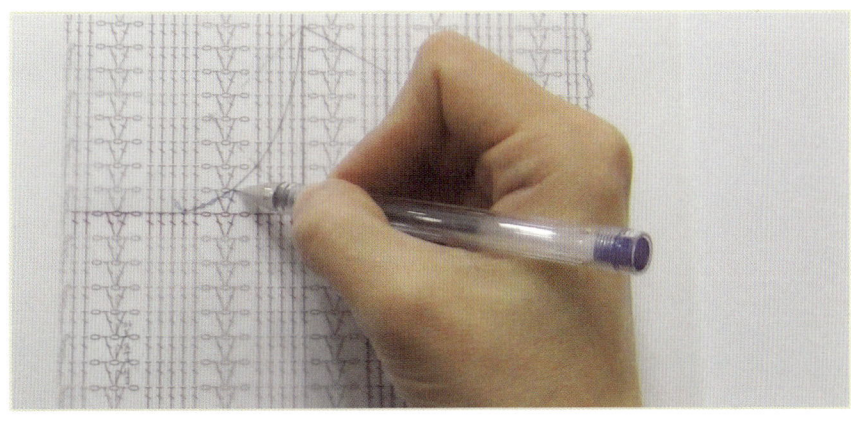

■ 진동과 목선 13째단
시작은 기둥코인 사슬 3코, 마지막코는 곡선 형태에 맞게 1길긴뜨기와 2길긴뜨기를 모아뜨기로 그린다.

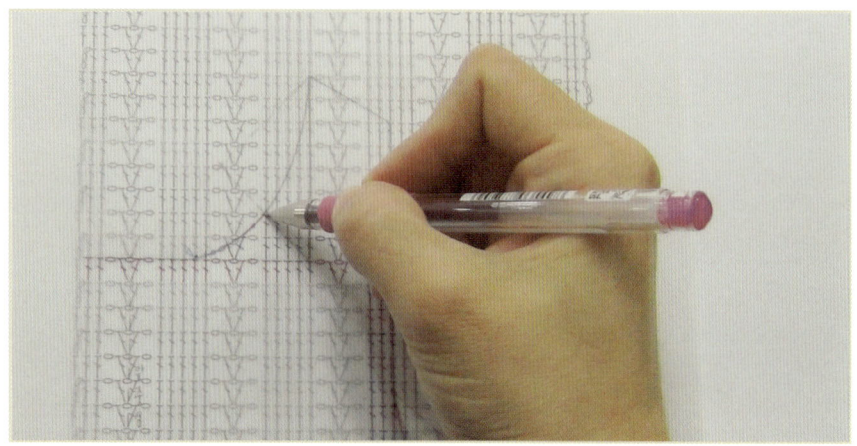

■ 진동과 목선 14째단
곡선 형태에 맞게 기둥코인 사슬 3코와 1길긴뜨기를 모아뜨기로 그린다. 마지막코는 1길긴뜨기.

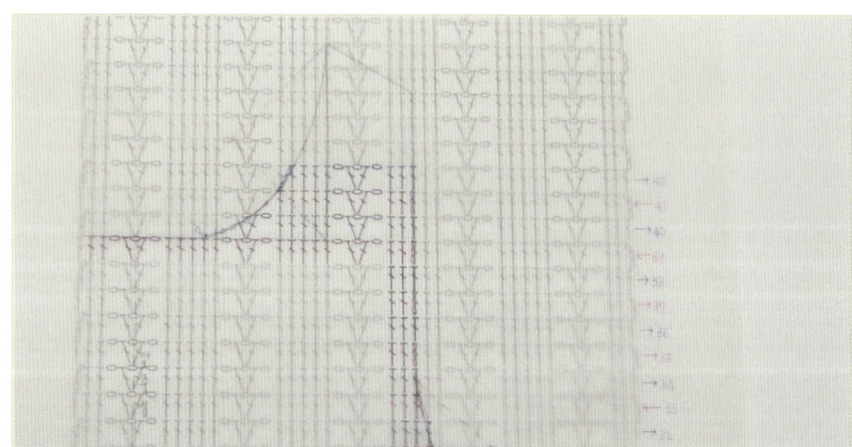

■ 진동과 목선 15째단
기둥코인 사슬 3코로 시작하고, 마지막코는 곡선 형태에 맞게 1길긴뜨기2코 모아뜨기로 그린다.

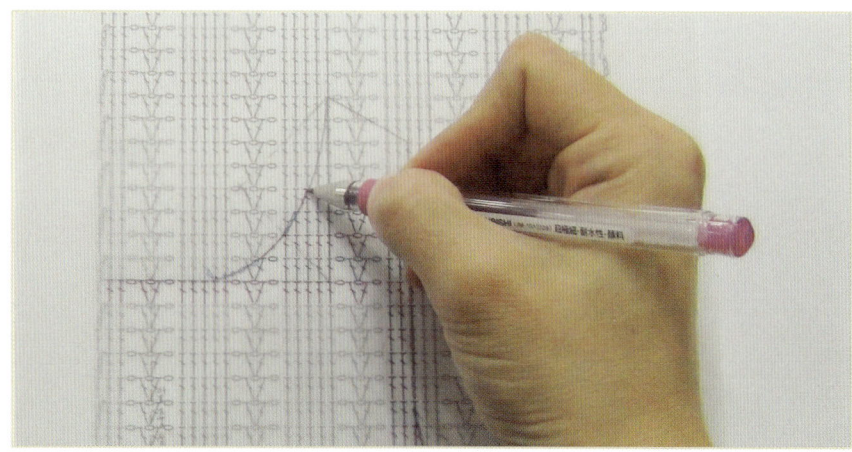

- **진동과 목선 16째단**

곡선 형태에 맞게 기둥코인 사슬 3코와 1길긴뜨기를 모아뜨기로 그린다. 마지막코는 1길긴뜨기.

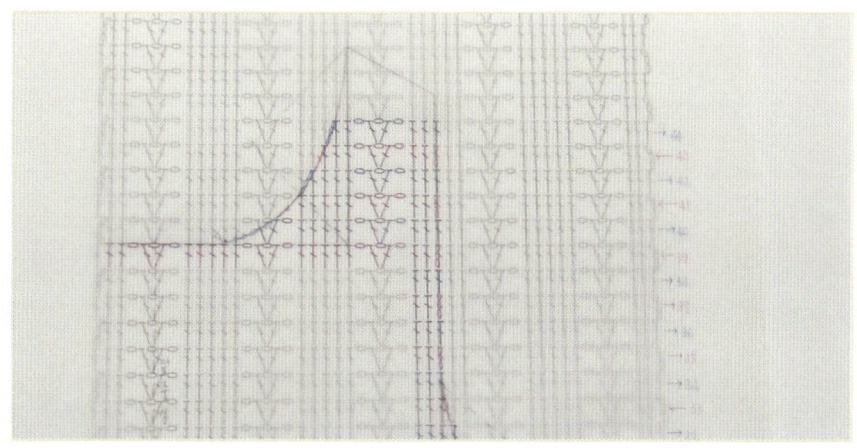

- **진동과 목선 17째단**

기둥코인 사슬 3코로 시작하고, 마지막코는 곡선 형태에 맞게 1길긴뜨기2코 모아뜨기로 그린다.

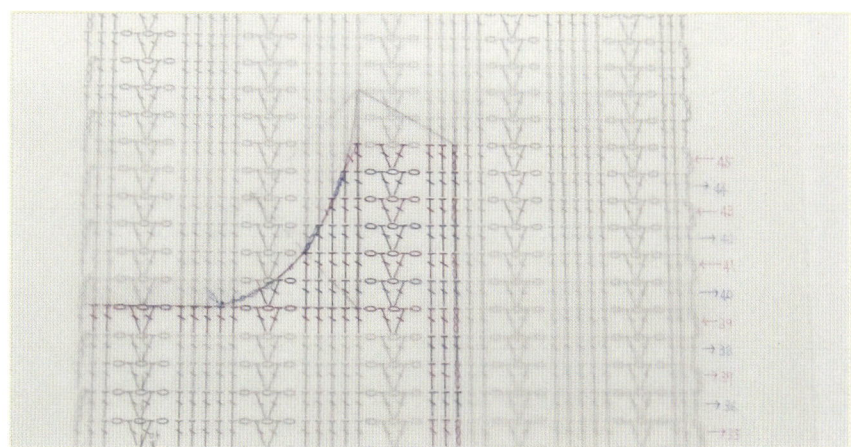

- **진동과 목선 18째단**

기둥코인 사슬 3코로 시작하고, 단의 끝부분은 어깨기울기로 낮아지므로 경사선에 맞춰 긴뜨기, 짧은뜨기, 빼뜨기로 그린다.

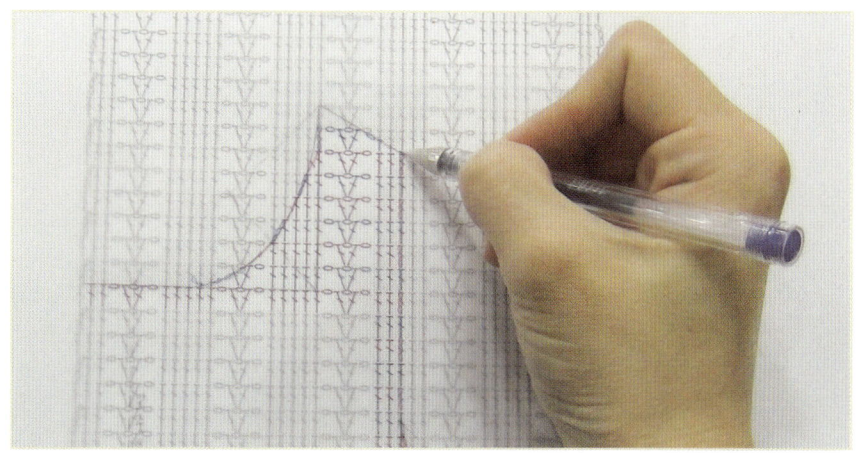

■ **진동과 목선 19째단**
경사선에 맞춰 빼뜨기, 짧은뜨기, 사슬 3코, 1길긴뜨기로 그린다.

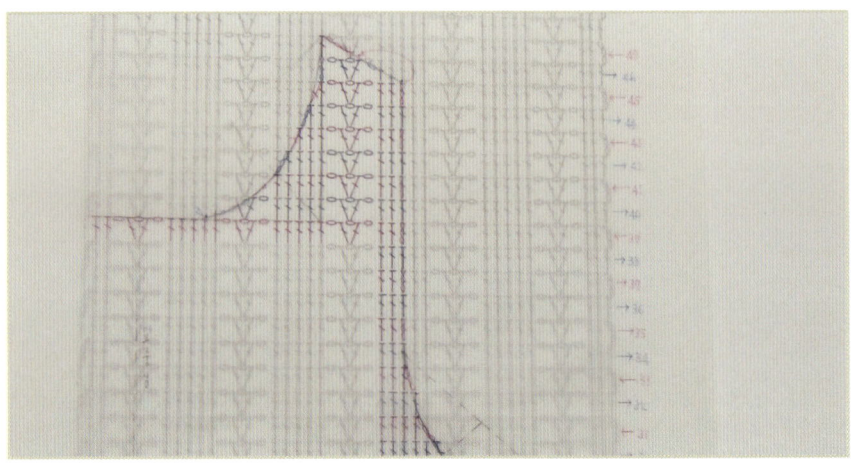

■ **완성된 앞판 진동과 목선 도안**

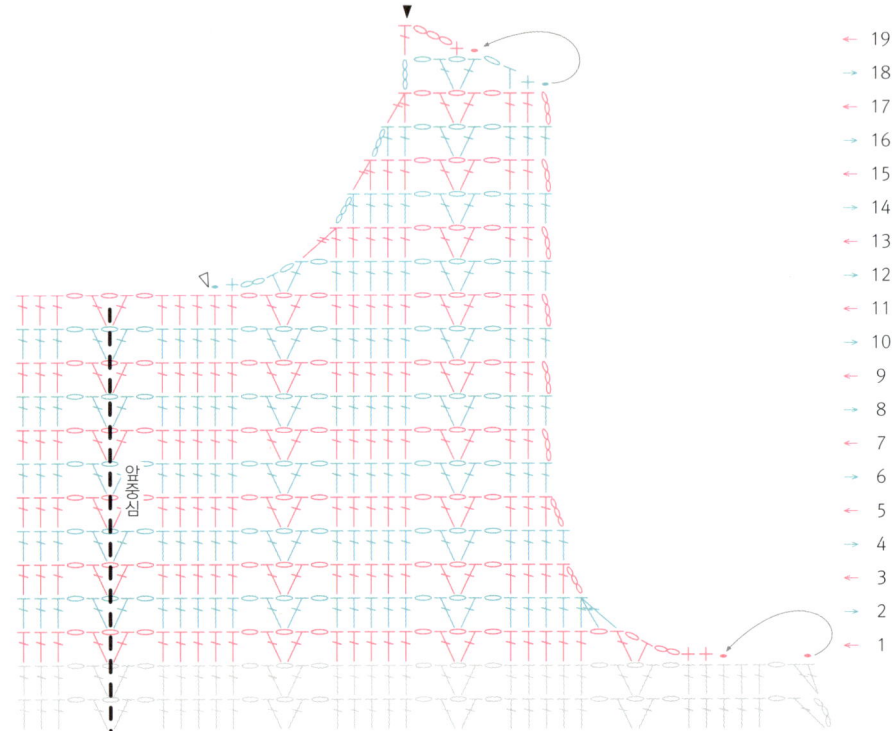

모티브 자르기

모티브는 필요에 따라 ½조각, ¼조각으로 자를 수 있으며, 목선과 같이 곡선이 필요한 경우에는 곡선 모양에 따라 모티브의 형태를 조절할 수 있다. 모티브를 자를 경우에는 모티브의 중심을 지나게 해야 연결하기 쉽고 모양도 안정감이 있다.

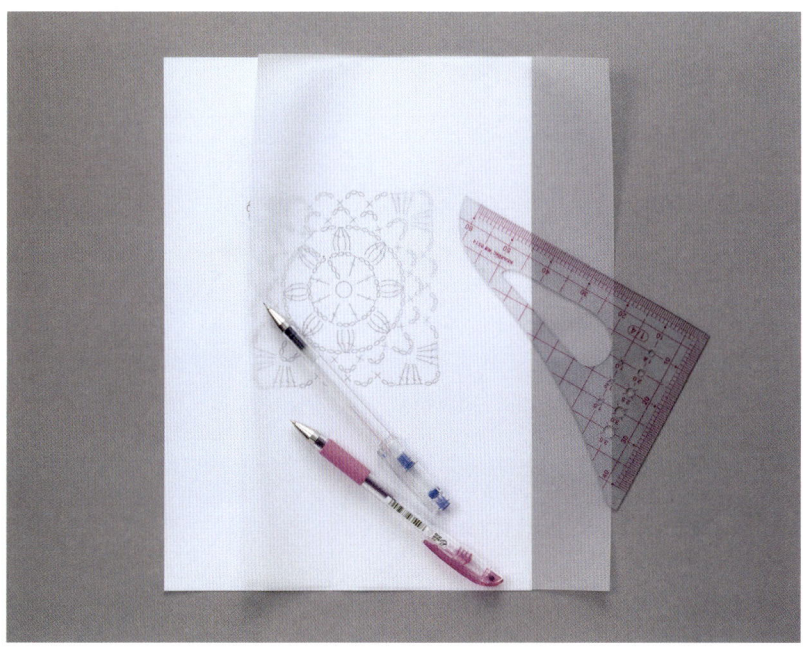

모티브 원형도안
기름종이
자
색펜

■ 모티브 ½조각으로 자르기

모티브 원형도안을 준비하여 그 위에 기름종이를 놓는다. 기름종이가 움직이지 않도록 고정하고, 자르고자 하는 선을 기름종이 위에 그린다.

모티브 원형도안

모티브 원형도안 위에 기름 종이를 올린 모습

1단 시작 자르는 선 위에 기둥코인 사슬 3코를 그린다. 시계 반대방향으로 모티브 원형도안과 같은 모양의 뜨개코들을 그린다.

1단 끝 마지막코는 자르는 선 위에 1길긴뜨기를 그린다.

2단 시작 자르는 선 위에 기둥코인 사슬 3코를 그린다. 시계방향으로 모티브 원형도안과 같은 모양의 뜨개코들을 그린다.

2단 끝 마지막코는 자르는 선 위에 1길긴뜨기를 그린다.

3단 시작 자르는 선 위에 3단의 다른 뜨개코 높이에 맞춰 기둥코인 사슬 2코를 그린다. 시계 반대방향으로 모티브 원형도안과 같은 모양의 뜨개코들을 그린다.

3단 끝 마지막코는 자르는 선 위에 긴뜨기를 그린다.

4단 시작 자르는 선 위에 기둥코인 사슬 1코와 짧은뜨기를 그린다. 시계 방향으로 모티브 원형도안과 같은 모양의 뜨개코들을 그린다.

4단 끝 마지막코는 자르는 선 위에 짧은뜨기를 그린다.

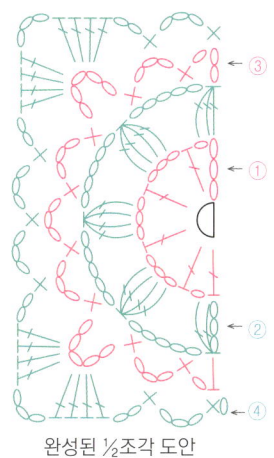

완성된 ½조각 도안

■ **그 밖의 다양한 모양의 조각 자르기**
다음에 나오는 다른 형태의 모티브를 자를 때도 위의 ½조각으로 자르기와 같은 방법으로 자른다.

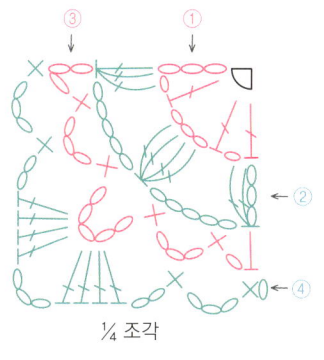 

¼ 조각   대각선 ¼ 조각

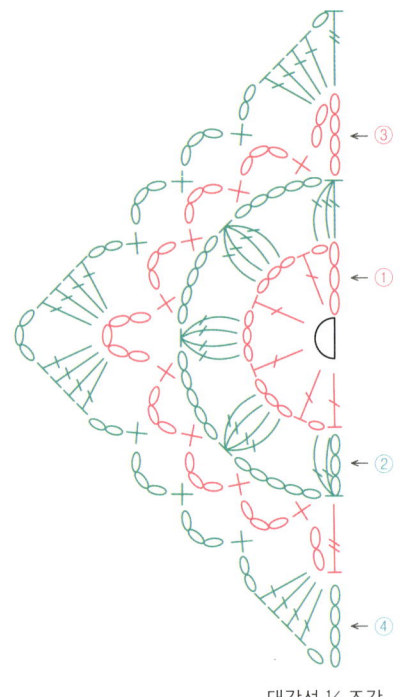

대각선 ½ 조각

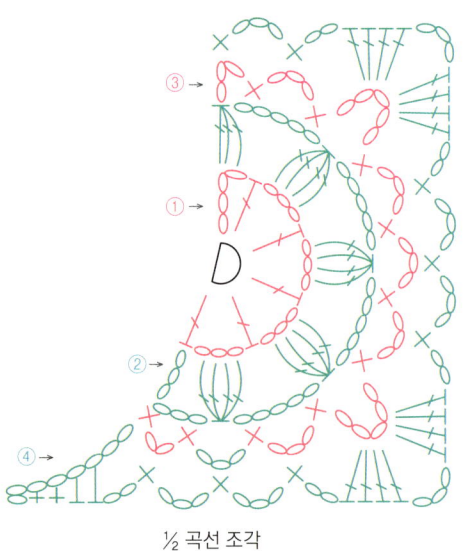

½ 곡선 조각

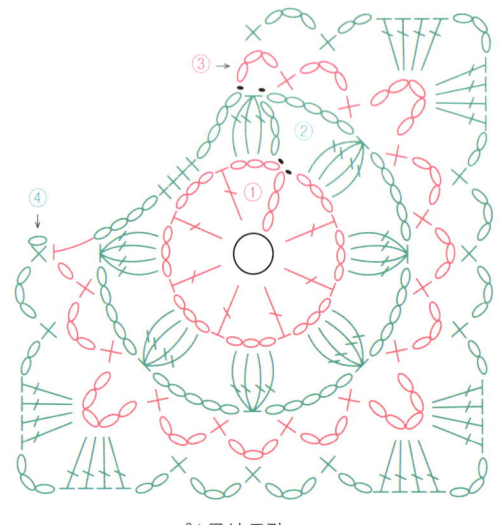

¾ 곡선 조각

4 혼자서 원피스 뜨기

모티브장식 민소매 원피스(3~4세용)

완성치수 : 가슴둘레 64㎝, 밑단둘레 72㎝, 어깨너비 22㎝, 옷길이 46.7㎝
게이지 : 무늬뜨기(1무늬 = 10코 × 1단) = 가로 2무늬 8㎝ × 세로 6무늬(6단) 5㎝
        모티브 = 가로, 세로 7.2㎝
재료 : 코튼 3 살구색 240g, 4호·5호 코바늘, 지름 13㎜ 단추 1개

뒤 판

❶ 시작
코튼3 살구색과 5호 코바늘로 시작코인 사슬뜨기 91코를 뜬다.
시작코의 사슬뜨기만 5호 코바늘을 사용하고, 나머지는 모두 4호 바늘로 뜬다.

❷ 옆선 PART2 - ① 옆선
1단은 시작코인 사슬코의 뒷산에 뜬다.

1단 기둥코 사슬 3코 → 1길긴뜨기 2코 → [사슬 1코 → 사슬 2코 걸러 3번째 코에 1길긴뜨기2코 늘려뜨기(사이 사슬 1코) 1코 → 사슬 1코 → 1길긴뜨기 5코] 8회 → 사슬 1코 → 사슬 2코 걸러 3번째 코에 1길긴뜨기2코 늘려뜨기(사이 사슬 1코) → 사슬 1코 → 1길긴뜨기 3코.

2단 ~3단 기둥코 사슬 3코 → 1길긴뜨기 2코 → [사슬 1코 → 1길긴뜨기2코 늘려뜨기(사이 사슬 1코) → 사슬 1코 → 1길긴뜨기 5코] 8회 → 사슬 1코 → 1길긴뜨기2코 늘려뜨기(사이 사슬 1코) → 사슬 1코 → 1길긴뜨기 3코.

4단 기둥코 사슬 3코와 1길긴뜨기 모아뜨기(미완성 기둥코이므로 사슬 2코만 뜨고, 다음 코에 미완성 1길긴뜨기를 뜬 후 모아 뜬다) → 1길긴뜨기 1코 → [사슬 1코 → 1길긴뜨기2코 늘려뜨기(사이 사슬 1코) → 사슬 1코 → 1길긴뜨기 5코] 8회 → 사슬 1코 → 1길긴뜨기2코 늘려뜨기(사이 사슬 1코) → 사슬 1코 → 1길긴뜨기 1코 → 1길긴뜨기2코 모아뜨기.

5단 ~9단 기둥코 사슬 3코 → 1길긴뜨기 1코 → [사슬 1코 → 1길긴뜨기2코 늘려뜨기(사이 사슬 1코) → 사슬 1코 → 1길긴뜨기 5코] 8회 → 사슬 1코 → 1길긴뜨기2코 늘려뜨기(사이 사슬 1코) → 사슬 1코 → 1길긴뜨기 2코.

10단 기둥코 사슬 3코와 1길긴뜨기 모아뜨기(미완성 기둥코이므로 사슬 2코만 뜨고, 다음 코에 미완성 1길긴뜨기를 뜬 후 모아 뜬다) → [사슬 1코 → 1길긴뜨기2코 늘려뜨기(사이 사슬 1코) → 사슬 1코 → 1길긴뜨기 5코] 8회 → 사슬 1코 → 1길긴뜨기2코 늘려뜨기(사이 사슬 1코) → 사슬 1코 → 1길긴뜨기2코 모아뜨기.

11단 ~15단 기둥코 사슬 3코 → [사슬 1코 → 1길긴뜨기2코 늘려뜨기(사이 사슬 1코) → 사슬 1코 → 1길긴뜨기 5코] 8회 → 사슬 1코 → 1길긴뜨기2코 늘려뜨기(사이 사슬 1코) → 사슬 1코 → 1길긴뜨기 1코.

16단 ~19단 기둥코 사슬 3코 → 1길긴뜨기2코 늘려뜨기(사이 사슬 1코) → 사슬 1코 → 1길긴뜨기 5코 → [사슬 1코 → 1길긴뜨기2코 늘려뜨기(사이 사슬 1코) → 사슬 1코 → 1길긴뜨기 5코] 7회 → 사슬 1코 → 1길긴뜨기2코 늘려뜨기(사이 사슬 1코) → 사슬 1코 → 1길긴뜨기 1코.

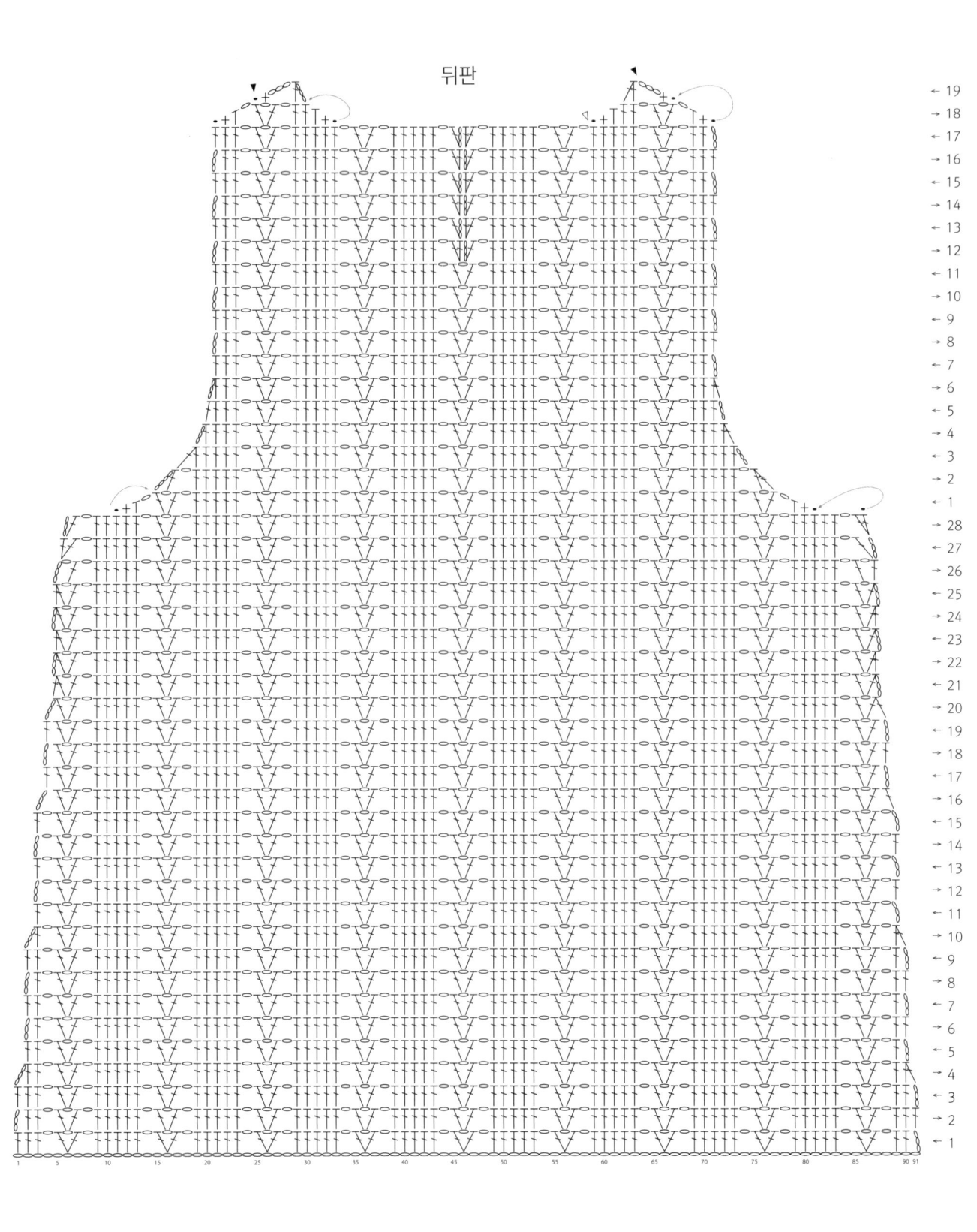

20단 ~25단 기둥코 사슬 3코와 1길긴뜨기 모아뜨기(미완성 기둥코이므로 사슬 2코만 뜨고, 다음 코에 미완성 1길긴뜨기를 뜬 후 모아 뜬다) → 사슬 1코 → 1길긴뜨기 1코 → 사슬 1코 → 1길긴뜨기 5코 → [사슬 1코 → 1길긴뜨기2코 늘려뜨기(사이 사슬 1코) → 사슬 1코 → 1길긴뜨기 5코] 7회 → 사슬 1코 → 1길긴뜨기 1코 → 사슬 1코 → 1길긴뜨기2코 모아뜨기.

26단 기둥코 사슬 3코, 사슬 1코 → 1길긴뜨기 1코 → 사슬 1코 → 1길긴뜨기 5코 → [사슬 1코 → 1길긴뜨기2코 늘려뜨기(사이 사슬 1코) → 사슬

❸ **뒤판 진동**   ▶ PART2 - ② 뒤판 진동
1단 옆선의 6번째 코인 1길긴뜨기에 빼뜨기로 실을 연결한다. 짧은뜨기 → 긴뜨기 → 사슬 1코 → 1길긴뜨기2코 늘려뜨기(사이 사슬 1코) → 사슬 1코 → 1길긴뜨기 5코 → [사슬 1코 → 1길긴뜨기2코 늘려뜨기(사이 사슬 1코) → 사슬 1코 → 1길긴뜨기 5코] 5회 → 사슬 1코 → 1길긴뜨기2코 늘려뜨기(사이 사슬 1코) → 사슬 1코 → 긴뜨기 → 짧은뜨기 → 빼뜨기. 마지막코를 길게 늘여서 사이로 실타래를 집어넣고 코를 조여 마감한다.

2단 1단의 마지막 1길긴뜨기에 빼뜨기로 실을 연결한다. 기둥코 사슬 4코와 1길긴뜨기 모아뜨기(미완성 기둥코이므로 사슬 3코만 뜨고, 다음 코에 미완성 1길긴뜨기를 뜬 후 모아 뜬다) → 사슬 1코 → 1길긴뜨기 5코 → [사슬 1코 → 1길긴뜨기2코 늘려뜨기(사이 사슬 1코) → 사슬 1코 → 1길긴뜨기 5코] 5회 → 사슬 1코 → 1길긴뜨기와 2길긴뜨기 모아뜨기.

3단 기둥코 사슬 3코와 1길긴뜨기 모아뜨기(미완성 기둥코이므로 사슬 2코만 뜨고, 다음 코에 미완성 1길긴뜨기를 뜬 후 모아 뜬다) → 1길긴뜨기 4코 → [사슬 1코 → 1길긴뜨기2코 늘려뜨기(사이 사슬 1코) → 사슬 1코 → 1길긴뜨기 5코] 4회 → 사슬 1코 → 1길긴뜨기2코 늘려뜨기(사이 사슬 1코) → 사슬 1코 → 1길긴뜨기 4코 → 1길긴뜨기2코 모아뜨기.

4단 기둥코 사슬 3코와 1길긴뜨기 모아뜨기(미완성 기둥코이므로 사슬 2

❹ **뒤트임과 왼쪽 어깨**   ▶ PART2 - ③ 뒤트임과 어깨기울기
12단부터 어깨기울기까지는 뒤트임이 있으므로 중심까지만 뜬다.

12·14·16단 기둥코 사슬 3코 → 1길긴뜨기 2코 → [사슬 1코 → 1길긴뜨기2코 늘려뜨기(사이 사슬 1코) → 사슬 1코 → 1길긴뜨기 5코] 2회 → 사슬 1코 → 1길긴뜨기2코 늘려뜨기.

13·15·17단 기둥코 사슬 3코 → 같은 코에 1길긴뜨기 1코 → 사슬 1코 → [1길긴뜨기 5코 → 사슬 1코 → 1길긴뜨기2코 늘려뜨기(사이 사슬 1코) → 사슬 1코] 2회 → 1길긴뜨기 3코.

18단 빼뜨기 → 짧은뜨기 → 긴뜨기 → 사슬 1코 → 1길긴뜨기2코 늘려

1코 → 1길긴뜨기 5코] 7회 → 사슬 1코 → 1길긴뜨기 1코 → 사슬 1코 → 1길긴뜨기 1코.

27단~28단 기둥코 사슬 3코 → 사슬 1코 → 1길긴뜨기 1코 → 사슬 1코 → 1길긴뜨기 5코 → [사슬 1코 → 1길긴뜨기2코 늘려뜨기(사이 사슬 1코) → 사슬 1코 → 1길긴뜨기 5코] 7회 → 사슬 1코 → 1길긴뜨기 1코 → 사슬 1코 → 1길긴뜨기 1코. 28단의 마지막코를 길게 늘여서 사이로 실타래를 집어넣고 코를 조여 마감한다.

코만 뜨고, 다음 코에 미완성 1길긴뜨기를 뜬 후 모아 뜬다) → 1길긴뜨기 3코 → [사슬 1코 → 1길긴뜨기2코 늘려뜨기(사이 사슬 1코) → 사슬 1코 → 1길긴뜨기 5코] 4회 → 사슬 1코 → 1길긴뜨기2코 늘려뜨기(사이 사슬 1코) → 사슬 1코 → 1길긴뜨기 3코 → 1길긴뜨기2코 모아뜨기.

5단 기둥코 사슬 3코 → 1길긴뜨기 3코 → [사슬 1코 → 1길긴뜨기2코 늘려뜨기(사이 사슬 1코) → 사슬 1코 → 1길긴뜨기 5코] 4회 → 사슬 1코 → 1길긴뜨기2코 늘려뜨기(사이 사슬 1코) → 사슬 1코 → 1길긴뜨기 4코.

6단 기둥코 사슬 3코와 1길긴뜨기 모아뜨기(미완성 기둥코이므로 사슬 2코만 뜨고, 다음 코에 미완성 1길긴뜨기를 뜬 후 모아 뜬다) → 1길긴뜨기 2코 → [사슬 1코 → 1길긴뜨기2코 늘려뜨기(사이 사슬 1코) → 사슬 1코 → 1길긴뜨기 5코] 4회 → 사슬 1코 → 1길긴뜨기2코 늘려뜨기(사이 사슬 1코) → 사슬 1코 → 1길긴뜨기 2코 → 1길긴뜨기2코 모아뜨기.

7단 ~11단 기둥코 사슬 3코 → 1길긴뜨기 2코 → [사슬 1코 → 1길긴뜨기2코 늘려뜨기(사이 사슬 1코) → 사슬 1코 → 1길긴뜨기 5코] 4회 → 사슬 1코 → 1길긴뜨기2코 늘려뜨기(사이 사슬 1코) → 사슬 1코 → 1길긴뜨기 3코.

뜨기(사이 사슬 1코) → 사슬 1코 → 1길긴뜨기 2코 → 긴뜨기 → 짧은뜨기 → 빼뜨기. 마지막코를 길게 늘여서 사이로 실타래를 집어넣고 코를 조여 마감한다.

19단 18단의 마지막 1길긴뜨기에 빼뜨기로 실을 연결한다. 기둥코 사슬 3코와 1길긴뜨기 모아뜨기(미완성 기둥코이므로 사슬 2코만 뜨고, 다음 코에 미완성 1길긴뜨기를 뜬 후 모아 뜬다) → 사슬 3코 → 짧은뜨기 → 빼뜨기. 15㎝ 정도 실을 남기고 자른 다음, 마지막코를 길게 늘여서 사이로 실 끝을 집어넣고 코를 조여 마감한다.

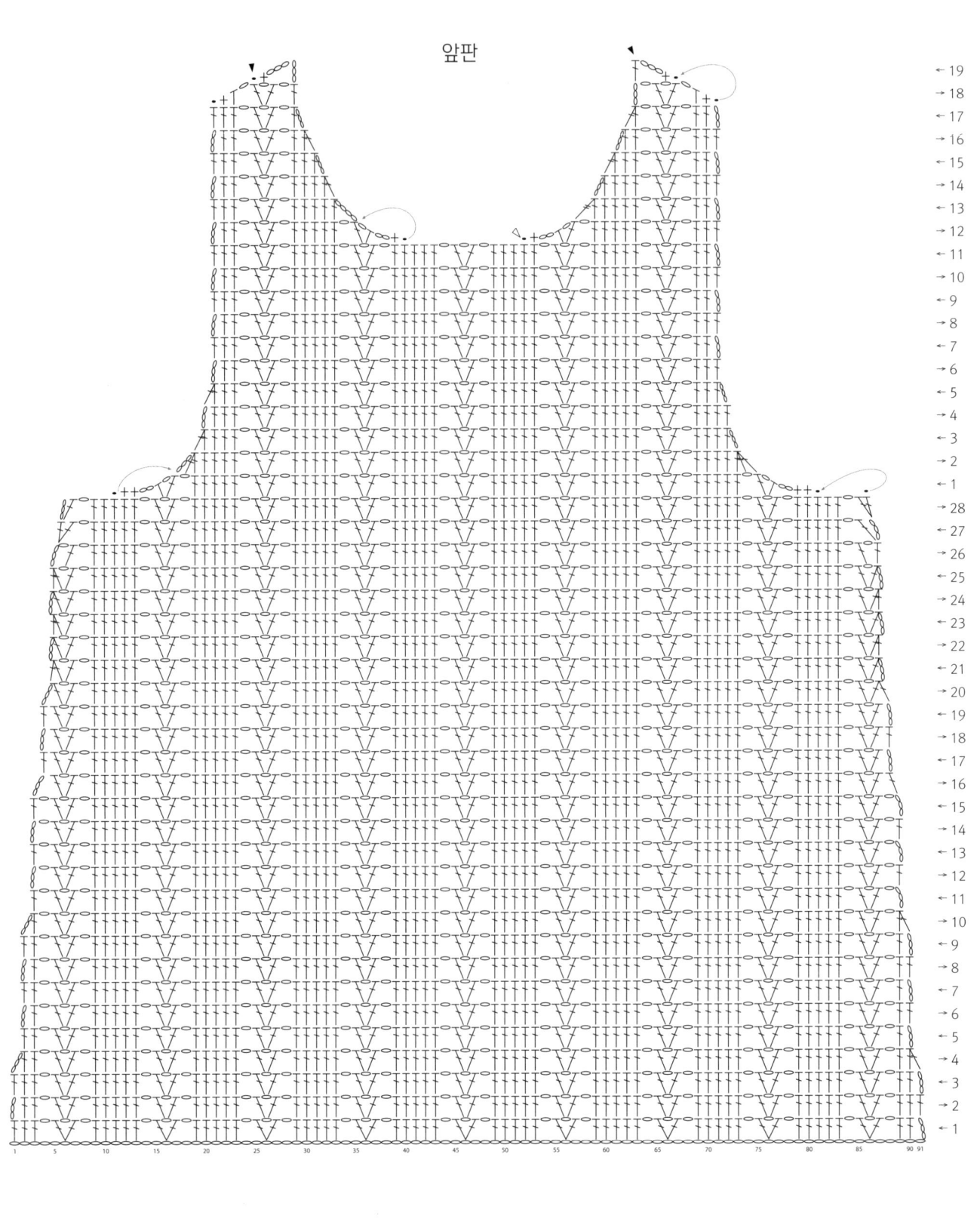

❺ 뒤트임과 오른쪽 어깨 　🎥 PART2 - ③ 뒤트임과 어깨기울기
진동 11째단의 뒤판 중심에 새 실을 연결하여 반대편 뒤트임과 오른쪽 어깨를 뜬다.

12·14·16단 기둥코 사슬 3코 → 같은 코에 1길긴뜨기 1코 → 사슬 1코 → [1길긴뜨기 5코 → 사슬 1코 → 1길긴뜨기2코 늘려뜨기(사이 사슬 1코) → 사슬 1코] 2회 → 1길긴뜨기 3코.

13·15·17단 기둥코 사슬 3코 → 1길긴뜨기 2코 → [사슬 1코 → 1길긴뜨기2코 늘려뜨기(사이 사슬 1코) → 사슬 1코 → 1길긴뜨기 5코] 2회 → 사슬 1코 → 1길긴뜨기2코 늘려뜨기.
17단을 뜬 후 마지막 코를 길게 늘여서 사이로 실타래를 집어넣고 코를 조여 마감한다.

18단 14번째 코에 빼뜨기로 실을 연결한다. 짧은뜨기 → 긴뜨기 → 1길긴뜨기 2코 → 사슬 1코 → 1길긴뜨기2코 늘려뜨기(사이 사슬 1코) → 사슬 1코 → 긴뜨기 → 짧은뜨기 → 빼뜨기.
마지막코를 길게 늘여서 사이로 실타래를 집어넣고 코를 조여 마감한다.

19단 18단의 마지막 1길긴뜨기에 빼뜨기로 실을 연결한다. 짧은뜨기 → 사슬 3코 → 1길긴뜨기2코 모아뜨기. 30㎝ 정도 실을 남기고 자른 다음, 마지막코를 길게 늘여서 실 끝을 집어넣고 코를 조여 마감한다.

앞판

❶ 시작과 옆선 　🎥 PART2 - ① 옆선
뒤판과 같은 방법으로 뜬다.

❷ 앞판 진동 　🎥 PART2 - ④ 앞판 진동
1단 옆선의 6번째 코인 1길긴뜨기에 빼뜨기로 실을 연결한다. 짧은뜨기 2코 → 사슬 2코 → 긴뜨기 → 사슬 1코 → 1길긴뜨기 → 사슬 1코 → 1길긴뜨기 5코 → [사슬 1코 → 1길긴뜨기2코 늘려뜨기(사이 사슬 1코) → 사슬 1코 → 1길긴뜨기 5코] 5회 → 사슬 1코 → 1길긴뜨기 → 사슬 1코 → 긴뜨기 → 사슬 2코 → 짧은뜨기 2코 → 빼뜨기. 마지막 코를 길게 늘여서 사이로 실타래를 집어넣고 코를 조여 마감한다.

2단 1단의 마지막 1길긴뜨기에 빼뜨기로 실을 연결한다. 기둥코 사슬 3코와 1길긴뜨기2코 모아뜨기(미완성 기둥코이므로 사슬 2코만 뜨고, 미완성 1길긴뜨기 2코를 뜬 후 모아 뜬다) → 1길긴뜨기 4코 → [사슬 1코 → 1길긴뜨기2코 늘려뜨기(사이 사슬 1코) → 사슬 1코 → 1길긴뜨기 5코] 4회 → 사슬 1코 → 1길긴뜨기2코 늘려뜨기(사이 사슬 1코) → 사슬 1코 → 1길긴뜨기 4코 → 1길긴뜨기3코 모아뜨기.

3단 기둥코 사슬 3코와 1길긴뜨기 모아뜨기(미완성 기둥코이므로 사슬 2코만 뜨고, 다음 코에 미완성 1길긴뜨기를 뜬 후 모아 뜬다) → 1길긴뜨기 3코 → [사슬 1코 → 1길긴뜨기2코 늘려뜨기(사이 사슬 1코) → 사슬 1코 → 1길긴뜨기 5코] 4회 → 사슬 1코 → 1길긴뜨기2코 늘려뜨기(사이 사슬 1코) → 사슬 1코 → 1길긴뜨기 3코 → 1길긴뜨기2코 모아뜨기.

4단 기둥코 사슬 3코 → 1길긴뜨기 3코 → [사슬 1코 → 1길긴뜨기2코 늘려뜨기(사이 사슬 1코) → 사슬 1코 → 1길긴뜨기 5코] 4회 → 사슬 1코 → 1길긴뜨기2코 늘려뜨기(사이 사슬 1코) → 사슬 1코 → 1길긴뜨기 4코.

5단 기둥코 사슬 3코와 1길긴뜨기 모아뜨기(미완성 기둥코이므로 사슬 2코만 뜨고, 다음 코에 미완성 1길긴뜨기를 뜬 후 모아 뜬다) → 1길긴뜨기 2코 → [사슬 1코 → 1길긴뜨기2코 늘려뜨기(사이 사슬 1코) → 사슬 1코 → 1길긴뜨기 5코] 4회 → 사슬 1코 → 1길긴뜨기2코 늘려뜨기(사이 사슬 1코) → 사슬 1코 → 1길긴뜨기 2코 → 1길긴뜨기2코 모아뜨기.

6단 ~11단 기둥코 사슬 3코 → 1길긴뜨기 2코 → [사슬 1코 → 1길긴뜨기2코 늘려뜨기(사이 사슬 1코) → 사슬 1코 → 1길긴뜨기 5코] 4회 → 사슬 1코 → 1길긴뜨기2코 늘려뜨기(사이 사슬 1코) → 사슬 1코 → 1길긴뜨기 3코.

❸ 앞목과 왼쪽 어깨 　🎥 PART2 - ⑤ 앞목과 어깨기울기
12단 기둥코 사슬 3코 → 1길긴뜨기 2코 → 사슬 1코 → 1길긴뜨기2코 늘려뜨기(사이 사슬 1코) → 사슬 1코 → 1길긴뜨기 5코 → 사슬 1코 → 1길긴뜨기 → 사슬 1코 → 긴뜨기 → 사슬 2코 → 짧은뜨기 → 빼뜨기. 마지막 코를 길게 늘여서 사이로 실타래를 집어넣고 코를 조여 마감한다.

13단 12단의 마지막 1길긴뜨기에 빼뜨기로 실을 연결한다. 기둥코 사슬 4코와 1길긴뜨기 모아뜨기(미완성 기둥코이므로 사슬 3코만 뜨고, 미완성 1길긴뜨기를 뜬 후 모아 뜬다) → 1길긴뜨기 4코 → 사슬 1코 → 1길긴뜨기 2코 늘려뜨기(사이 사슬 1코) → 사슬 1코 → 1길긴뜨기 3코.

14단 기둥코 사슬 3코 → 1길긴뜨기 2코 → 사슬 1코 → 1길긴뜨기2코 늘려뜨기(사이 사슬 1코) → 사슬 1코 → 1길긴뜨기 3코 → 1길긴뜨기2코 모아뜨기.

15단 기둥코 사슬 3코와 1길긴뜨기 모아뜨기(미완성 기둥코이므로 사슬 2코만 뜨고, 다음 코에 미완성 1길긴뜨기를 뜬 후 모아 뜬다) → 1길긴뜨기

2코 ⋯ 사슬 1코 ⋯ 1길긴뜨기2코 늘려뜨기(사이 사슬 1코) ⋯ 사슬 1코 ⋯ 1길긴뜨기 3코.

16단 기둥코 사슬 3코 ⋯ 1길긴뜨기 2코 ⋯ 사슬 1코 ⋯ 1길긴뜨기2코 늘려뜨기(사이 사슬 1코) ⋯ 사슬 1코 ⋯ 1길긴뜨기 1코 ⋯ 1길긴뜨기2코 모아뜨기.

17단 기둥코 사슬 3코와 1길긴뜨기 모아뜨기(미완성 기둥코이므로 사슬 2코만 뜨고, 다음 코에 미완성 1길긴뜨기를 뜬 후 모아 뜬다) ⋯ 사슬 1코 ⋯ 1길긴뜨기2코 늘려뜨기(사이 사슬 1코) ⋯ 사슬 1코 ⋯ 1길긴뜨기 3코.

18단 빼뜨기 ⋯ 짧은뜨기 ⋯ 긴뜨기 ⋯ 사슬 1코 ⋯ 1길긴뜨기2코 늘려뜨기(사이 사슬 1코) ⋯ 사슬 1코 ⋯ 1길긴뜨기.

19단 기둥코 사슬 3코 ⋯ 사슬 3코 ⋯ 짧은뜨기 ⋯ 빼뜨기. 15㎝ 정도 실을 남기고 자른 다음, 마지막코를 길게 늘여서 사이로 실 끝을 집어넣고 코를 조여 마감한다.

❹ **앞목과 오른쪽 어깨** ▶ PART2 – ⑤ 앞목과 어깨기울기
진동 11째단의 앞판 중심에서 6번째 코에 새로운 실을 연결하여 반대편 앞목과 오른쪽 어깨를 뜬다.

12단 빼뜨기 ⋯ 짧은뜨기 ⋯ 사슬 2코 ⋯ 긴뜨기 ⋯ 사슬 1코 ⋯ 1길긴뜨기 ⋯ 사슬 1코 ⋯ 1길긴뜨기 5코 ⋯ 사슬 1코 ⋯ 1길긴뜨기2코 늘려뜨기(사이 사슬 1코) ⋯ 사슬 1코 ⋯ 1길긴뜨기 3코.

13단 기둥코 사슬 3코 ⋯ 1길긴뜨기 2코 ⋯ 사슬 1코 ⋯ 1길긴뜨기2코 늘려뜨기(사이 사슬 1코) ⋯ 사슬 1코 ⋯ 1길긴뜨기 4코 ⋯ 1길긴뜨기와 2길긴뜨기 모아뜨기.

14단 기둥코 사슬 3코와 1길긴뜨기 모아뜨기(미완성 기둥코이므로 사슬 2코만 뜨고, 다음 코에 미완성 1길긴뜨기를 뜬 후 모아 뜬다) ⋯ 1길긴뜨기 3코 ⋯ 사슬 1코 ⋯ 1길긴뜨기2코 늘려뜨기(사이 사슬 1코) ⋯ 사슬 1코 ⋯ 1길긴뜨기 3코.

15단 기둥코 사슬 3코 ⋯ 1길긴뜨기 2코 ⋯ 사슬 1코 ⋯ 1길긴뜨기2코 늘려뜨기(사이 사슬 1코) ⋯ 사슬 1코 ⋯ 1길긴뜨기 2코 ⋯ 1길긴뜨기2코 모아뜨기.

16단 기둥코 사슬 3코와 1길긴뜨기 모아뜨기(미완성 기둥코이므로 사슬 2코만 뜨고, 다음 코에 미완성 1길긴뜨기를 뜬 후 모아 뜬다) ⋯ 1길긴뜨기 ⋯ 사슬 1코 ⋯ 1길긴뜨기2코 늘려뜨기(사이 사슬 1코) ⋯ 사슬 1코 ⋯ 1길긴뜨기 3코.

17단 기둥코 사슬 3코 ⋯ 1길긴뜨기 2코 ⋯ 사슬 1코 ⋯ 1길긴뜨기2코 늘려뜨기(사이 사슬 1코) ⋯ 사슬 1코 ⋯ 1길긴뜨기2코 모아뜨기.

18단 기둥코 사슬 3코 ⋯ 사슬 1코 ⋯ 1길긴뜨기2코 늘려뜨기(사이 사슬 1코) ⋯ 사슬 1코 ⋯ 긴뜨기 ⋯ 짧은뜨기 ⋯ 빼뜨기. 마지막코를 길게 늘여서 사이로 실타래를 집어넣고 코를 조여 마감한다.

19단 18단의 마지막 1길긴뜨기에 빼뜨기로 실을 연결한다. 짧은뜨기 ⋯ 사슬 3코 ⋯ 1길긴뜨기. 30㎝ 정도 실을 남기고 자른 다음, 마지막코를 길게 늘여서 사이로 실 끝을 집어넣고 코를 조여 마감한다.

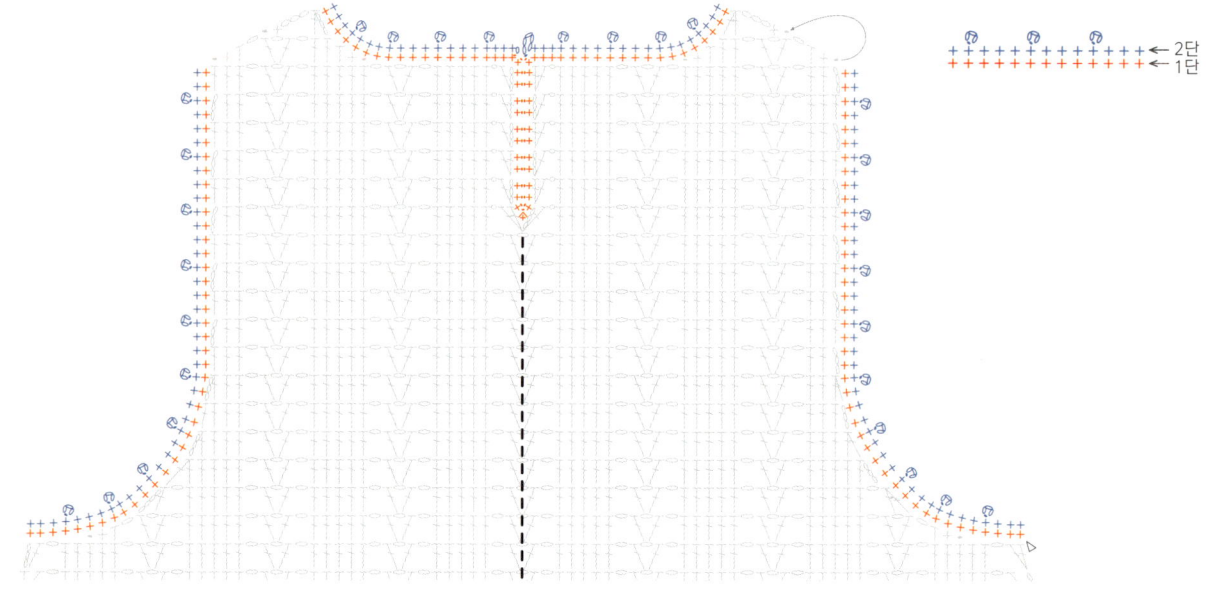

마무리　PART2 - ⑥ 꿰매기와 잇기 / ⑦ 마무리단

❶ 옆선과 어깨선 잇기
앞뒤판의 겉과 겉을 마주 놓고 시작 사슬코를 뜰 때 남겨두었던 실을 4호 코바늘로 밑단 시작코에 빼뜨기로 연결한 다음,
옆선에서 각 단마다 사슬 2코와 빼뜨기를 떠서 진동 전까지 잇는다. 어깨선은 [빼뜨기 → 사슬1코]를 반복해서 잇는다.

❷ 진동둘레 마무리단
1단 코줍기. 옆선에서 시작하여 코는 코마다, 단은 1길긴뜨기 단에서는 짧은뜨기 2코, 2길긴뜨기 단에서는 짧은뜨기 3코씩을 뜬다.

2단 [짧은뜨기 4코 → 피코빼뜨기]를 반복하여 뜬다.
※ 진동둘레와 목둘레에서 많이 휘는 곡선 부분은 쫀쫀하게 떠야 곡선이 자연스럽다.

❸ 목둘레 마무리단
왼쪽 뒤트임 끝에 새 실을 연결한다.

1단 코는 코마다, 단은 1길긴뜨기 단에서는 짧은뜨기 2코, 2길긴뜨기 단에서는 짧은뜨기 3코씩을 뜬다. 뒤트임 중심 부분에서는 짧은뜨기2코 모아뜨기를 한다. 뒤트임의 모서리 부분에는 짧은뜨기 3코를 떠서 모서리각을 살려준다.

2단 기둥코 사슬 1코 → [짧은뜨기 4코 → 피코빼뜨기]를 반복하여 뒤트임 전까지 뜬다. 사슬 5코 다음 코에 빼뜨기를 떠서 단춧고리를 만들어준다. 뒤트임 부분은 빼뜨기로 뜬다. 2단의 1번째 짧은뜨기에 빼뜨기. 단춧고리의 반대편에는 지름 13㎜의 단추를 단다.

❹ 밑단 마무리단
앞뒤판이 이어진 밑단의 옆솔기에 빼뜨기로 실을 연결하여 시작 사슬코마다 짧은뜨기 1코씩 뜬다(짧은뜨기 180코).

모티브 뜨기와 연결하기　PART2 - ⑧ 모티브 연결하기

❶ 1번째 모티브 뜨기와 연결하기
시작 코튼3 살구색과 4호 코바늘로 실 감아 둥근 코 만들기.

1단 기둥코 사슬 3코 → [사슬 3코 → 1길긴뜨기] 7회 → 사슬 3코 → 기둥코인 사슬 3번째 코에 빼뜨기 → 다음 사슬코 아래 구멍에 빼뜨기.

2단 기둥코 사슬 3코와 1길긴뜨기3코 모아뜨기(미완성 기둥코이므로 사슬 2코만 뜨고, 미완성 1길긴뜨기 3코를 뜬 후 모아 뜬다) → [사슬 5코 → 1길긴뜨기4코 모아뜨기] 7회 → 사슬 2코 → 기둥코인 사슬 3번째 코에 1길긴뜨기.

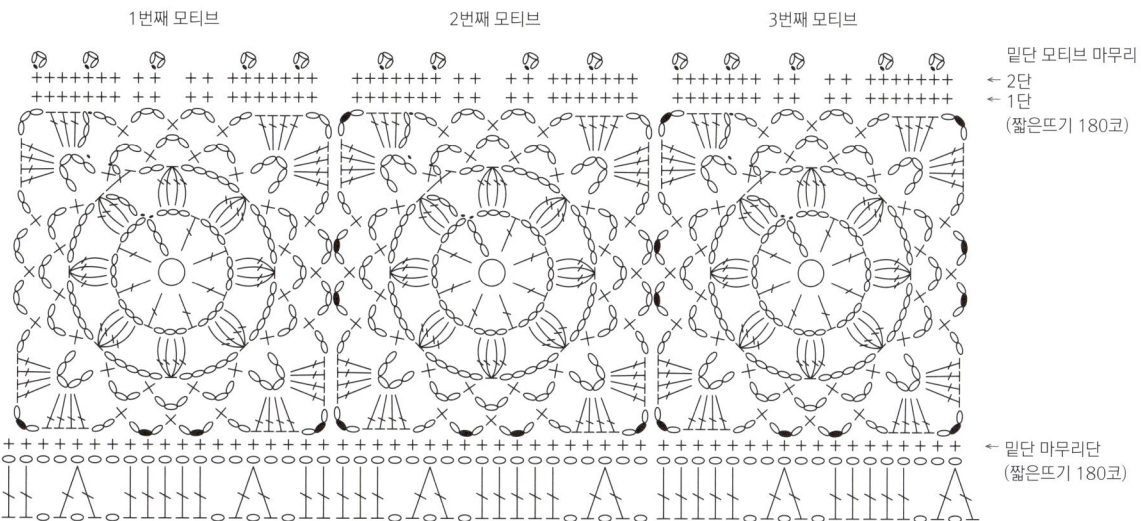

3단 기둥코 사슬 1코 → 짧은뜨기 → [사슬 5코 → 짧은뜨기 → 사슬 3코 → 짧은뜨기 → 사슬 3코 → 짧은뜨기 → 사슬 3코 → 짧은뜨기] 3회 → 사슬 5코 → 짧은뜨기 → 사슬 3코 → 짧은뜨기 → 사슬 3코 → 짧은뜨기 → 사슬 3코 → 3단의 1번째 짧은뜨기 코에 빼뜨기 → 다음 사슬코 아래 구멍에 빼뜨기.

4단 기둥코 사슬 3코 → 1길긴뜨기 3코 → 사슬 3코 → 1길긴뜨기 4코 → 사슬 2코 → 짧은뜨기 → [사슬 3코 → 짧은뜨기] 2회 → 사슬 2코 → 1길긴뜨기 4코 → 사슬 1코 → 빼뜨기로 밑단에 연결하기 → 사슬 1코 → 1길긴뜨기 4코 → 사슬 2코 → 짧은뜨기 → [사슬 1코 → 빼뜨기로 밑단에 연결하기 → 사슬 1코 → 짧은뜨기] 2회 → 사슬 2코 → 1길긴뜨기 4코 → 사슬 1코 → 빼뜨기로 밑단에 연결하기 → 사슬 1코 → 1길긴뜨기 4코 → 사슬 2코 → 짧은뜨기 → [사슬 3코 → 짧은뜨기] 2회 → 사슬 2코 → 1길긴뜨기 4코 → 사슬 3코 → 1길긴뜨기 4코 → 사슬 2코 → 짧은뜨기 → [사슬 3코 → 짧은뜨기] 2회 → 사슬 2코 → 기둥코인 사슬 3번째 코에 빼뜨기.

❷ 2번째~9번째 모티브 뜨기와 연결하기

시작~3단 1번째 모티브와 같은 방법으로 뜬다.

4단 기둥코 사슬 3코 → 1길긴뜨기 3코 → 사슬 1코 → 빼뜨기로 먼저 떠진 모티브에 연결하기 → 사슬 1코 → 1길긴뜨기 4코 → 사슬 2코 → 짧은뜨기 → [사슬 1코 → 빼뜨기로 먼저 떠진 모티브에 연결하기 → 사슬 1코 → 짧은뜨기] 2회 → 사슬 2코 → 1길긴뜨기 4코 → 사슬 1코 → 빼뜨기로 먼저 떠진 모티브에 연결하기 → 사슬 1코 → 1길긴뜨기 4코 → 사슬 2코 → 짧은뜨기 → [사슬 1코 → 빼뜨기로 밑단에 연결하기 → 사슬 1코 → 짧은뜨기] 2회 → 사슬 2코 → 1길긴뜨기 4코 → 사슬 1코 → 빼뜨기로 밑단에 연결하기 → 사슬 1코 → 1길긴뜨기 4코 → 사슬 2코 → 짧은뜨기 → [사슬 3코 → 짧은뜨기] 2회 → 사슬 2코 → 1길긴뜨기 4코 → 사슬 3코 → 1길긴뜨기 4코 → 사슬 2코 → 짧은뜨기 → [사슬 3코 → 짧은뜨기] 2회 → 사슬 2코 → 기둥코인 사슬 3번째 코에 빼뜨기.

❸ 10번째(마지막) 모티브 뜨기와 연결하기

시작~3단 1번째 모티브와 같은 방법으로 뜬다.

4단 기둥코 사슬 3코 → 1길긴뜨기 3코 → 사슬 1코 → 빼뜨기로 1번째 모티브에 연결하기 → 사슬 1코 → 1길긴뜨기 4코 → 사슬 2코 → 짧은뜨기 → [사슬 1코 → 빼뜨기로 1번째 모티브에 연결하기 → 사슬 1코 → 짧은뜨기] 2회 → 사슬 2코 → 1길긴뜨기 4코 → 사슬 1코 → 빼뜨기로 밑단에 연결하기 → 사슬 1코 → 1길긴뜨기 4코 → 사슬 2코 → 짧은뜨기 → [사슬 1코 → 빼뜨기로 밑단에 연결하기 → 사슬 1코 → 짧은뜨기] 2회 → 사슬 2코 → 1길긴뜨기 4코 → 사슬 1코 → 빼뜨기로 먼저 떠진 모티브에 연결하기 → 사슬 1코 → 1길긴뜨기 4코 → 사슬 2코 → 짧은뜨기 → [사슬 1코 → 빼뜨기로 먼저 떠진 모티브에 연결하기 → 사슬 1코 → 짧은뜨기] 2회 → 사슬 2코 → 1길긴뜨기 4코 → 사슬 1코 → 빼뜨기로 먼저 떠진 모티브에 연결하기 → 사슬 1코 → 1길긴뜨기 4코 → 사슬 2코 → 짧은뜨기 → [사슬 3코 → 짧은뜨기] 2회 → 사슬 2코 → 기둥코인 사슬 3번째 코에 빼뜨기.

❹ 밑단 모티브 마무리 🎥 PART2 – ⑨ 밑단 모티브의 마무리

1단 1번째 모티브의 모서리에 빼뜨기로 실을 연결하여 모티브 1개에 짧은뜨기 18코씩 뜬다(짧은뜨기 180코).

2단 [짧은뜨기 4코 → 피코빼뜨기]를 반복한다.

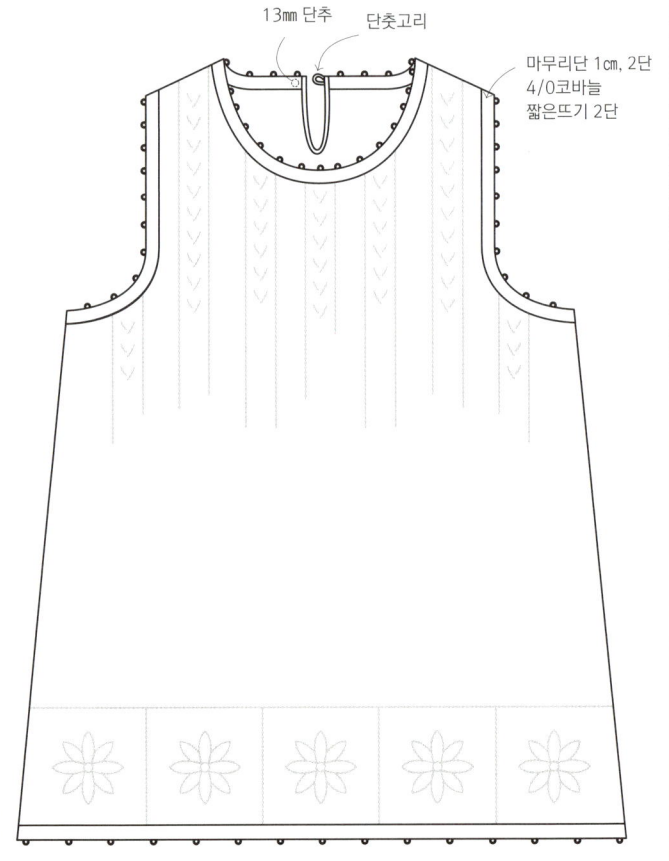

13mm 단추 단춧고리
마무리단 1cm, 2단 4/0코바늘 짧은뜨기 2단
마무리단 1cm, 2단 짧은뜨기 2단

STEP 03 : 응용하고

다양하게 응용하는
코바늘 패턴과 장식

APPLICATION 1

한국 사람이 즐겨 쓰는 코바늘 무늬

01
코바늘
패턴

1무늬=1코X1단

02
코바늘 패턴

1무늬=3코 X 1단

03

코바늘
패턴

1무늬 = 28코 X 14단

04
코바늘 패턴

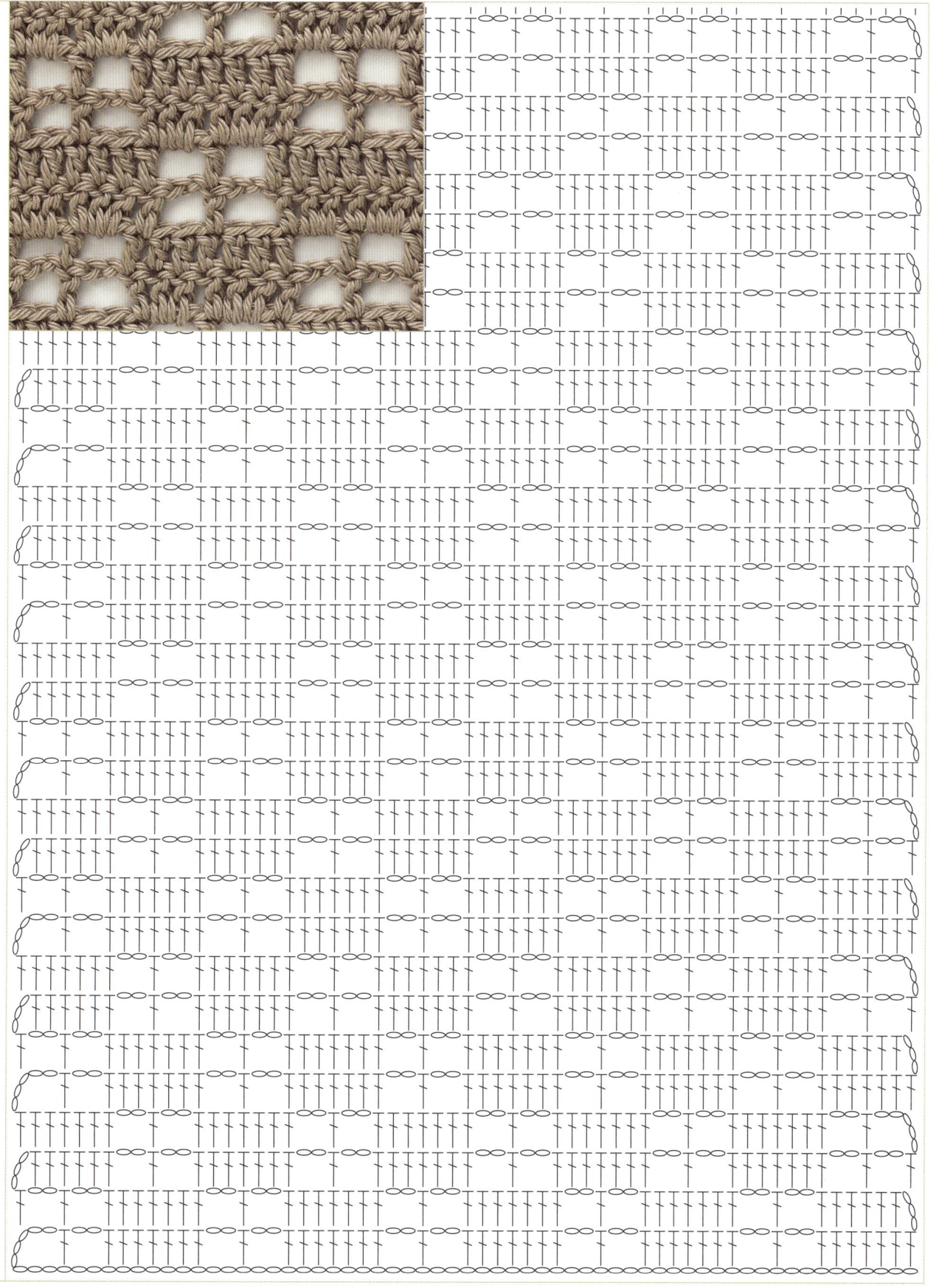

1무늬=12코X4단

05
코바늘 패턴

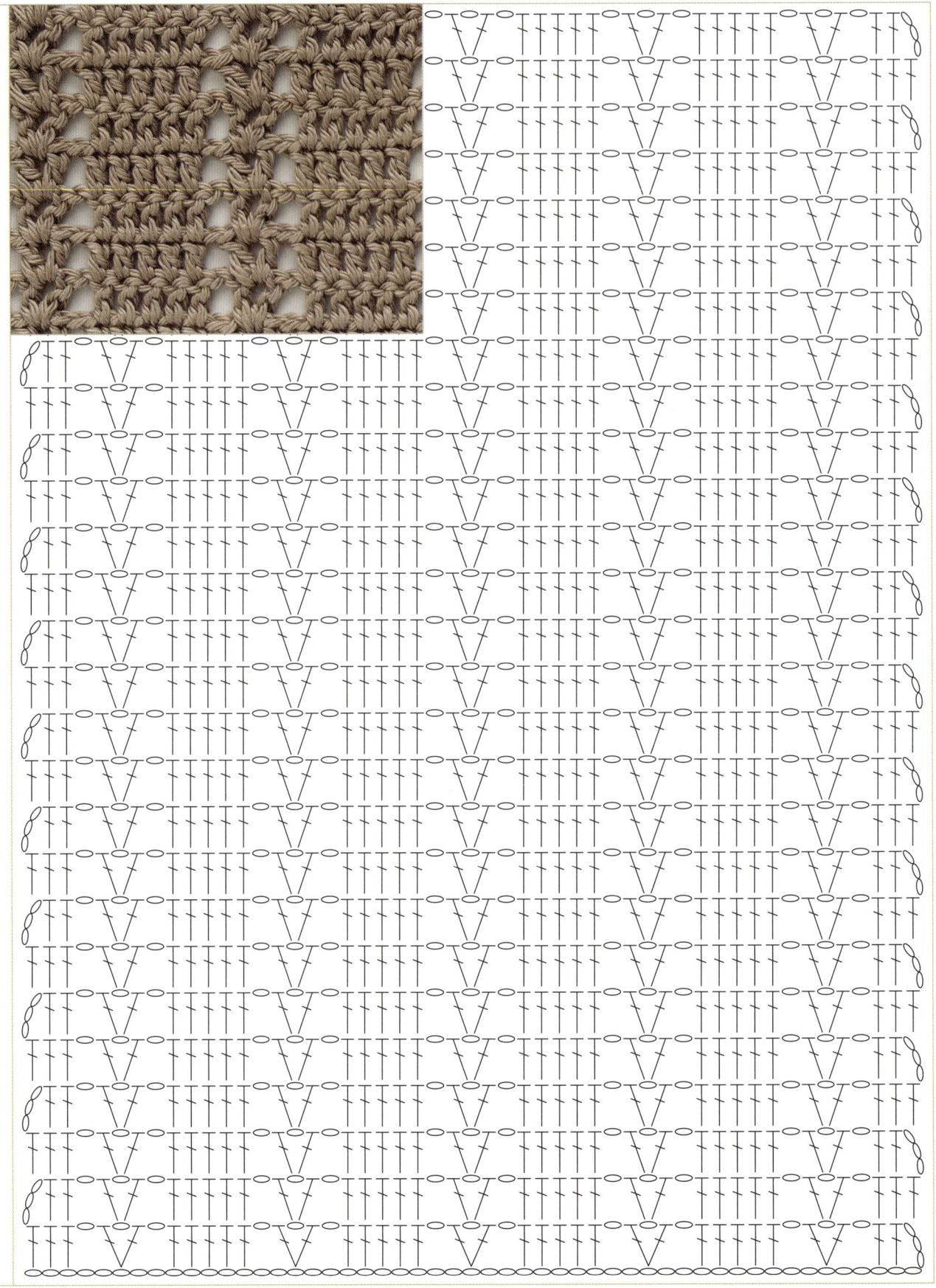

1무늬=10코X1단

06
코바늘 패턴

1무늬=4코X2단

07

코바늘 패턴

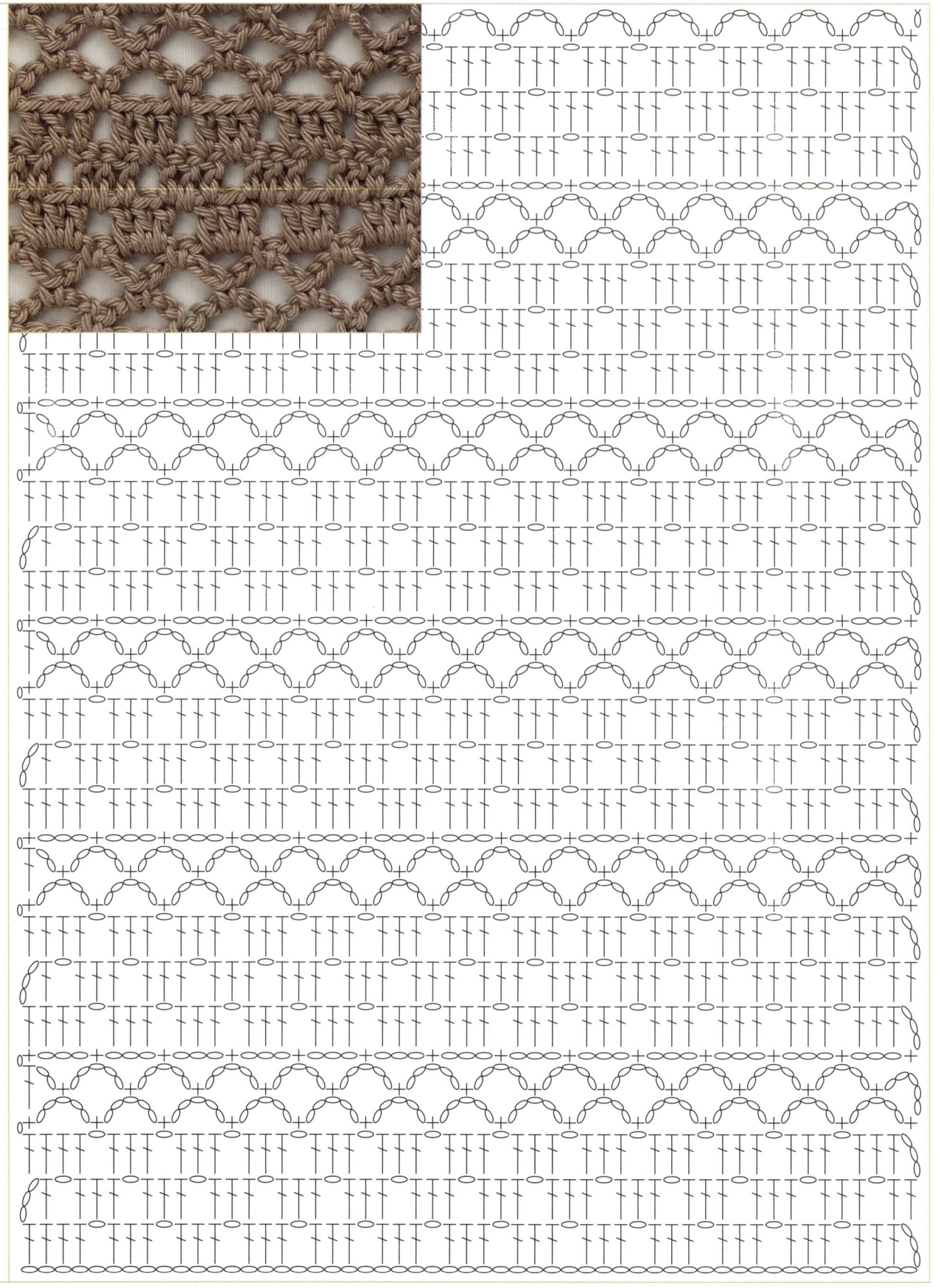

1무늬=4코X6단

08
코바늘 패턴

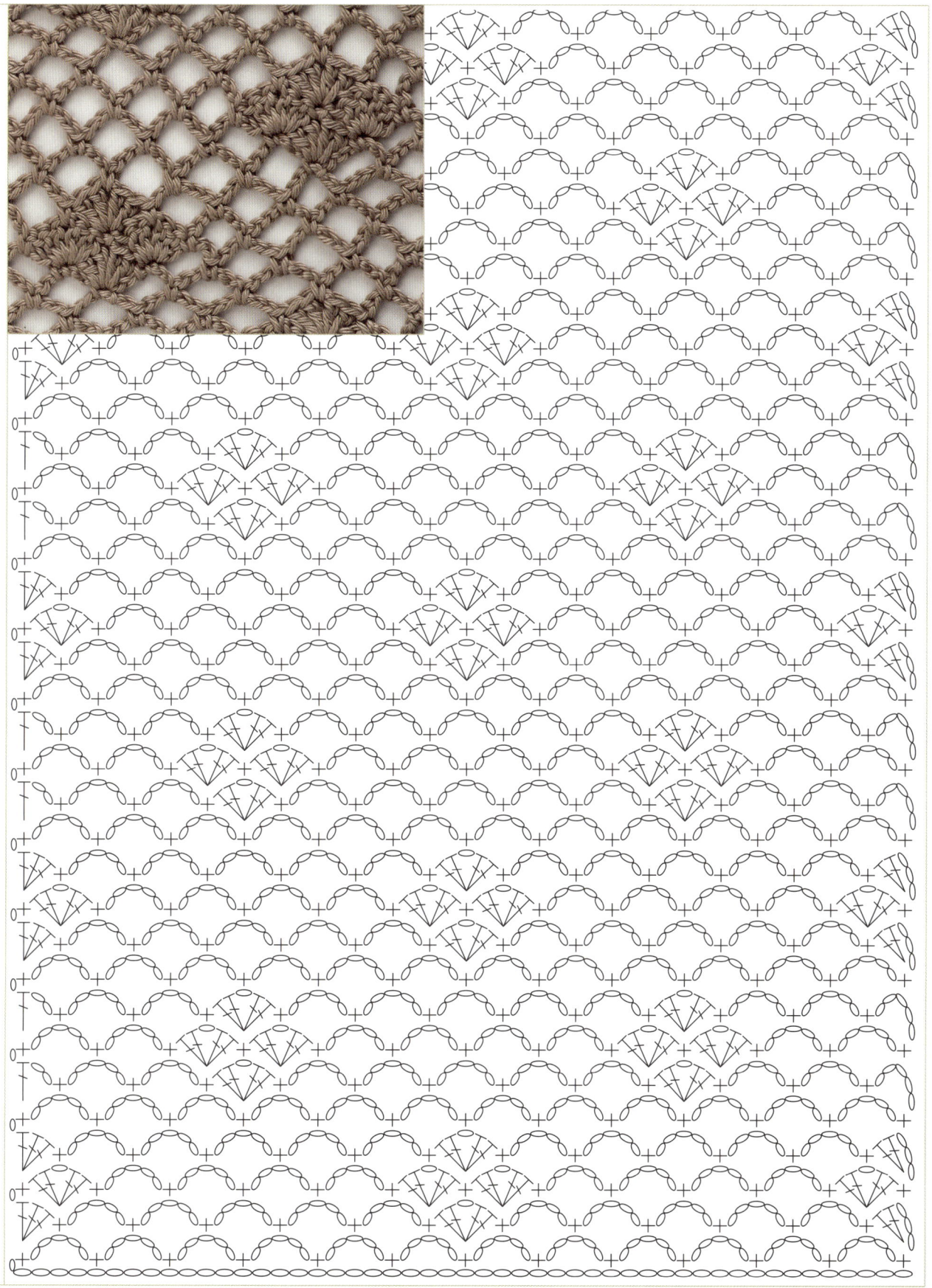

1무늬=24코×8단

09
코바늘 패턴

1무늬=8코X8단

10
코바늘 패턴

1무늬=8코×2단

11
코바늘 패턴

1무늬=6코X2단

12
코바늘 패턴

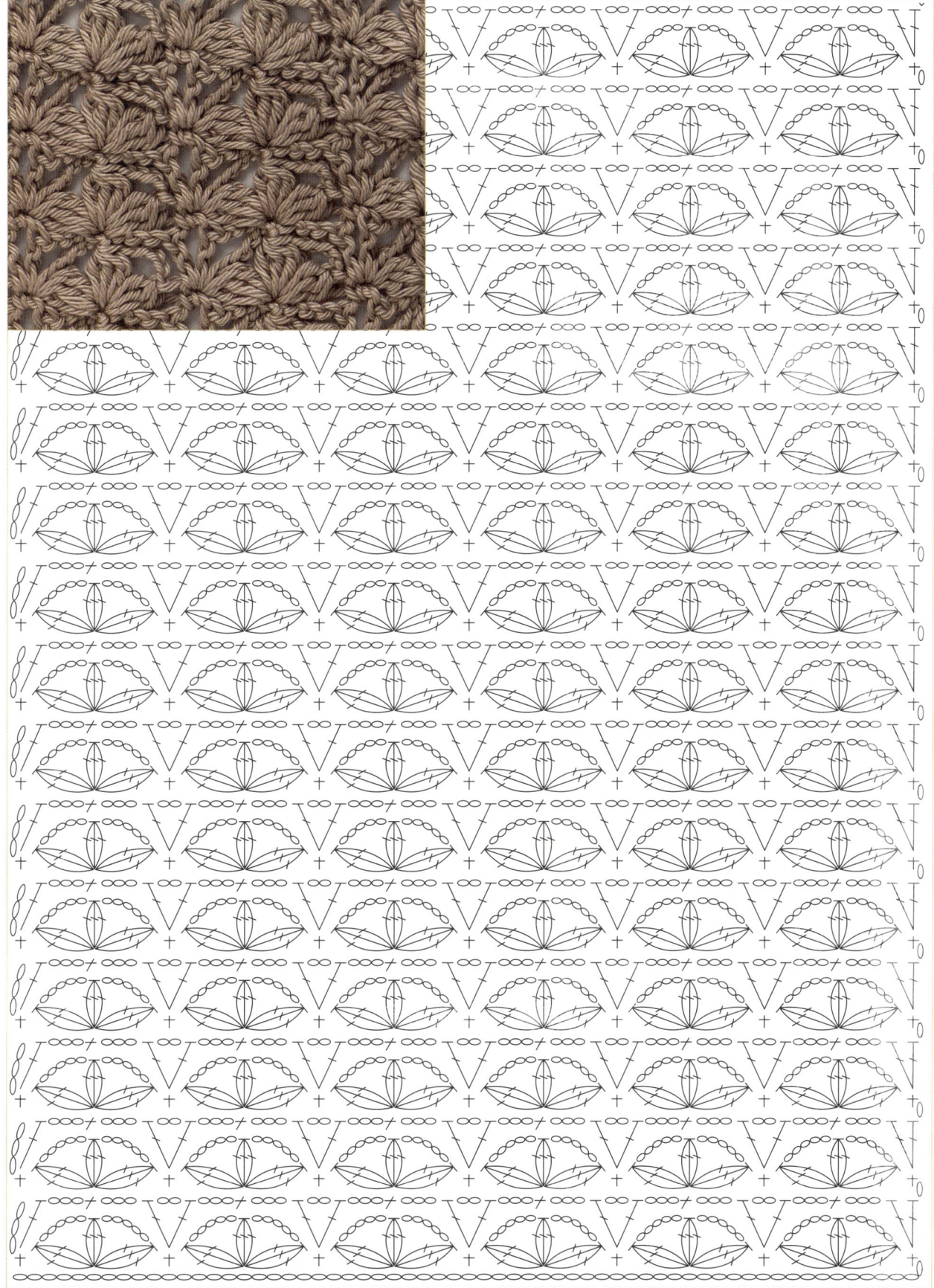

1무늬=10코X2단

13
코바늘 패턴

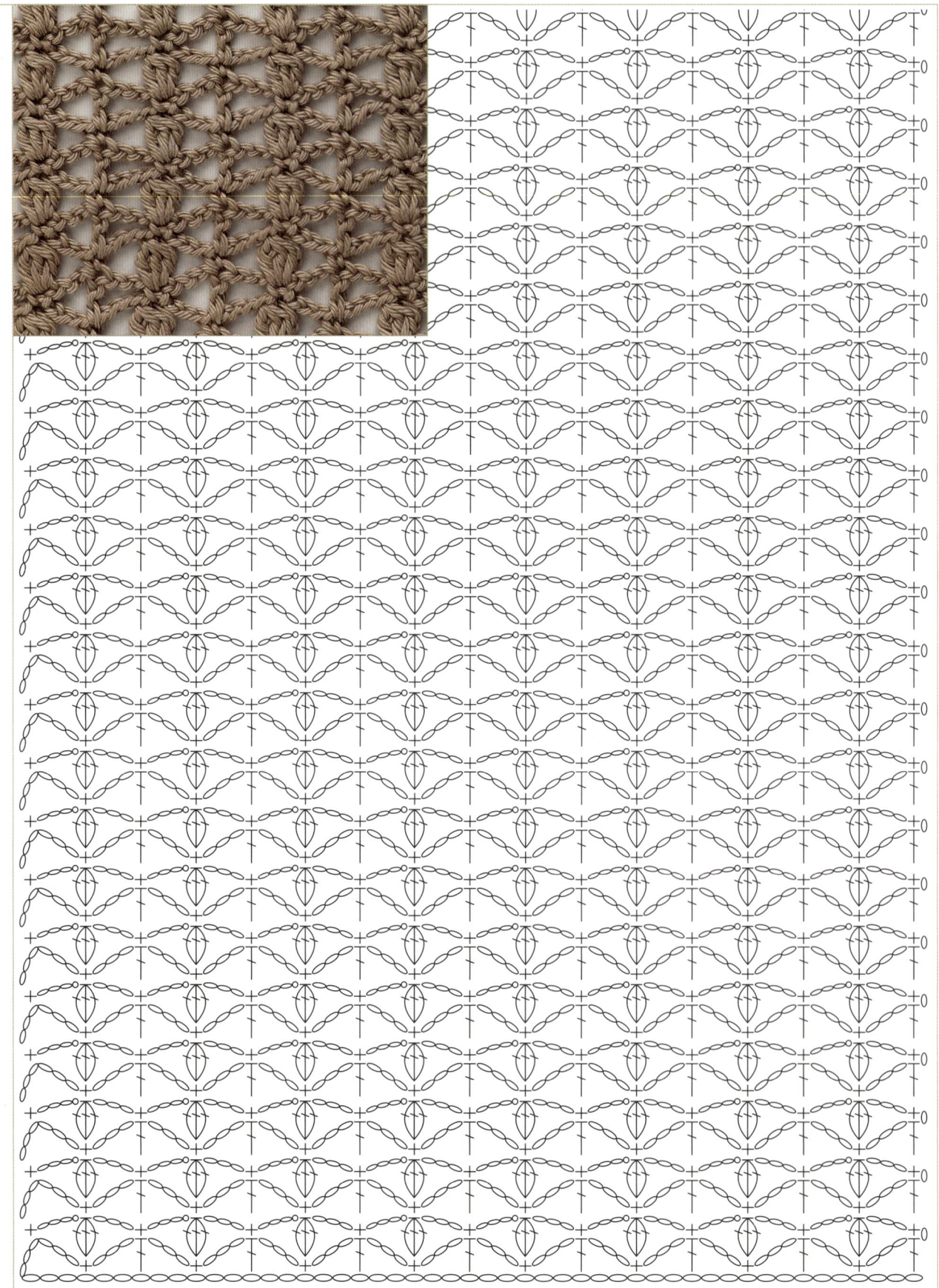

1무늬=6코X2단

14
코바늘 패턴

1무늬=6코X2단

15

코바늘
패턴

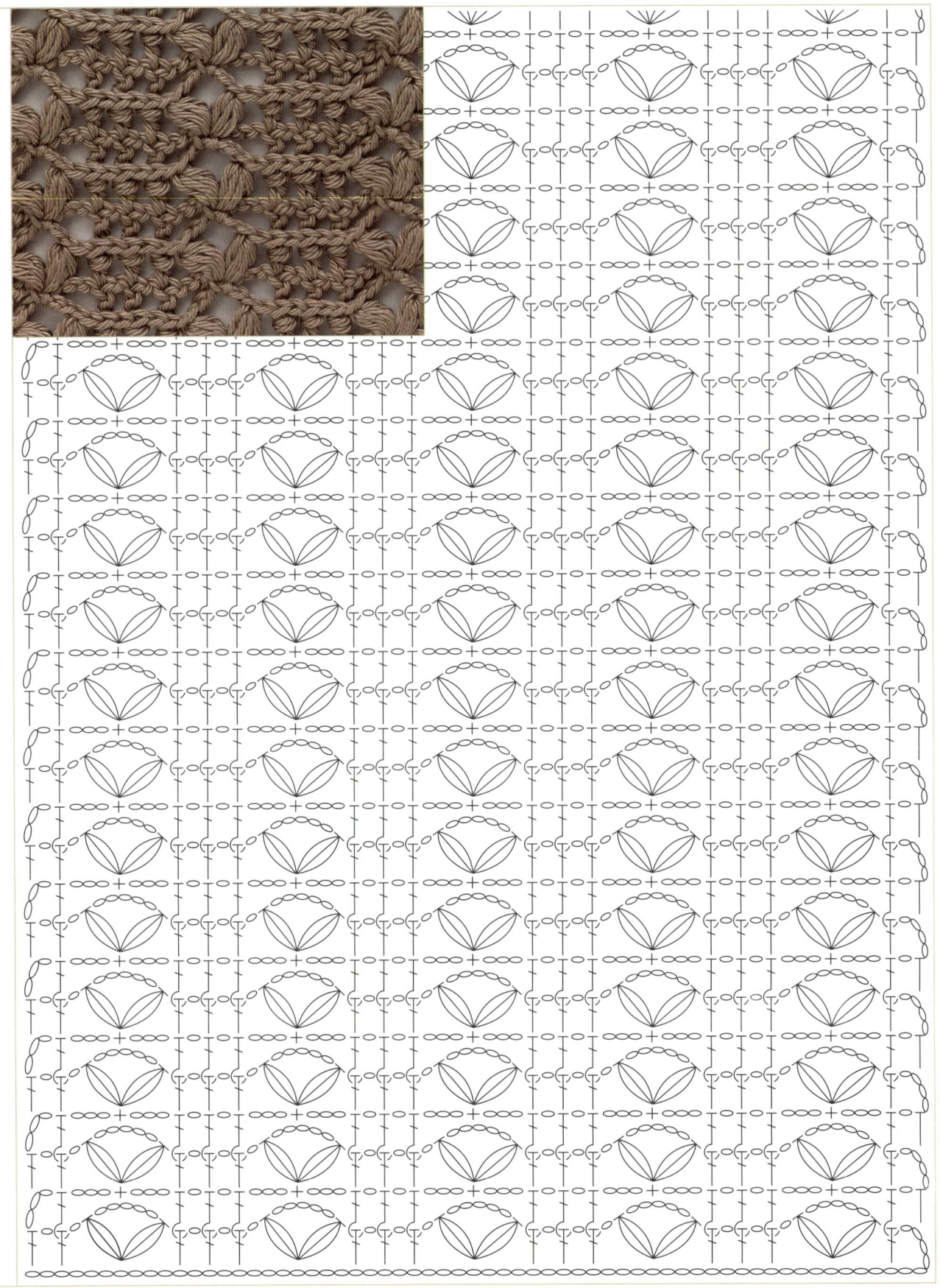

1무늬=12코X2단

16

코바늘 패턴

1무늬=8코X8단

17

코바늘 패턴

1무늬=16코X6단

18
코바늘 패턴

1무늬=18코 X 8단

19
코바늘 패턴

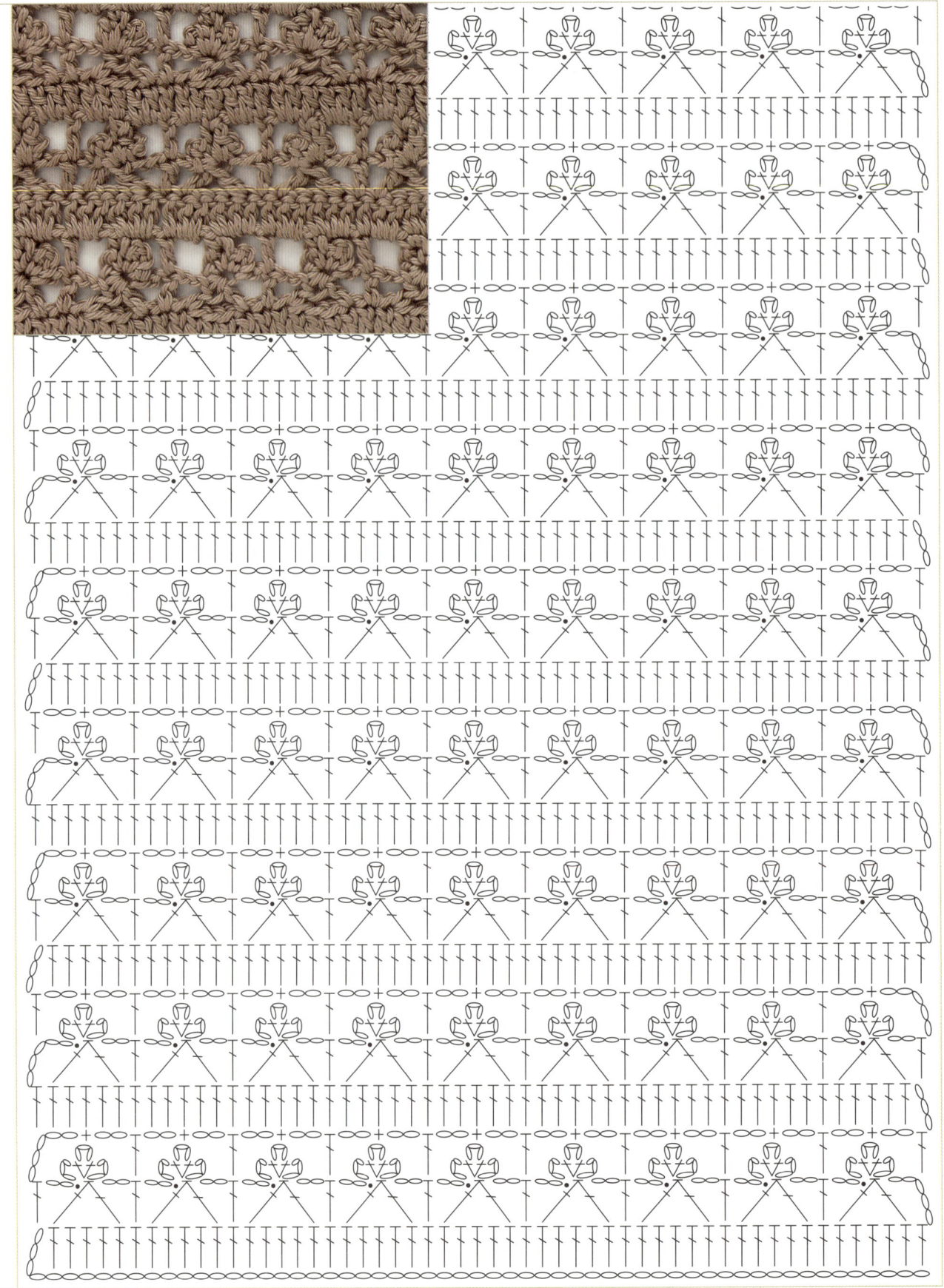

1무늬=6코×6단

20
코바늘
패턴

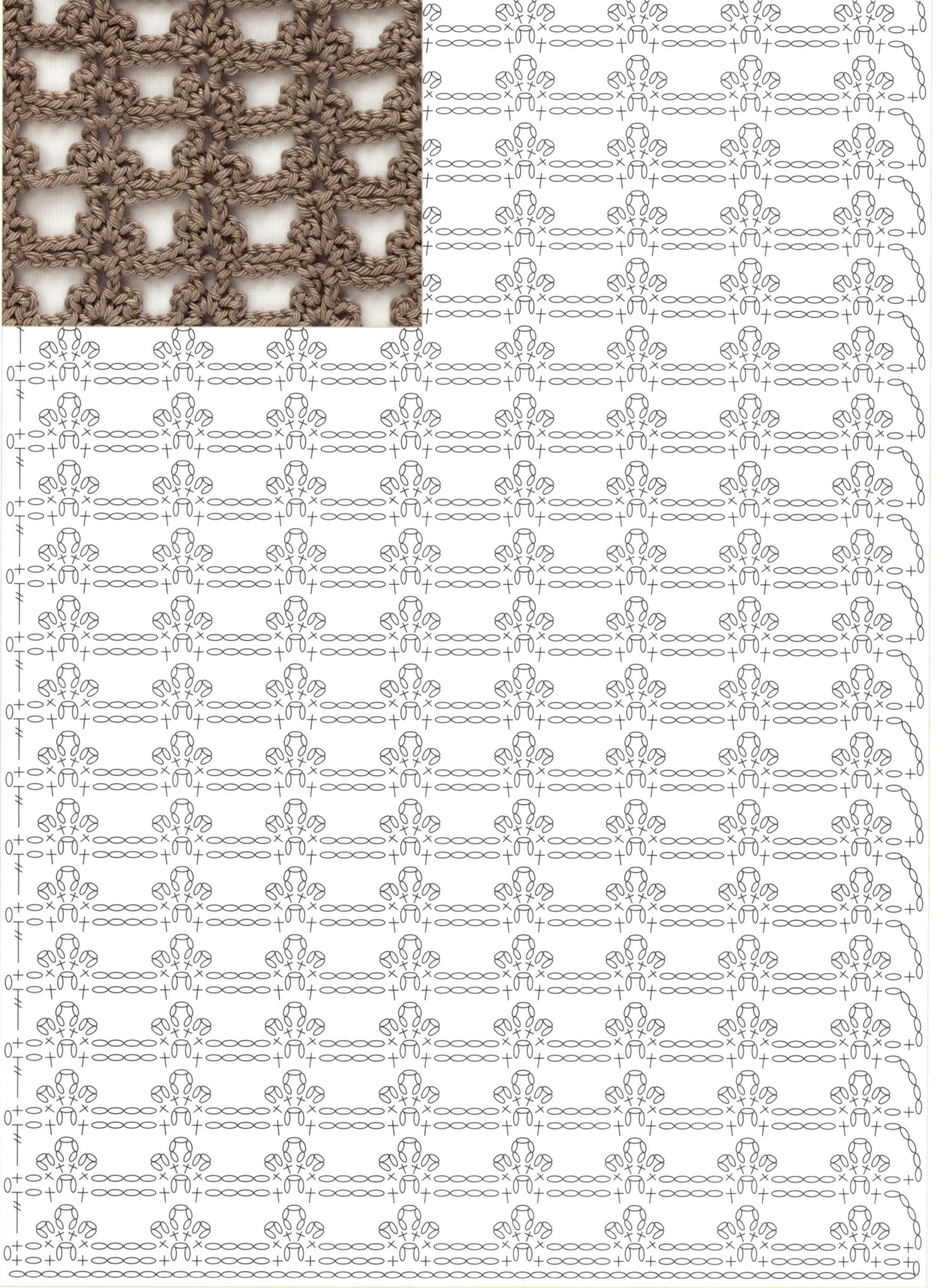

1무늬=7코X2단

21

코바늘
패턴

1무늬=22코×4단

22

코바늘 패턴

1무늬=6코X2단

23

코바늘
패턴

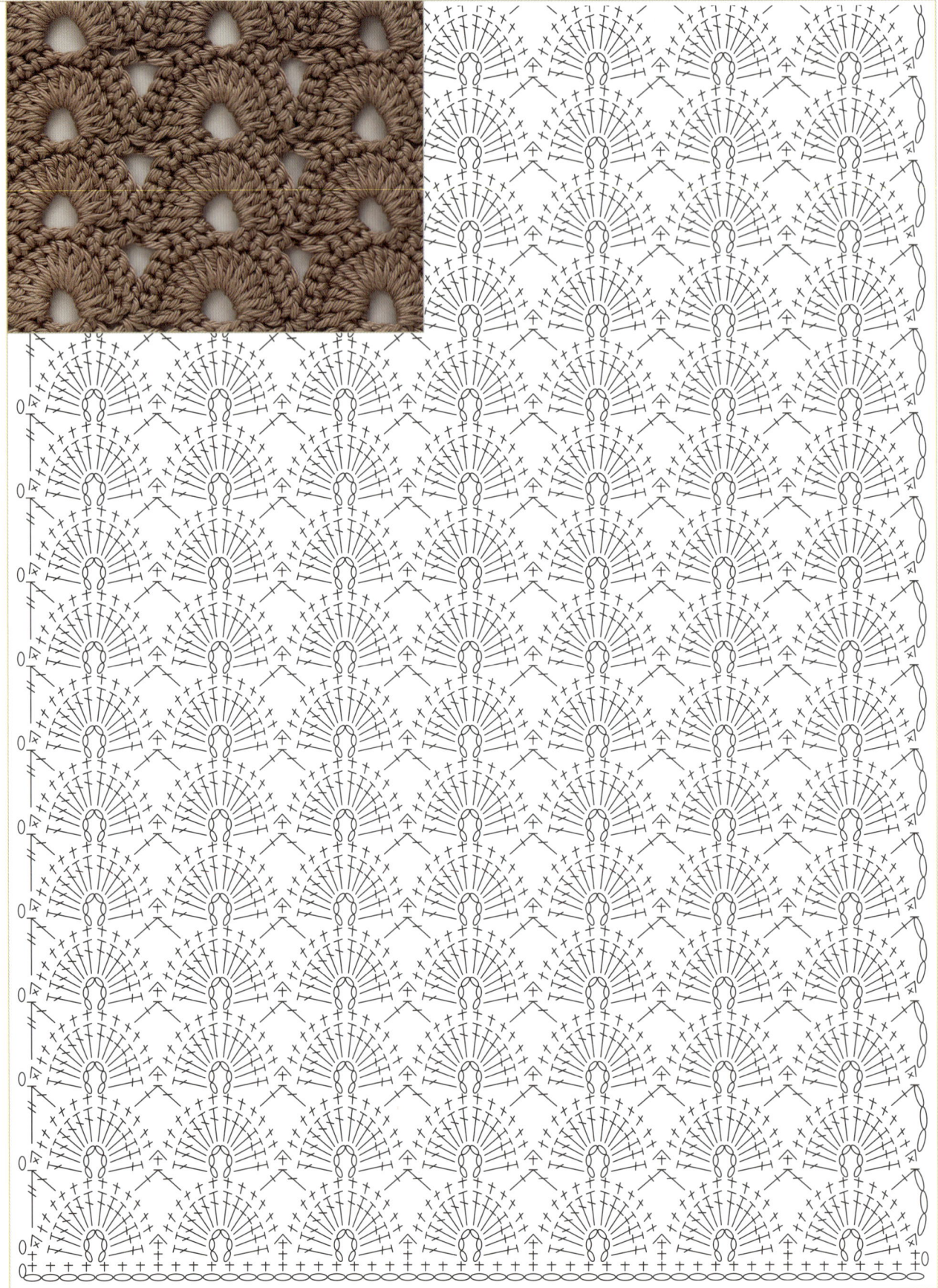

1무늬=7코X2단

24

코바늘 패턴

1무늬=10코X6단

25

코바늘 패턴

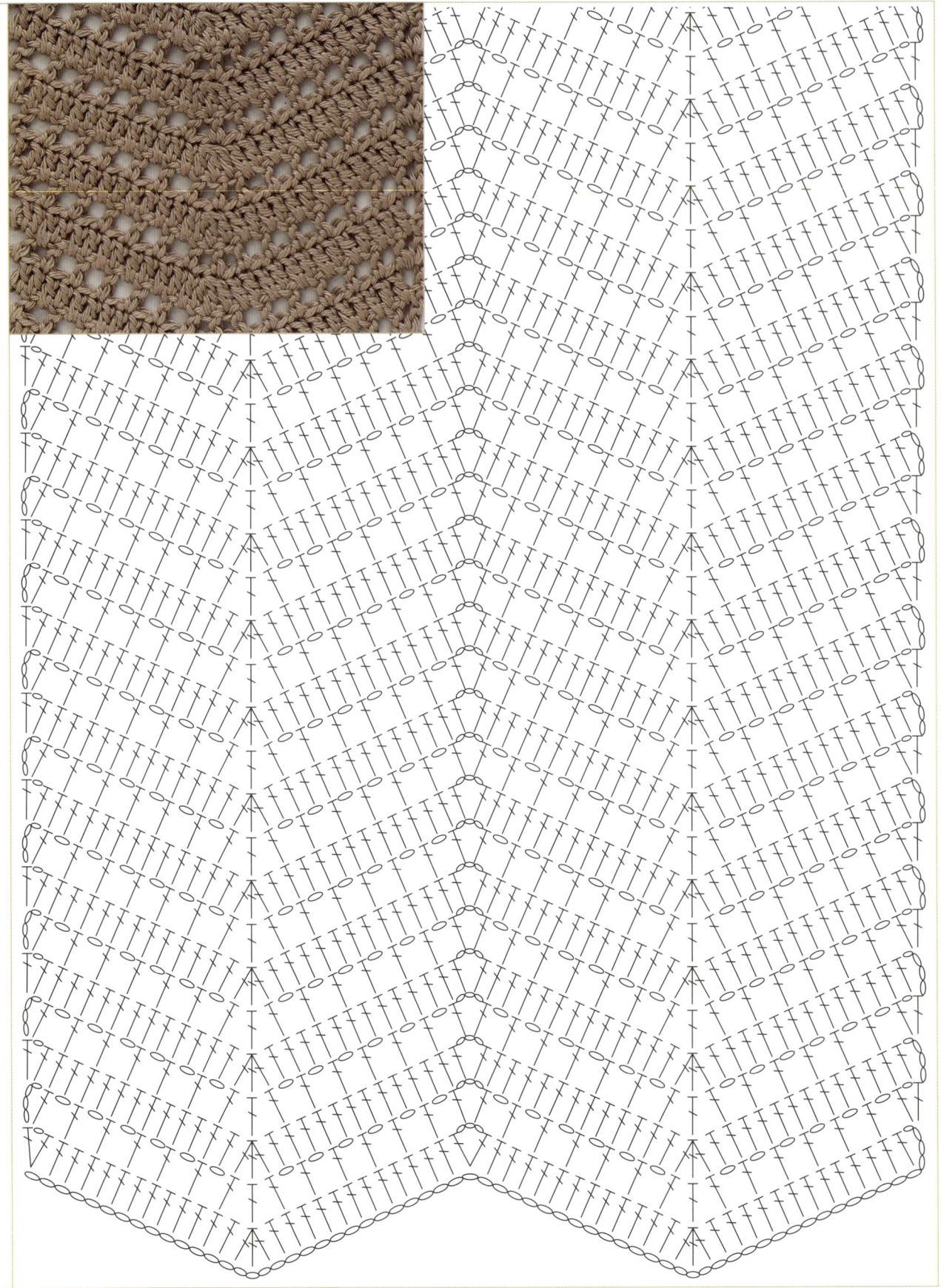

1무늬=30코X2단

26

코바늘 패턴

1무늬=16코X4단

27

코바늘 패턴

1무늬=46코x6단

28
코바늘 패턴

1무늬=43코×14단

29

코바늘 패턴

1무늬=29코X22단

30

코바늘
패턴

1무늬=20코×12단

APPLICATION 2 한국 사람이 즐겨 쓰는 모티브

◁ 실을 연결한다　◀ 실을 자른다

01 작은 모티브

1개 크기 : 지름 5.5cm

02
작은 모티브

1개 크기 : 가로 × 세로 = 5.5㎝ × 5.5㎝

03
작은 모티브

1개 크기 : 지름 8cm

04
작은 모티브

1개 크기 : 가로 8cm, 세로 8cm

05
작은 모티브

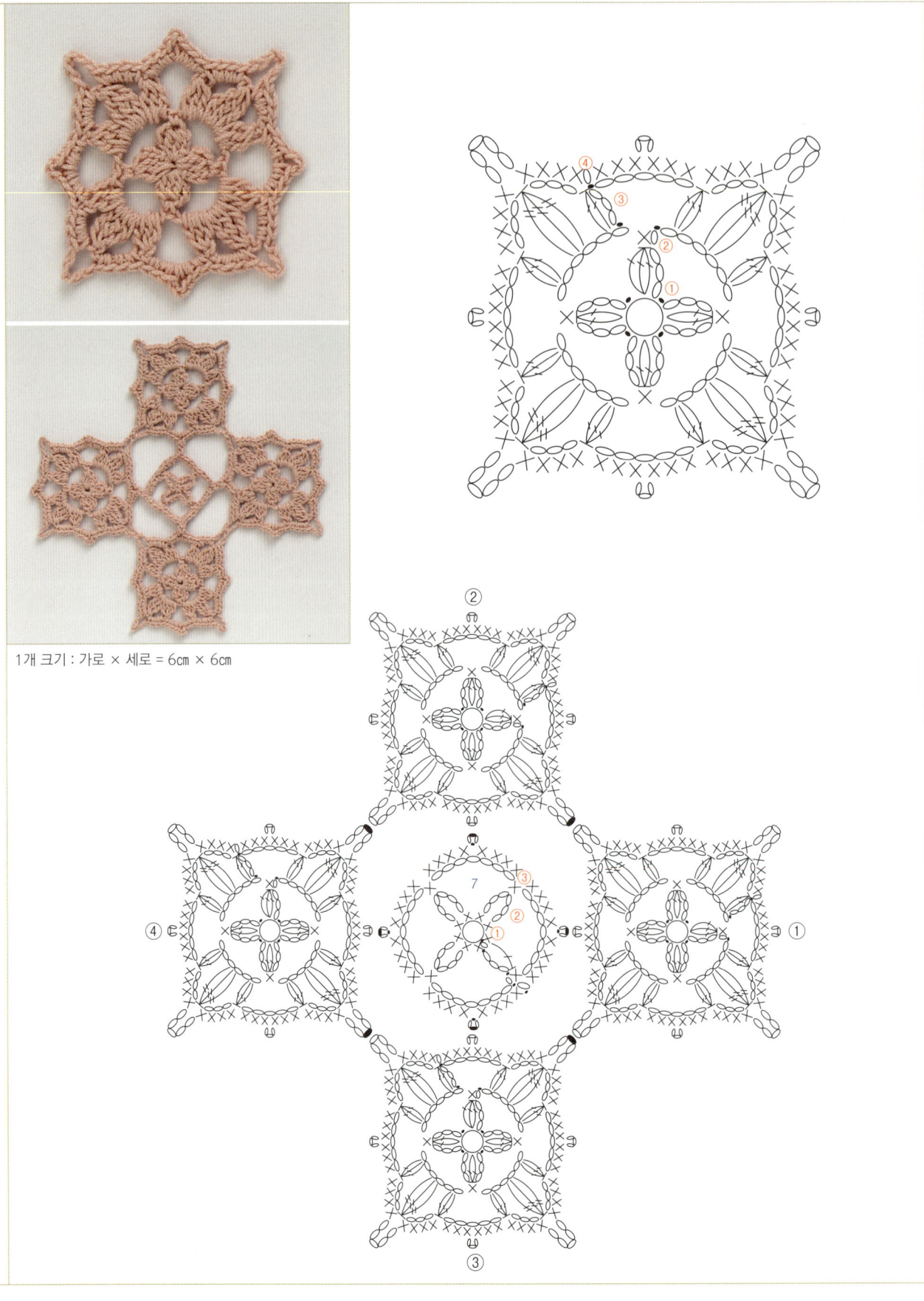

1개 크기 : 가로 × 세로 = 6cm × 6cm

06
작은 모티브

1개 크기 : 가로 × 세로 = 6.5cm × 6.5cm

07
작은 모티브

1개 크기 : 가로 × 세로 = 6.5㎝ × 6.5㎝

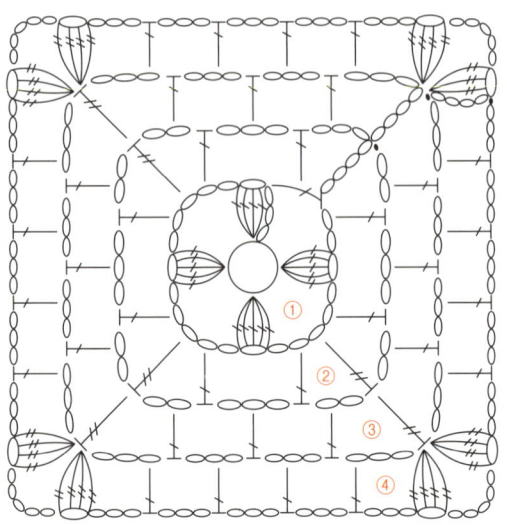

08
작은 모티브

1개 크기 : 가로 × 세로 = 8㎝ × 8㎝

09
작은 모티브

1개 크기 : 가로 × 세로 = 7cm × 7cm

10
작은 모티브

1개 크기 : 가로 6cm, 세로 6cm

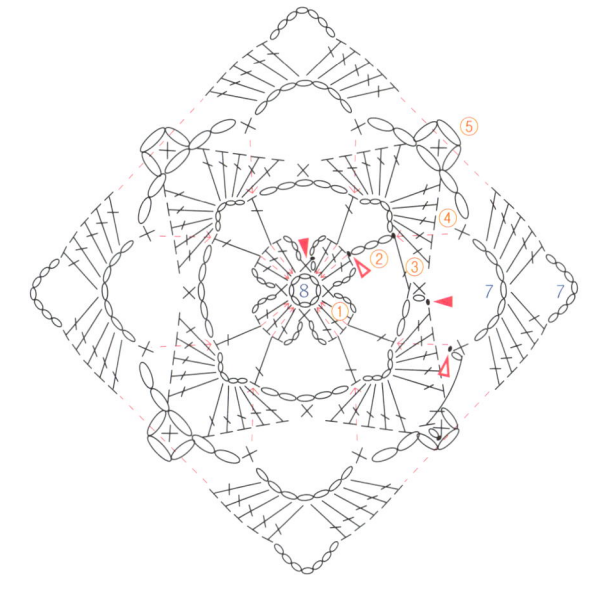

01
큰 모티브

지름 20cm

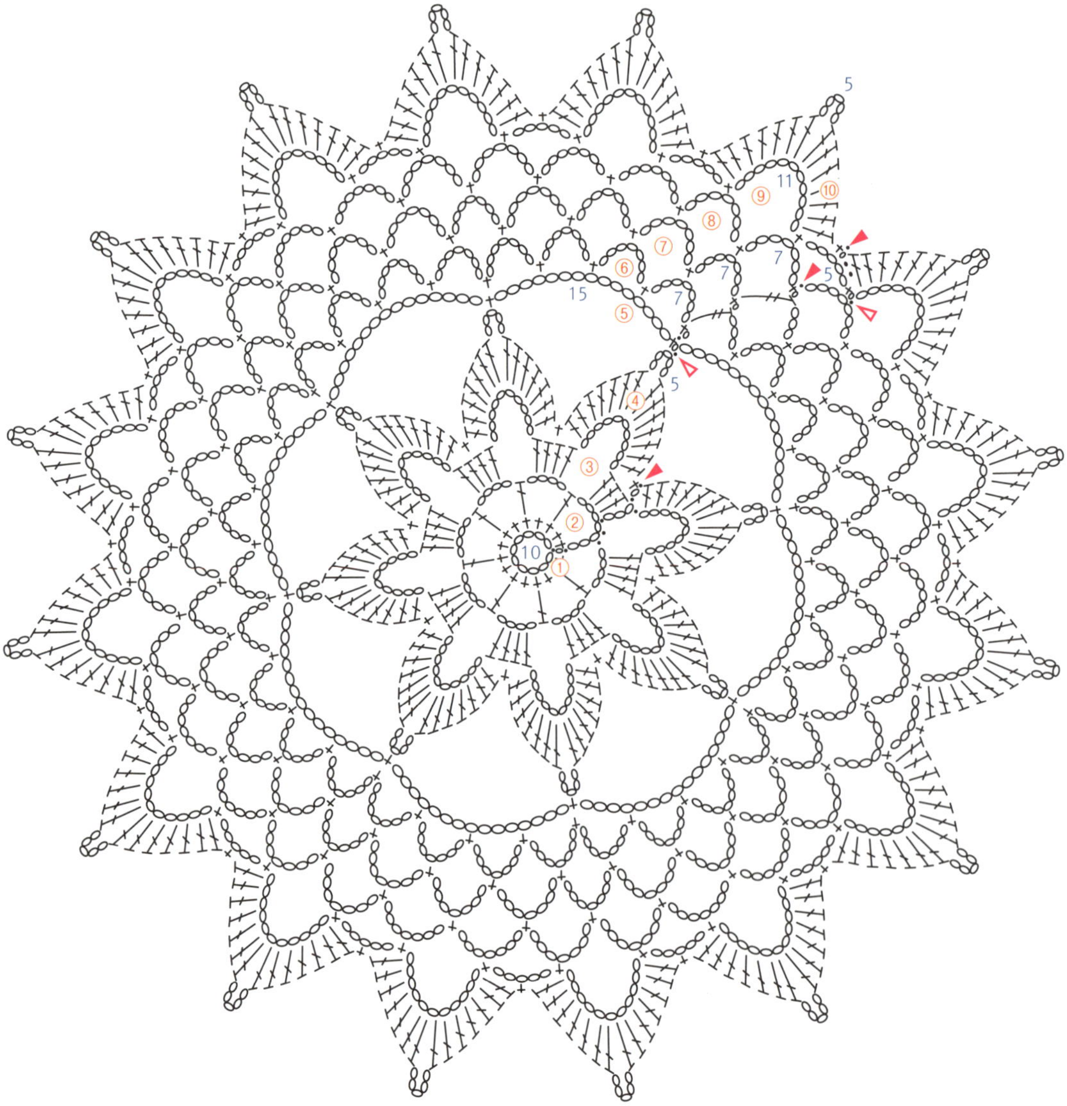

※ 가운데 모티브는 본체의 4단까지 뜬다.

02
큰 모티브

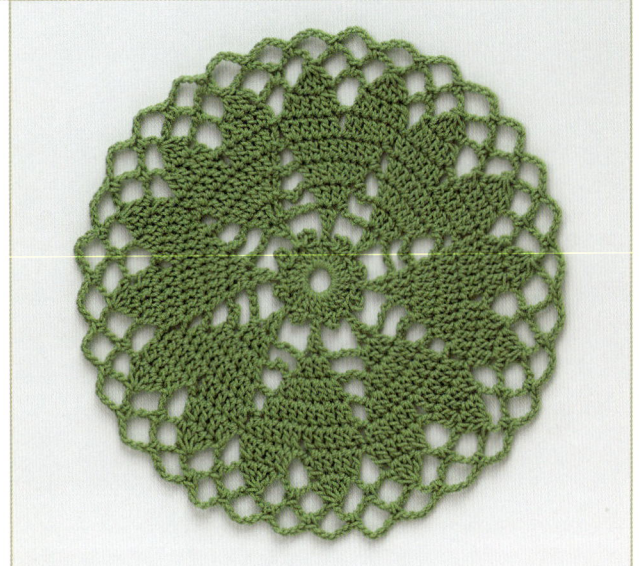

지름 16cm

03
큰 모티브

지름 12cm

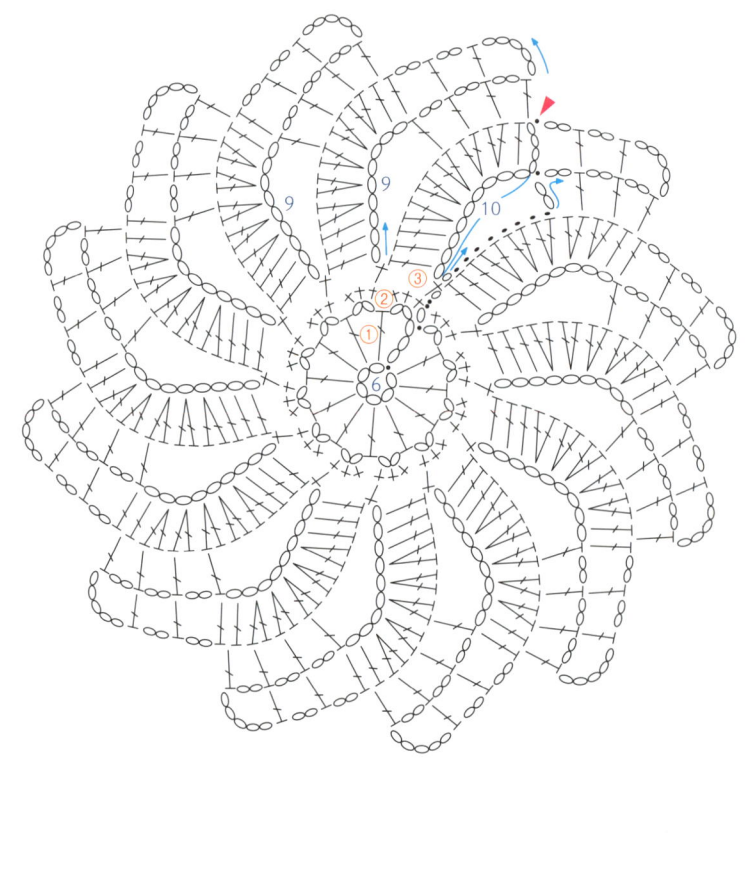

04
큰 모티브

지름 16cm

05
큰 모티브

가로 × 세로 = 18cm × 18cm

06
큰 모티브

지름 11cm

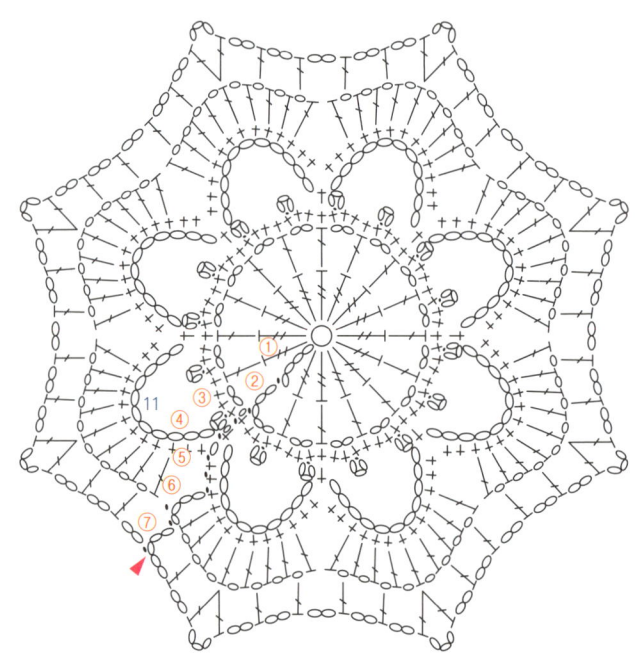

07
큰 모티브

가로 × 세로 = 13cm × 13cm

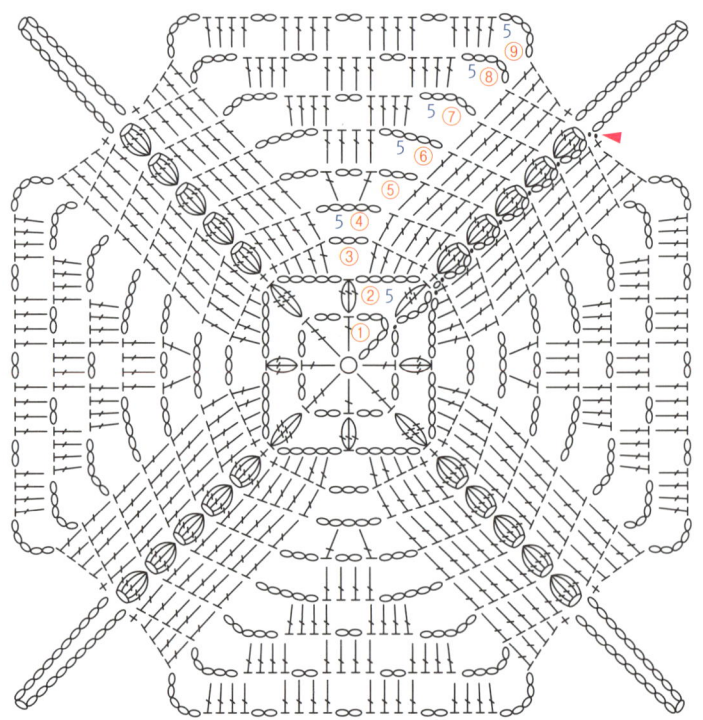

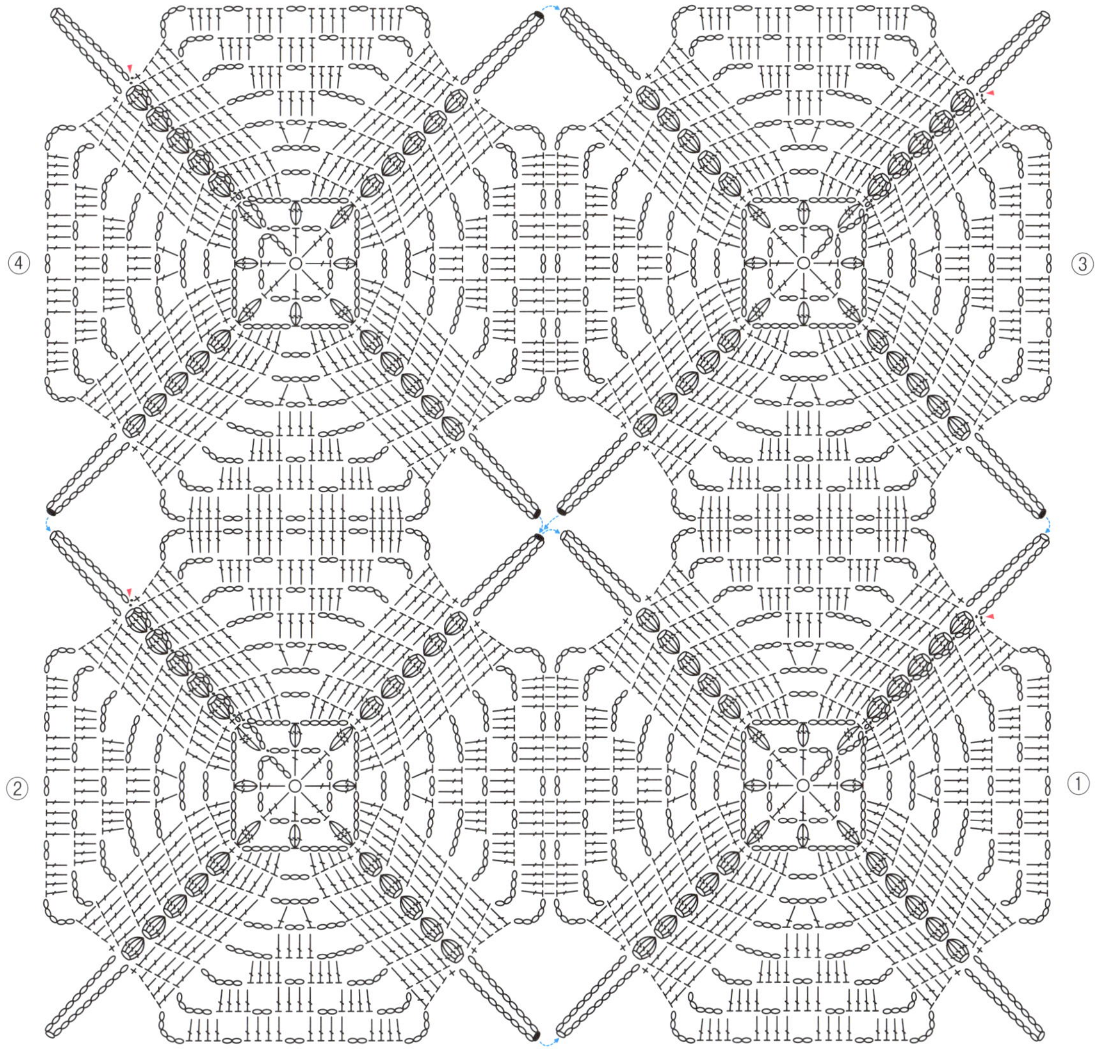

08
큰 모티브

가로 × 세로 = 15cm × 15cm

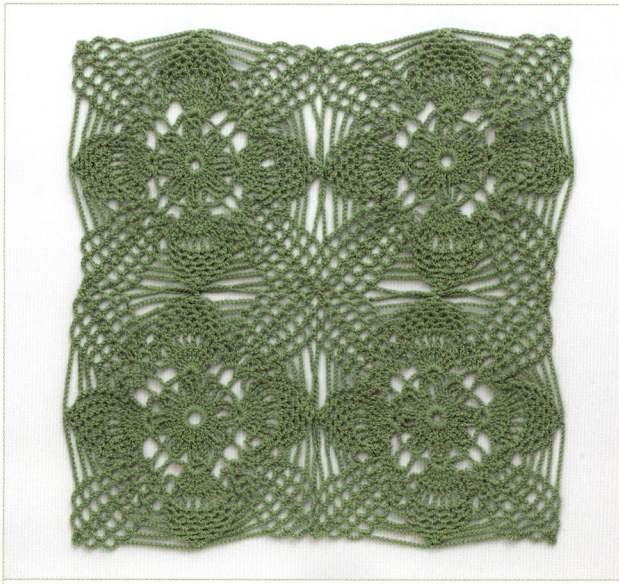

09
큰 모티브

가로 × 세로 = 17㎝ × 17㎝

10
큰 모티브

가로 × 세로 = 17㎝ × 17㎝

APPLICATION 3

한국 사람이 즐겨 쓰는 코사지와 모양

● 시작 사슬코   ◁ 시작 또는 실을 새로 연결하는 위치   ◀ 끝난 위치 또는 실을 자르는 위치

01 꽃

①②단 : 연한 핑크색
③단 : 핑크색
④단 : 진한 핑크색

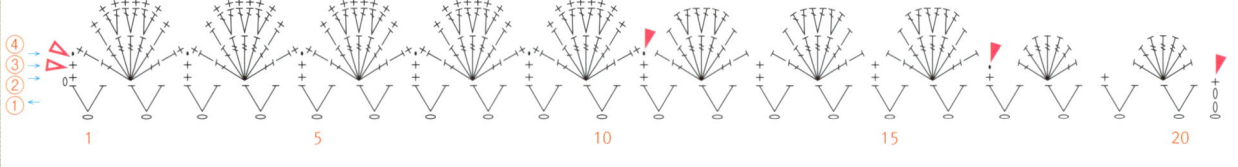

02 꽃

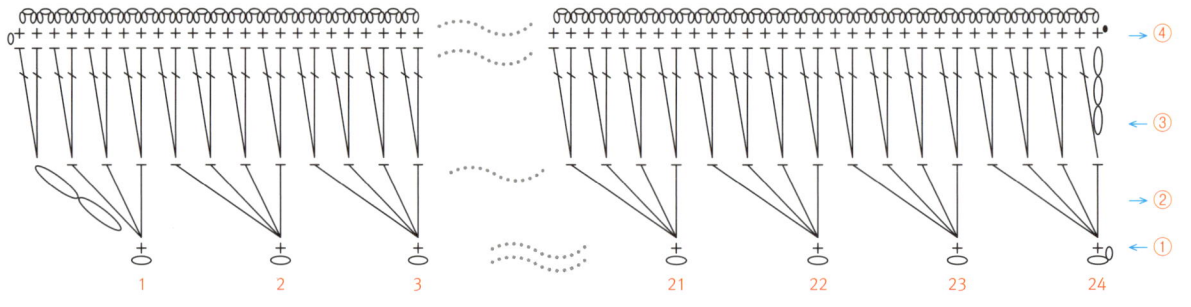

03
꽃

▶ PART1 - ⑥ 코사지 뜨기 1
- 실 감아 둥근 코 만들기

①단 : 기둥코인 사슬1코 → 짧은뜨기 10코
②단 : [①단의 짧은뜨기에 앞걸어 빼뜨기 → 사슬뜨기 6코 → 빼뜨기 5코] 10회
③단 : [①단의 짧은뜨기 머리 앞부분에 빼뜨기 → 사슬뜨기 6코 → 빼뜨기 5코] 10회
④단 : [①단의 짧은뜨기 머리 뒷부분에 빼뜨기 → 사슬뜨기 6코 → 빼뜨기 5코] 10회

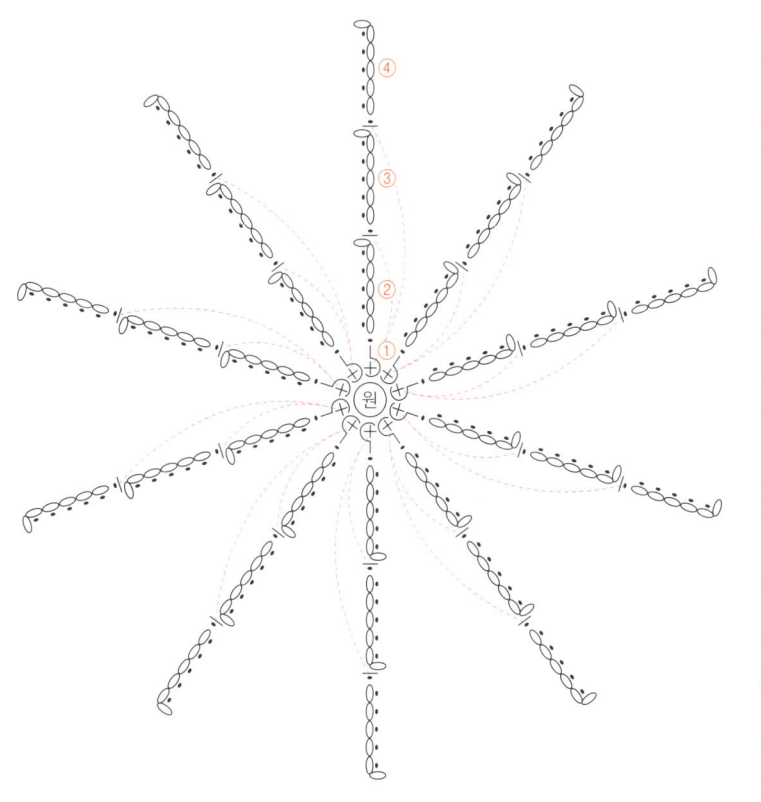

04
꽃

⑦단의 마지막 빼뜨기를 할 때 연노랑색 실로 바꾸어 ⑧단을 뜬다.
⑧단이 끝난 다음 코에 진노랑색 실을 연결하여 ⑨단을 뜬다.

 =

05
꽃

06
꽃

07
꽃

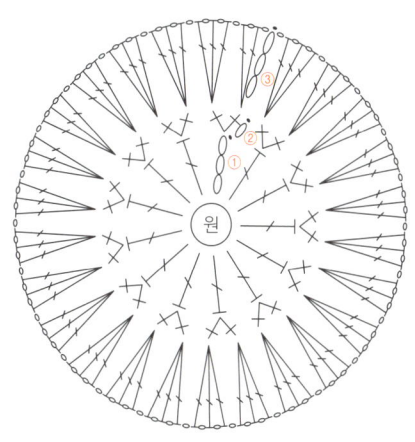

08
꽃

③단 : ②단의 짧은뜨기 머리 앞쪽에 이랑뜨기로 뜬다.
④단 : ②단의 짧은뜨기 머리 뒤쪽에 이랑뜨기로 뜬다.

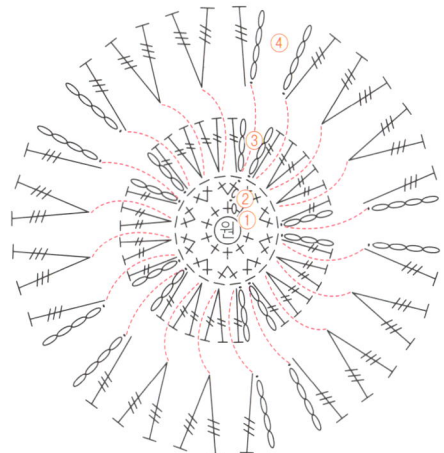

09 꽃

▶ PART1 – ⑦ 코사지 뜨기 2

■ 실 감아 둥근 코 만들기

①단 : 기둥코인 사슬 3코 ⋯ 1길긴뜨기 7코 ⋯ 기둥코에 빼뜨기

②단 : 기둥코인 사슬 1코 ⋯ [짧은뜨기 ⋯ 다음 1길긴뜨기에 빼뜨기 ⋯ 사슬 3코 ⋯ 1길긴뜨기3코 팝콘뜨기 ⋯ 사슬 3코 ⋯ 같은 코에 빼뜨기] 4회 ⋯ 1번째 짧은뜨기에 빼뜨기

③단 : [사슬 10코 ⋯ 짧은뜨기 9코 ⋯ ②단의 팝콘뜨기를 앞으로 젖혀놓고 짧은뜨기에 빼뜨기] 4회

④단 : [③단의 사슬에 짧은뜨기 ⋯ 긴뜨기 ⋯ 1길긴뜨기 2코 ⋯ 2길긴뜨기 3코 ⋯ 1길긴뜨기 ⋯ 긴뜨기 ⋯ 사슬 2코 ⋯ 짧은뜨기 ⋯ 사슬 2코 ⋯ 긴뜨기 ⋯ 1길긴뜨기 ⋯ 2길긴뜨기 3코 ⋯ 1길긴뜨기 2코 ⋯ 긴뜨기 ⋯ 짧은뜨기] 4회 ⋯ ④단의 1번째 짧은뜨기에 빼뜨기

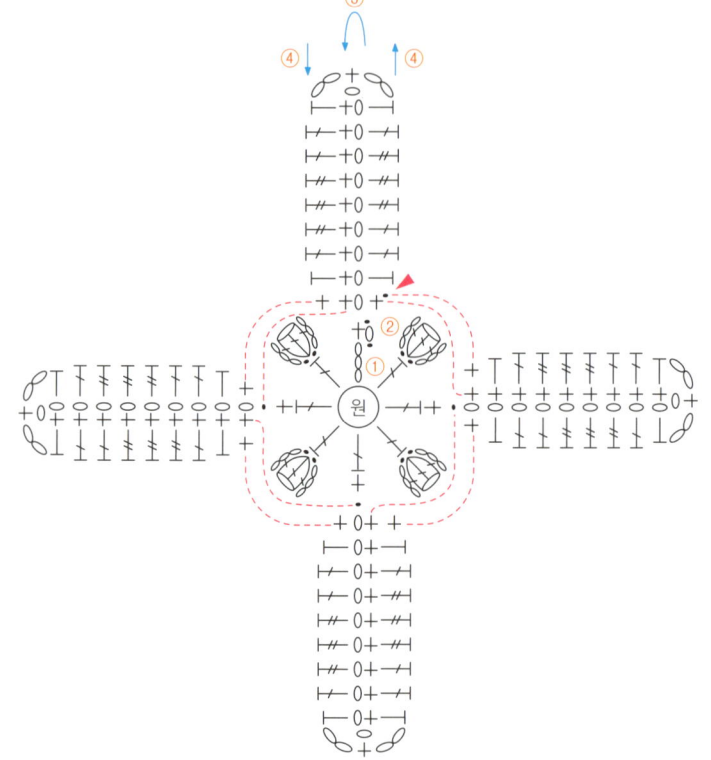

10 꽃

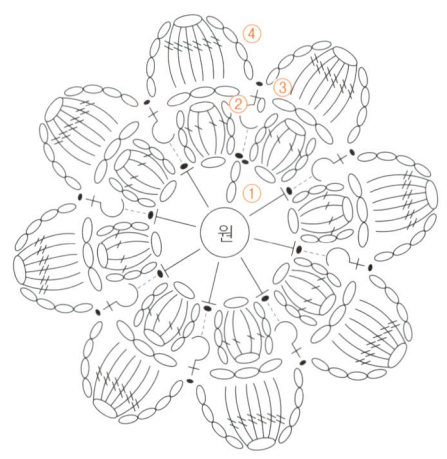

01
잎

사슬 7코 시작

02
잎

사슬 13코 시작

03
잎

사슬 4코 시작

04 잎

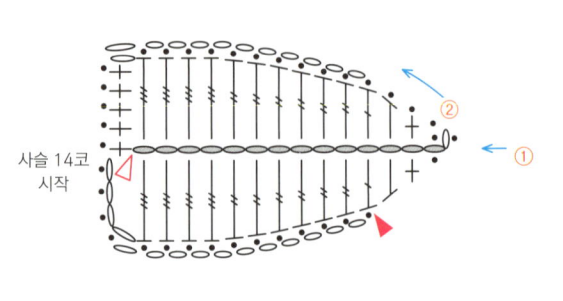

사슬 14코 시작

05 잎

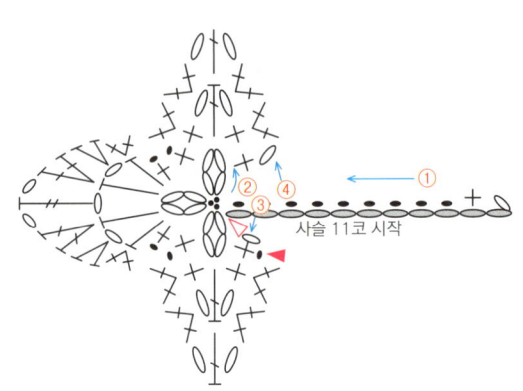

사슬 11코 시작

06 잎

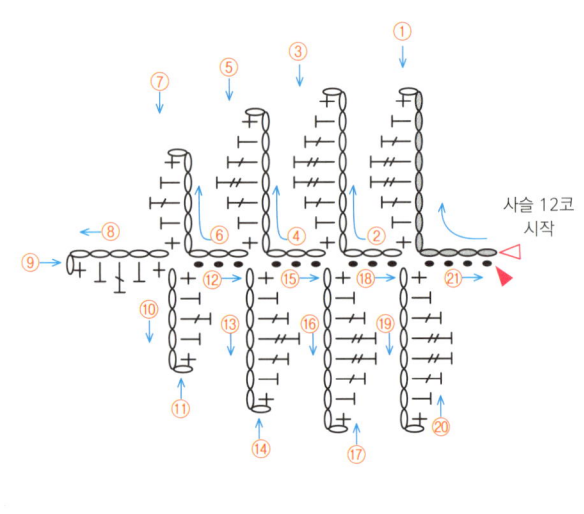

사슬 12코 시작

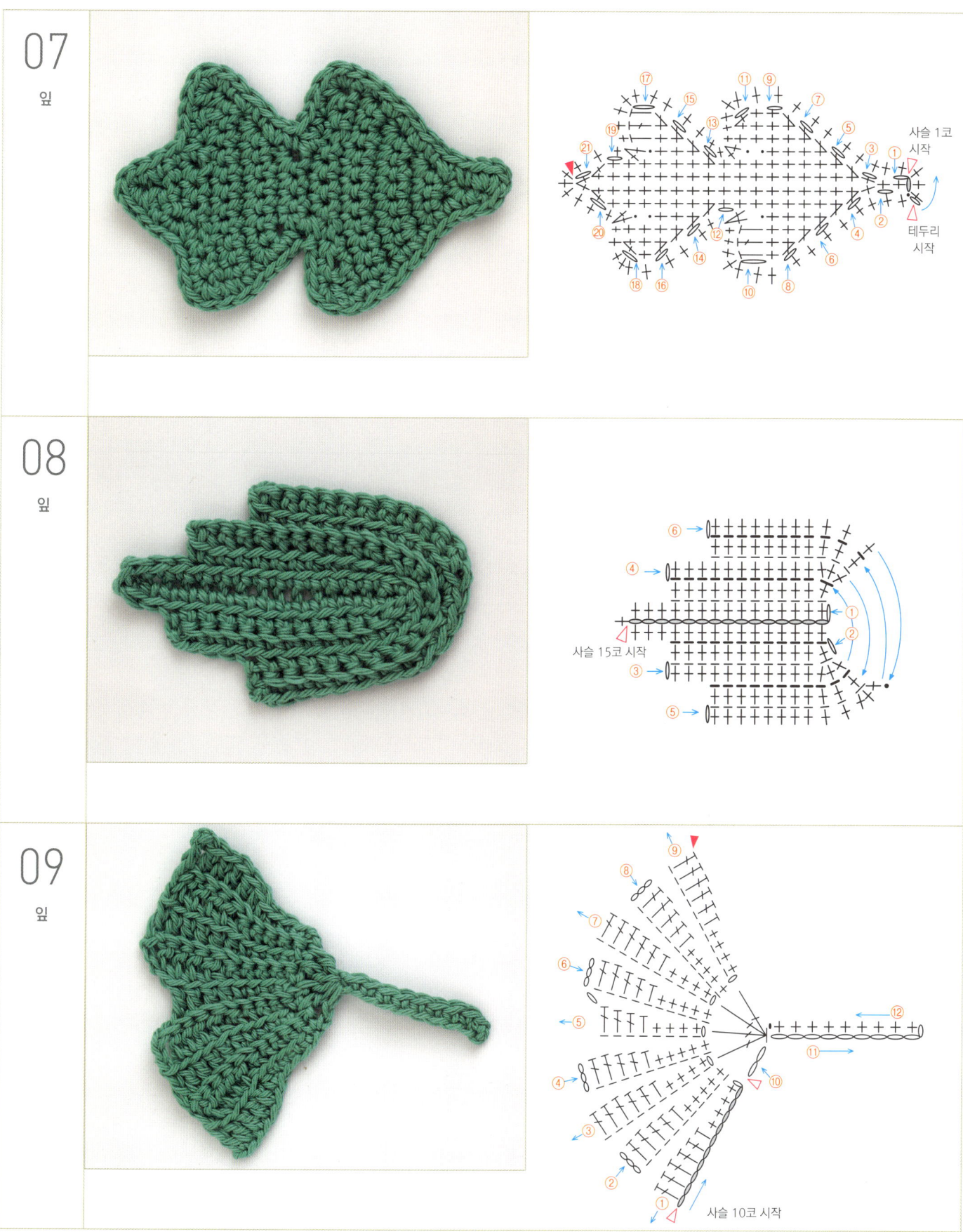

01 하트

02 하트

사슬 24코 시작

01 별

02 별

01 나비

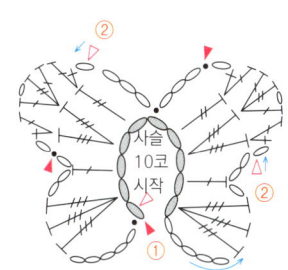

02 나비

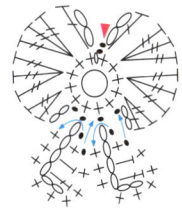

01 포도송이

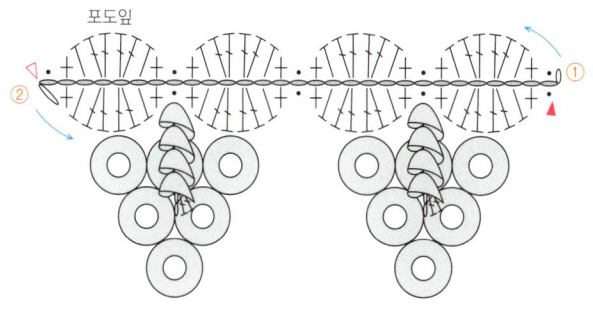

1. 실 감아 둥근 코를 만든 다음 짧은뜨기 12코를 뜨고 실을 잡아당긴다.
2. 가운데 중심원이 채워질 때까지 짧은뜨기를 반복해서 볼록한 모양의 포도송이를 만든다.
3. 돗바늘을 이용하여 포도송이들을 서로 연결시킨 다음 잎과 연결한다.

포도 넝쿨

포도알

APPLICATION 4 한국 사람이 즐겨 쓰는 마무리 장식

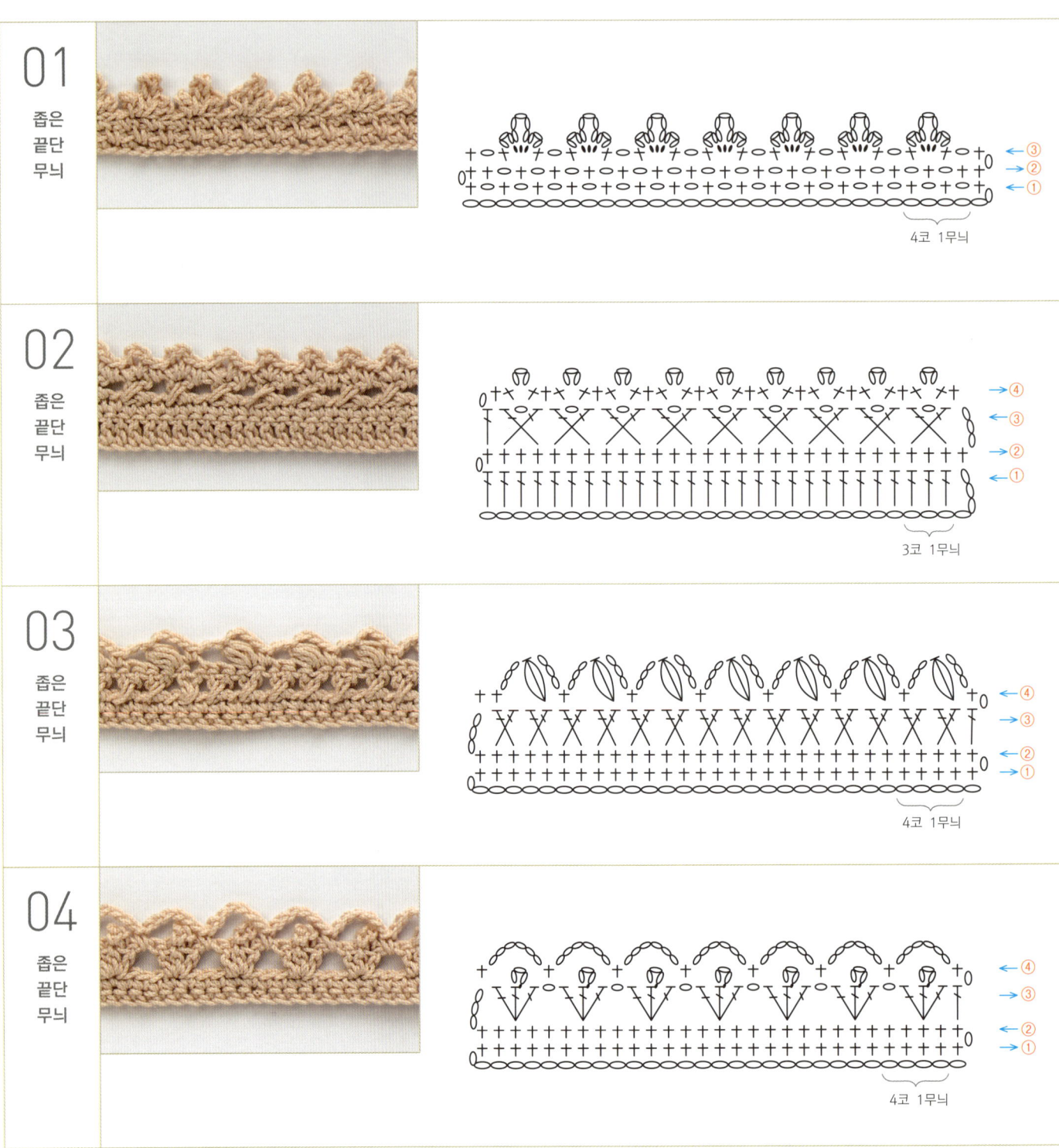

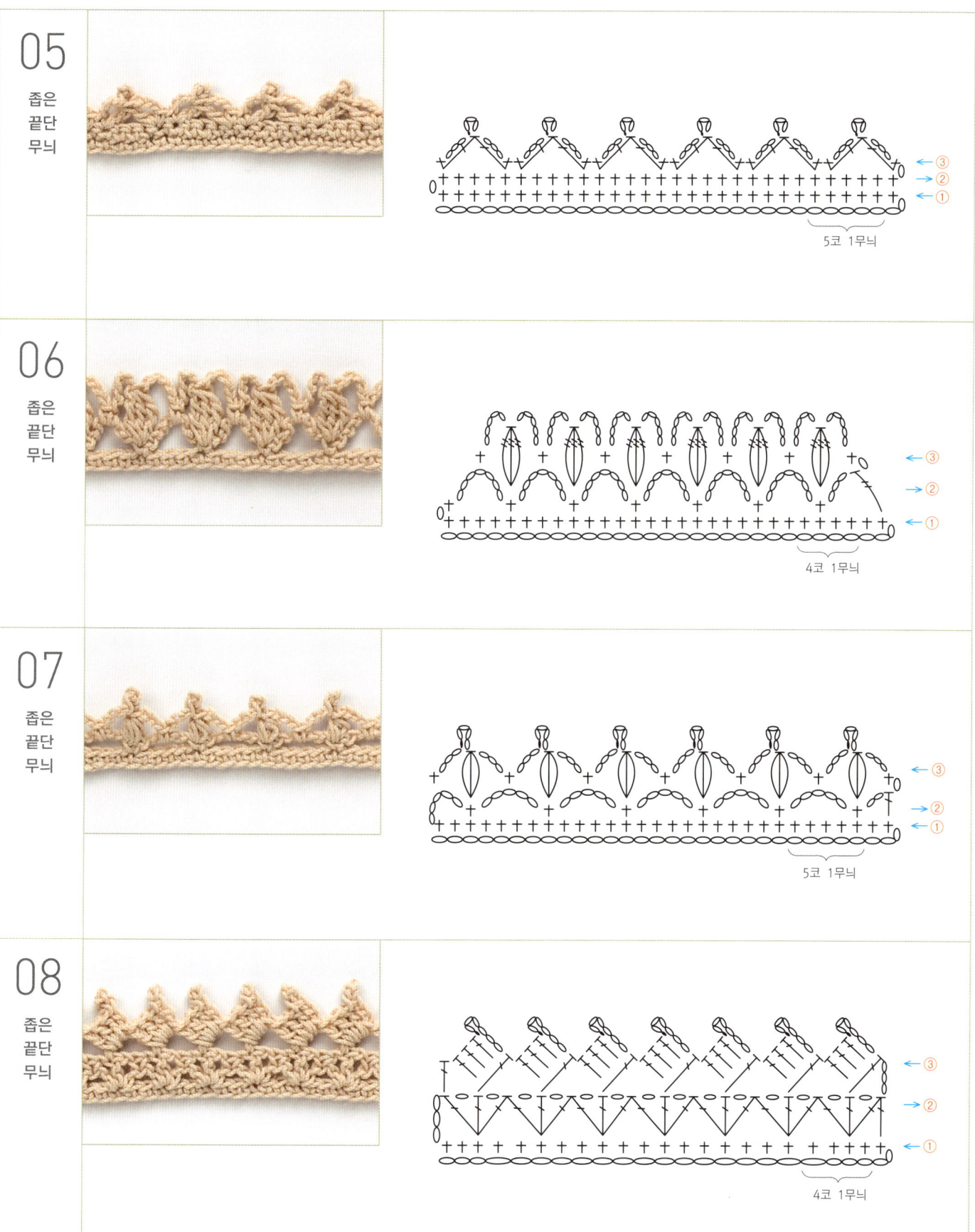

09 좁은 끝단 무늬

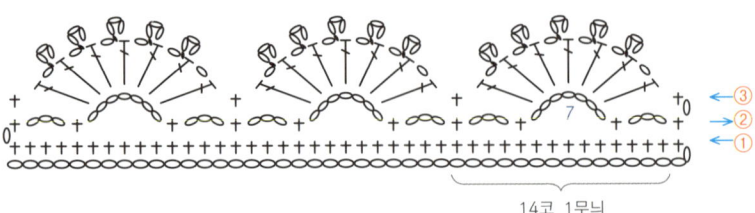

14코 1무늬

10 좁은 끝단 무늬

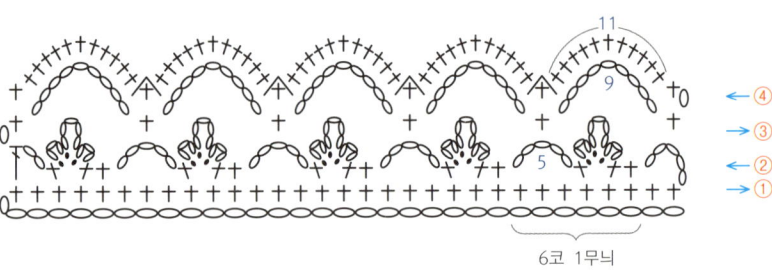

6코 1무늬

01 넓은 끝단 무늬

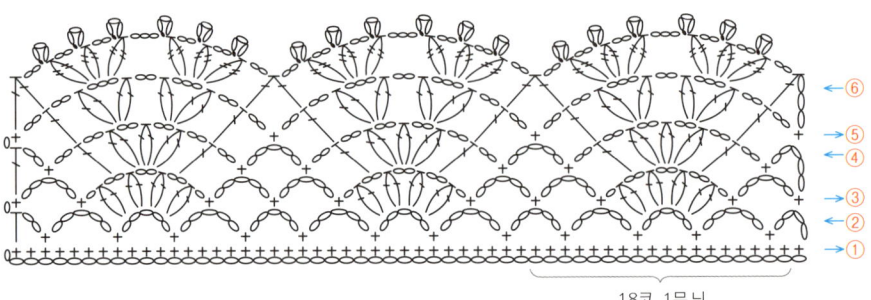

18코 1무늬

02
넓은 끝단 무늬

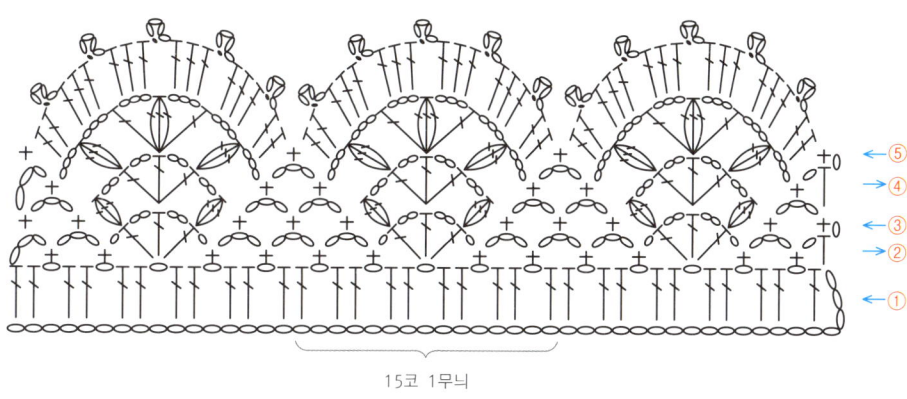

15코 1무늬

03
넓은 끝단 무늬

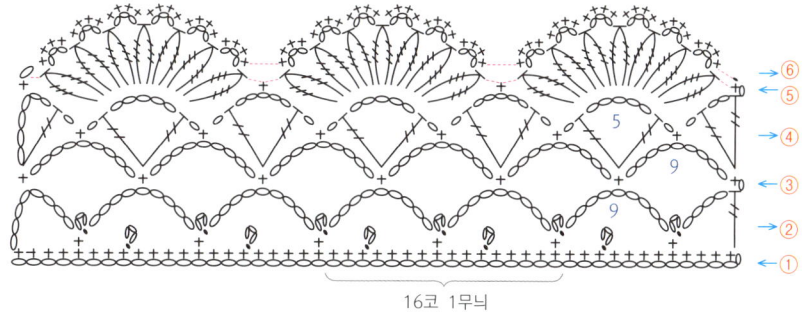

16코 1무늬

04 넓은 끝단 무늬

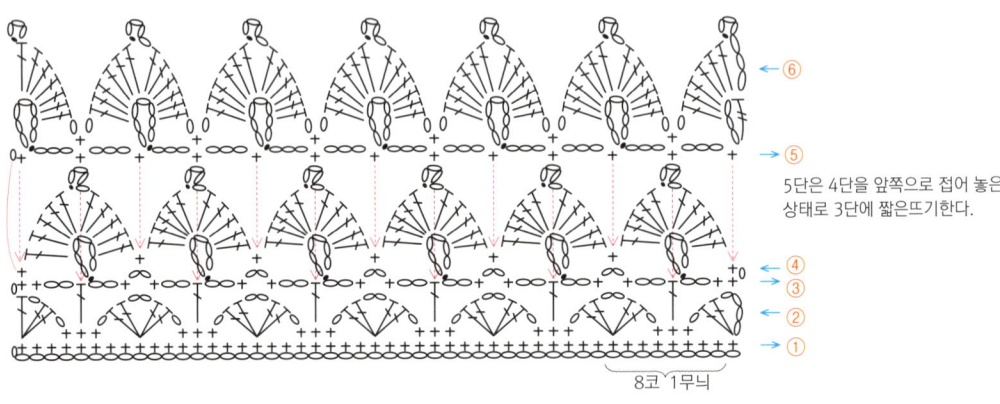

5단은 4단을 앞쪽으로 접어 놓은 상태로 3단에 짧은뜨기한다.

8코 1무늬

05 넓은 끝단 무늬

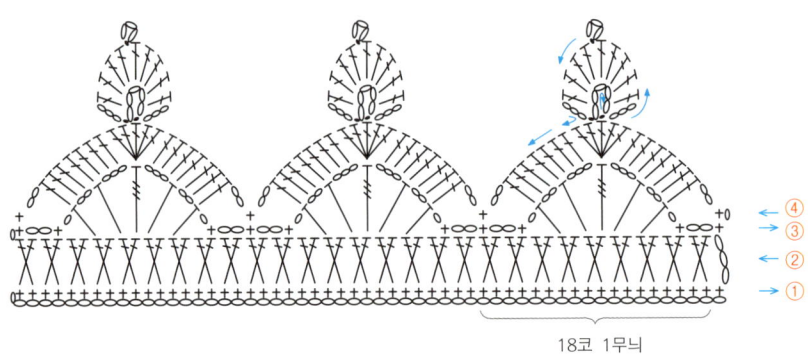

18코 1무늬

06

넓은
끝단
무늬

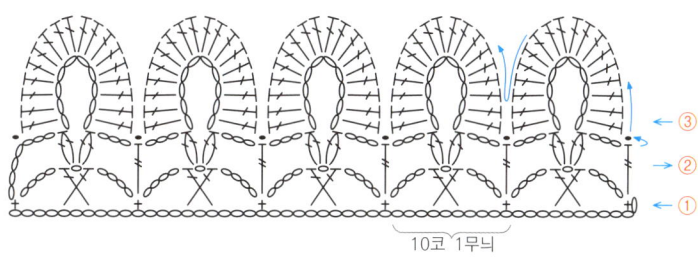

10코 1무늬

07

넓은
끝단
무늬

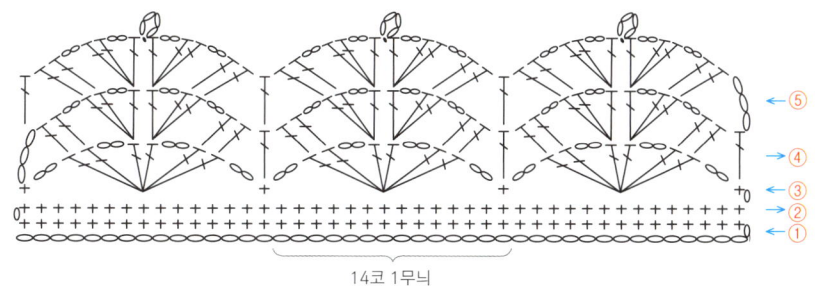

14코 1무늬

08
넓은 끝단 무늬

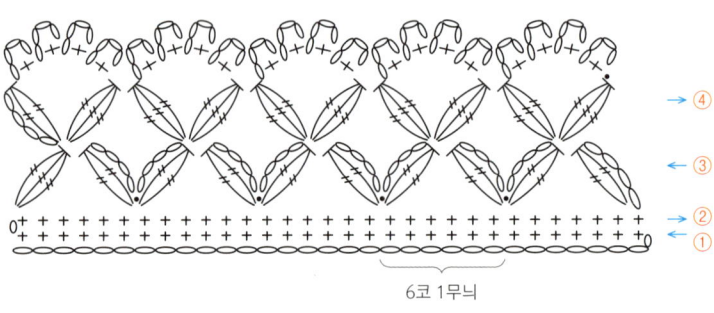

6코 1무늬

09
넓은 끝단 무늬

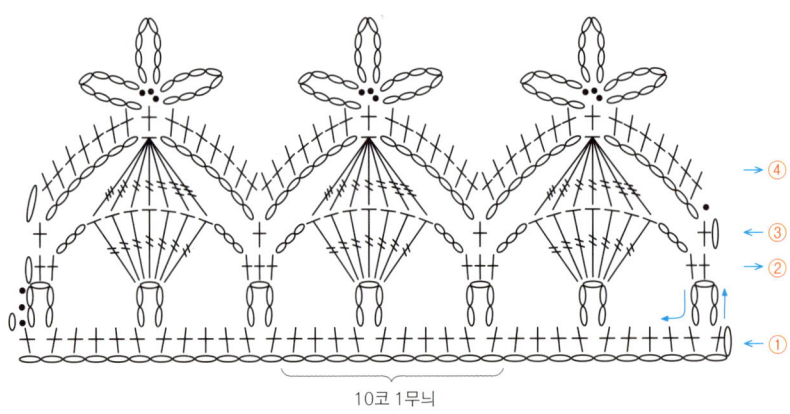

10코 1무늬

10
넓은 끝단 무늬

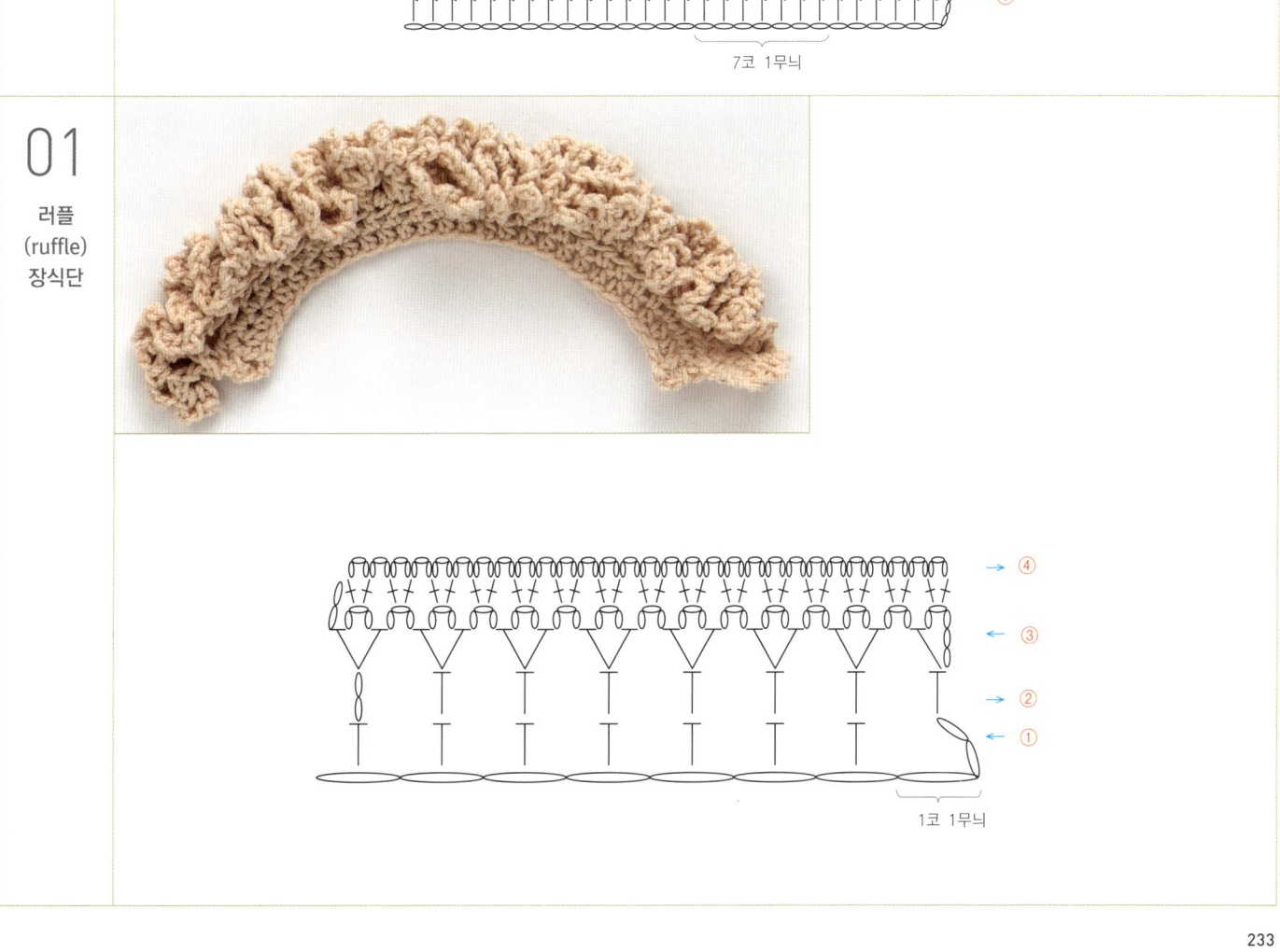

7코 1무늬

01
러플 (ruffle) 장식단

1코 1무늬

02 러플(ruffle) 장식단

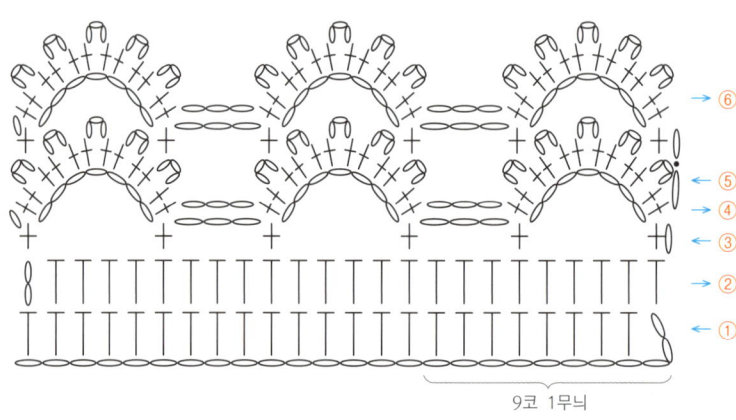

9코 1무늬

03 러플(ruffle) 장식단

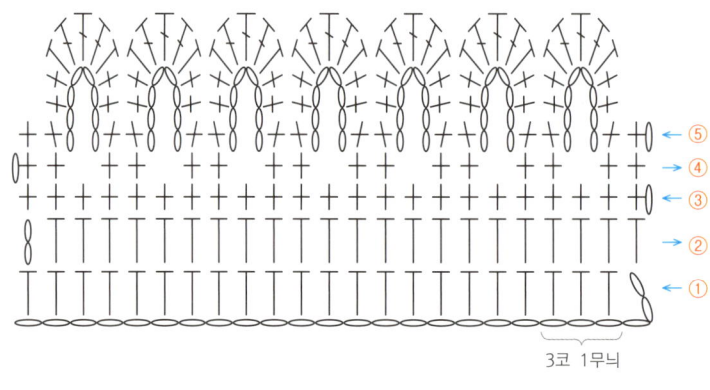

3코 1무늬

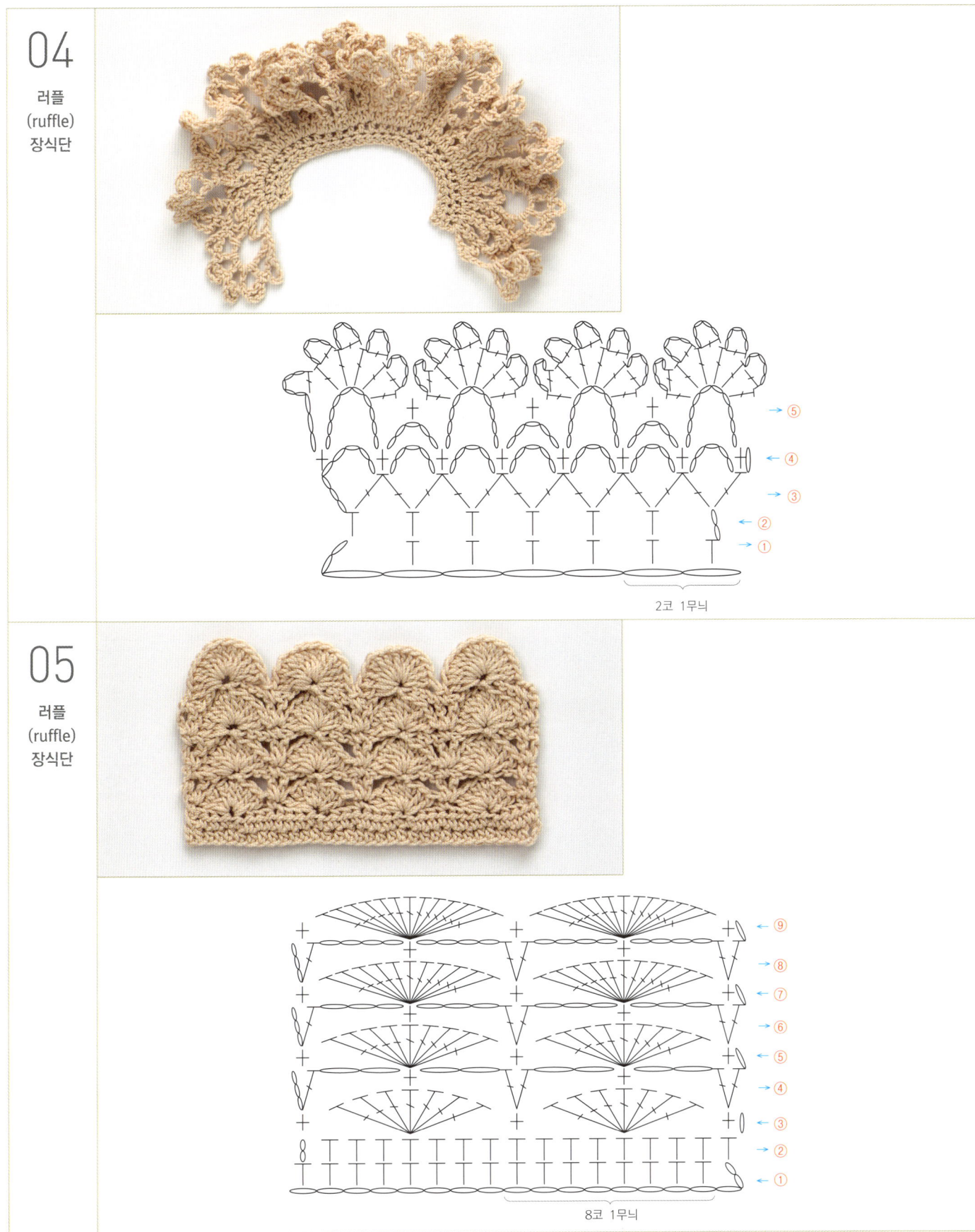

06
러플 (ruffle) 장식단

④단은 ③단의 짧은뜨기 앞쪽 머리에 긴뜨기로 뜬다.
⑧단은 실을 새로 연결하여 ③단의 짧은뜨기 뒤쪽 머리에 2길긴뜨기로 뜬다.

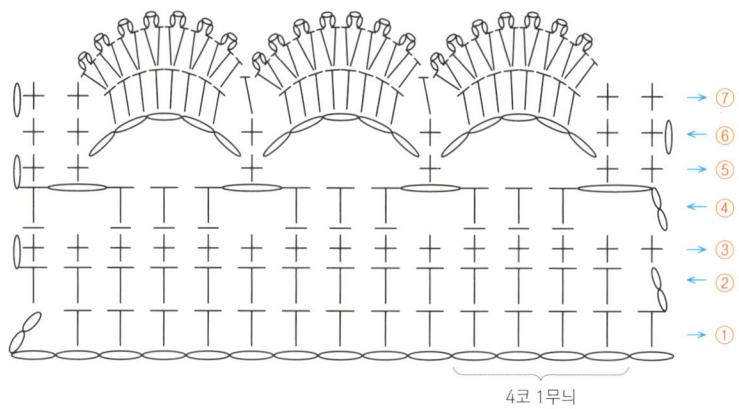

4코 1무늬

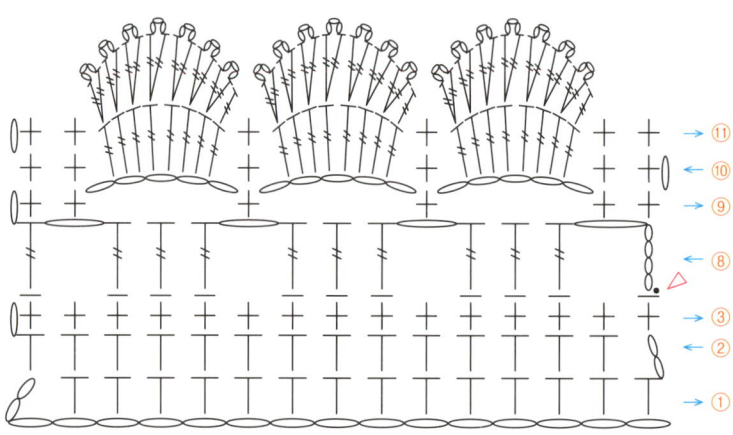

07
러플 (ruffle) 장식단

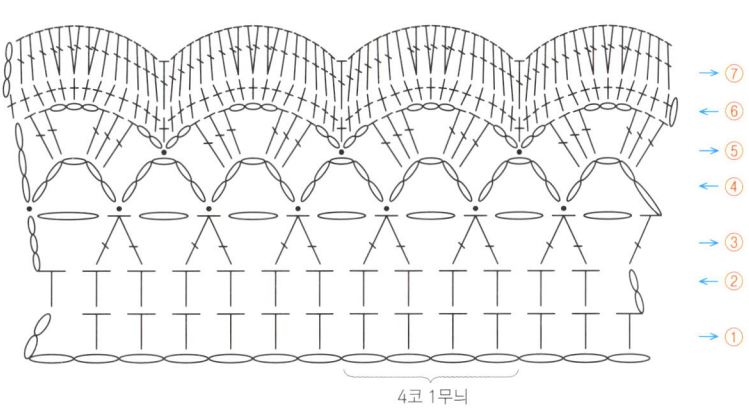

4코 1무늬

08
러플 (ruffle) 장식단

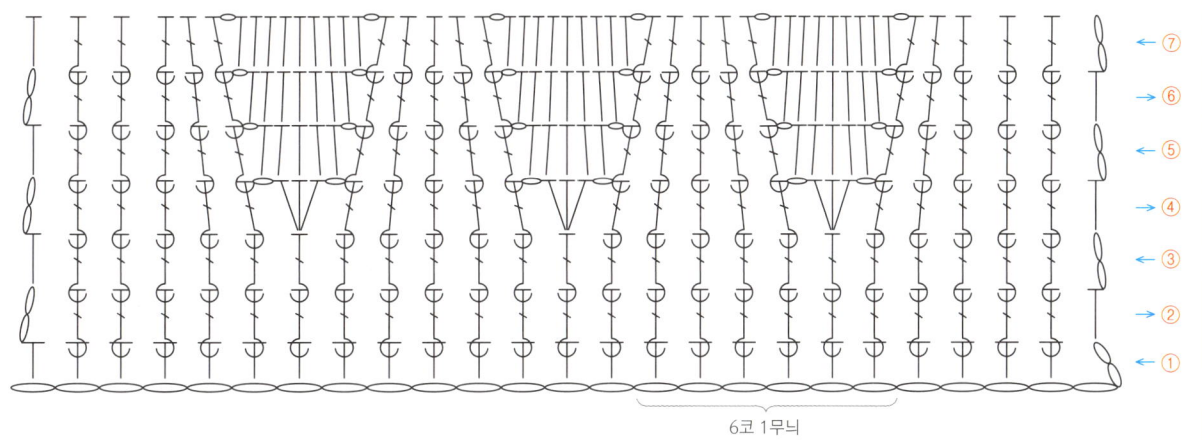

6코 1무늬

09 러플(ruffle) 장식단

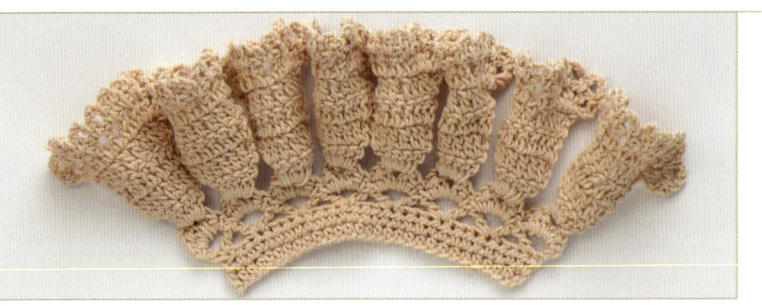

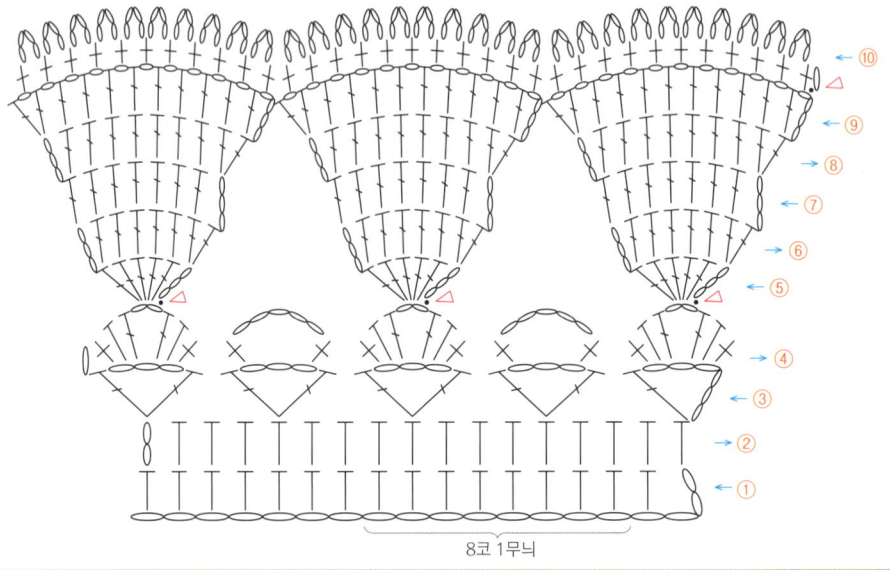

8코 1무늬

10 러플(ruffle) 장식단

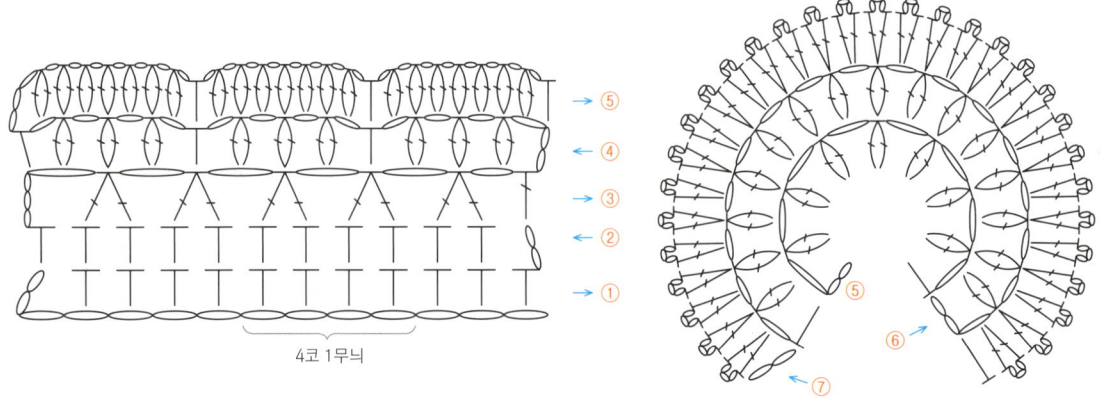

4코 1무늬

01
프린지
(fringe)
장식단

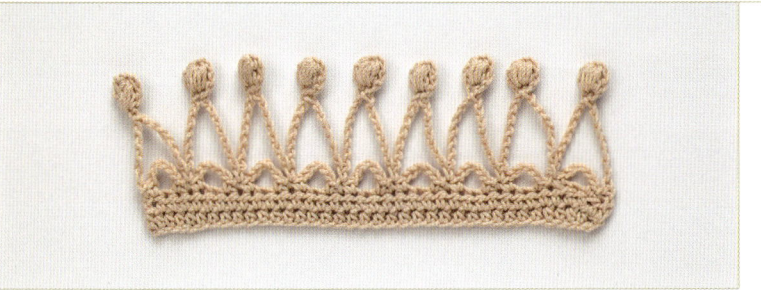

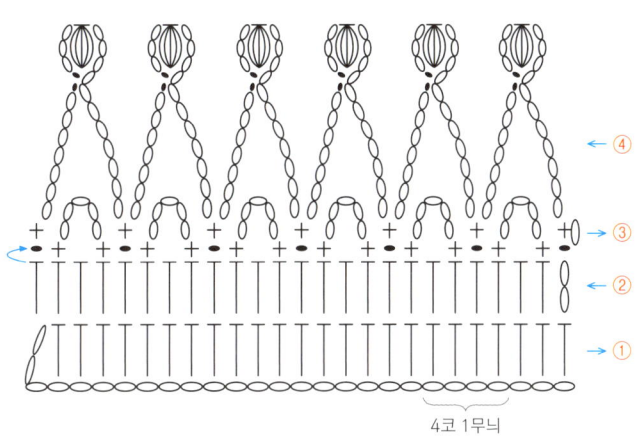

4코 1무늬

02
프린지
(fringe)
장식단

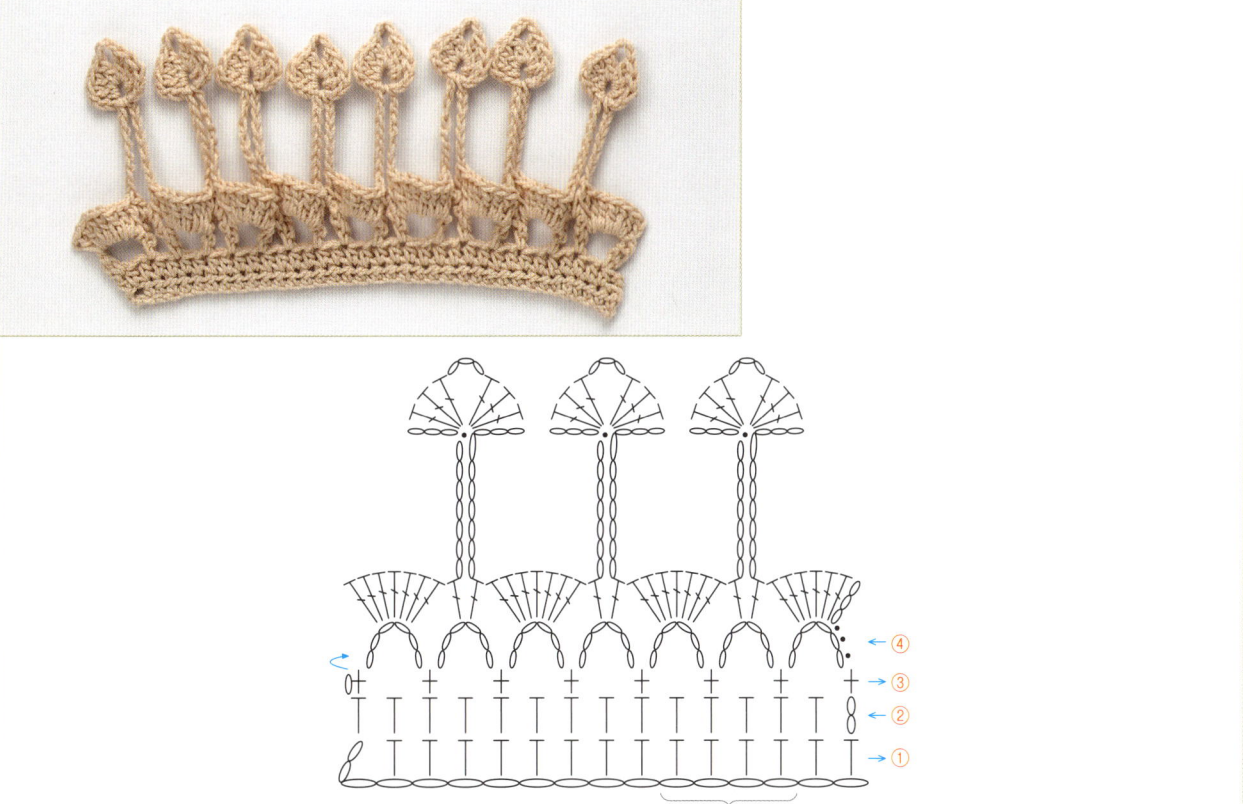

4코 1무늬

03
프린지 (fringe) 장식단

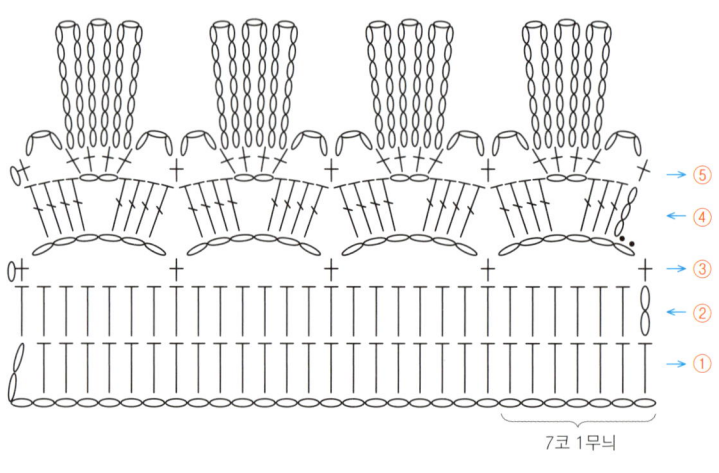

7코 1무늬

04
프린지 (fringe) 장식단

7코 1무늬

05
프린지 (fringe) 장식단

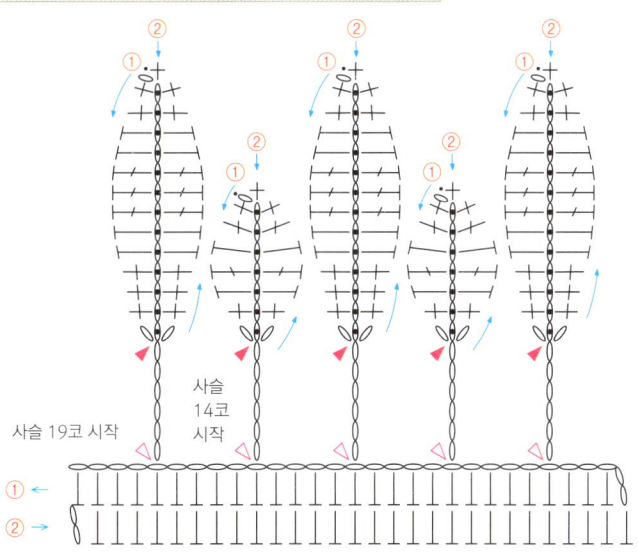

사슬 19코 시작
사슬 14코 시작

01
좁은 브레이드 (braid)

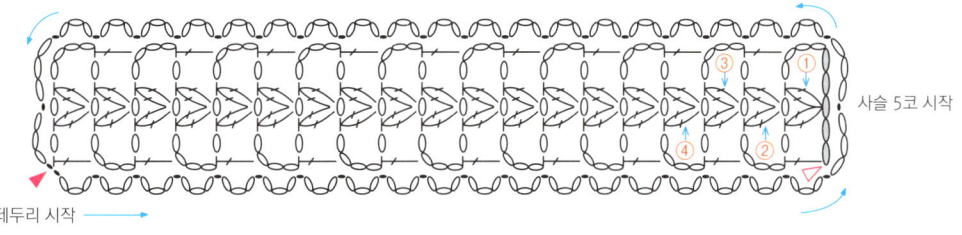

테두리 시작
사슬 5코 시작

02 좁은 브레이드 (braid)

사슬 15코 시작
테두리 시작

03 좁은 브레이드 (braid)

사슬 7코 시작

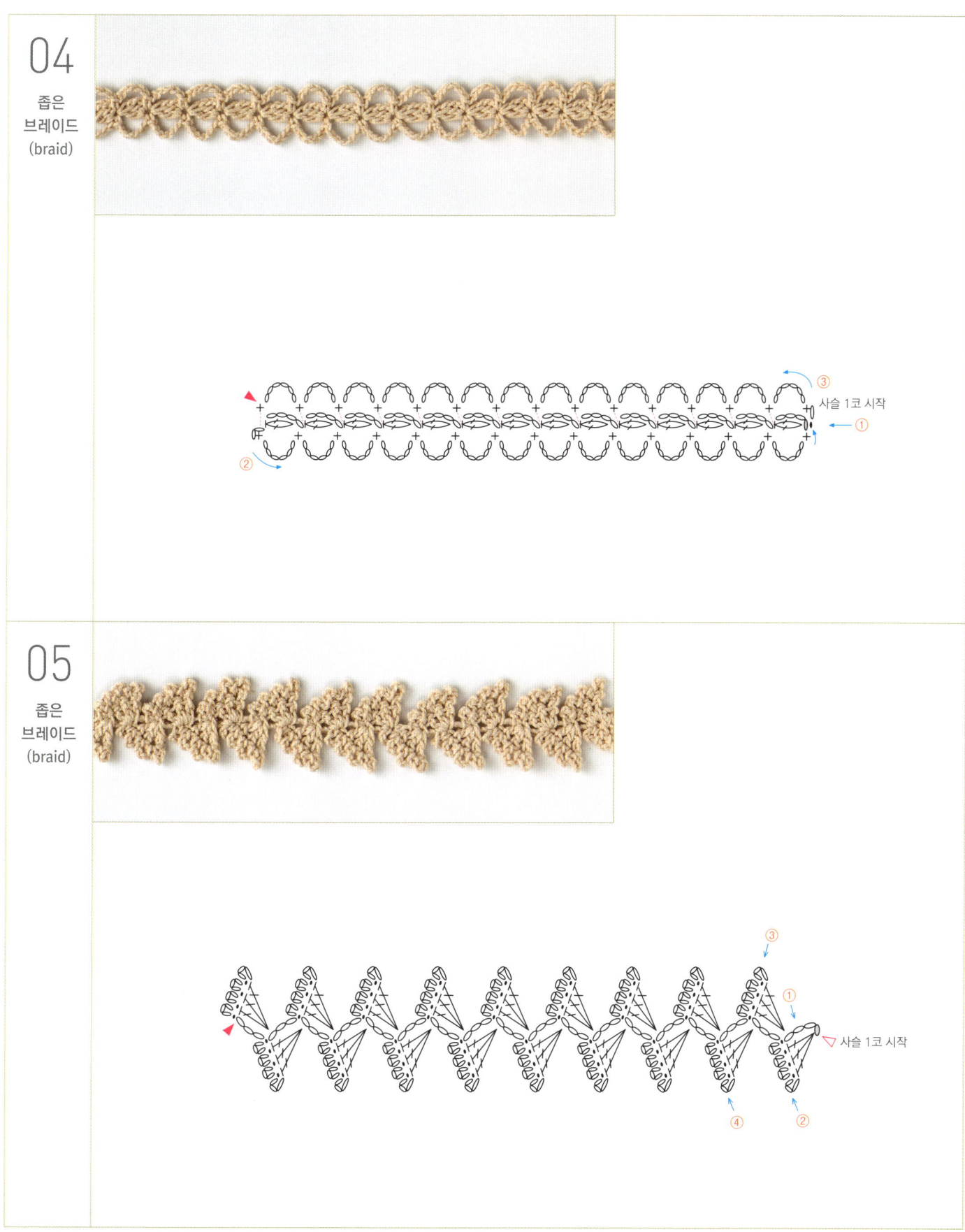

01

넓은 브레이드 (braid)

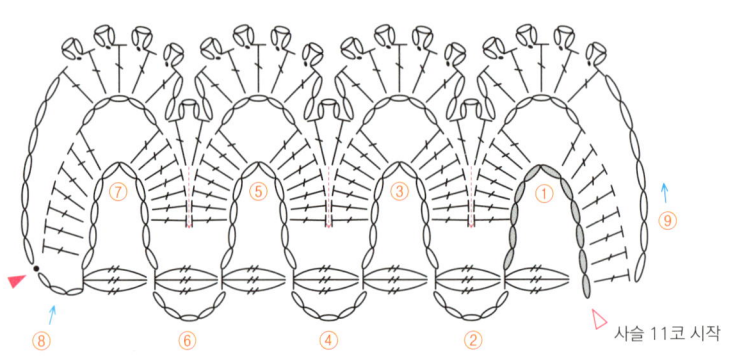

사슬 11코 시작

02

넓은 브레이드 (braid)

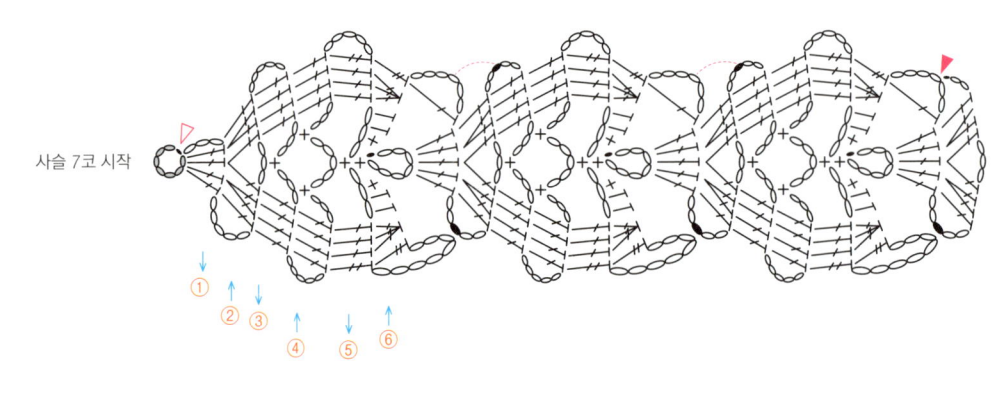

사슬 7코 시작

03
넓은 브레이드 (braid)

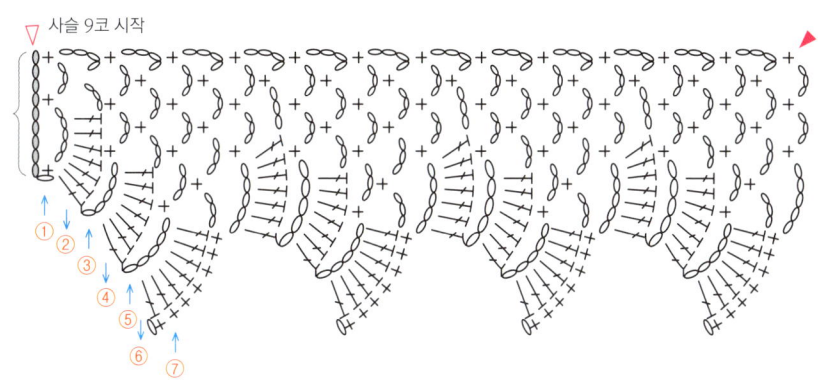

사슬 9코 시작

04
넓은 브레이드 (braid)

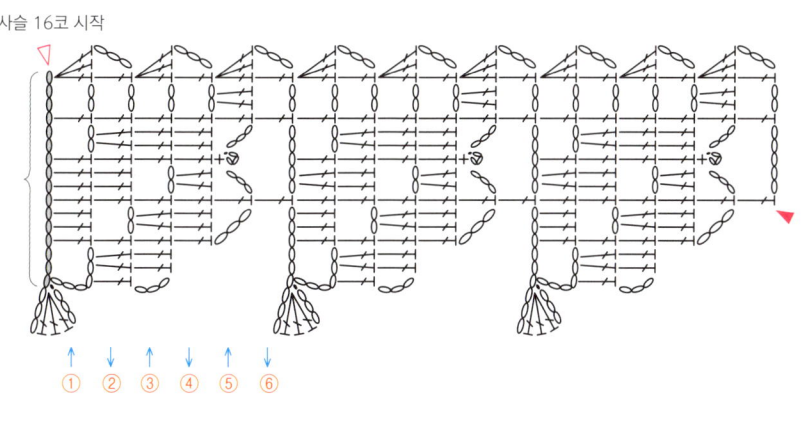

사슬 16코 시작

05
넓은 브레이드 (braid)

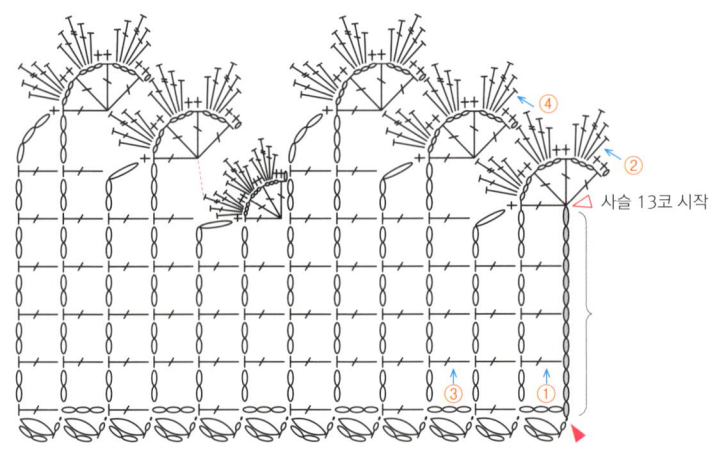

사슬 13코 시작

APPLICATION 5. 다양하게 활용하는 여러 가지 장식

01. 끈 만들기

빼뜨기로 만드는 끈

빼뜨기를 하면서 신축성이 적어져 조임용 끈으로 사용하기 좋다. 빼뜨기를 하면서 길이가 짧아질 수도 있으므로 사슬코를 넉넉한 길이로 뜨고, 남은 사슬코는 풀어버린다. 빼뜨기 크기가 사슬코 크기와 비슷하게 뜬다.

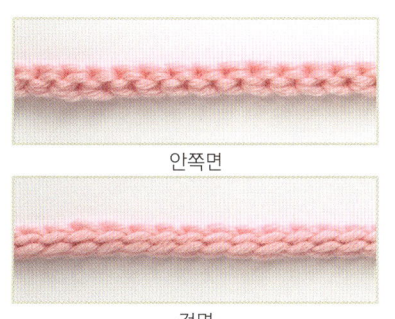
안쪽면
겉면

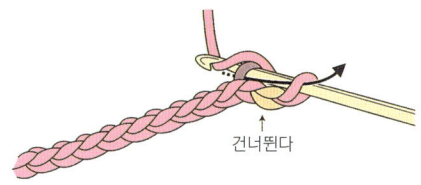
01 사슬뜨기를 뜨고, 각을 잡기 위해 사슬 1코를 건너뛰어 다음 사슬코의 뒷산에 바늘을 넣고 실을 걸어 빼낸다.

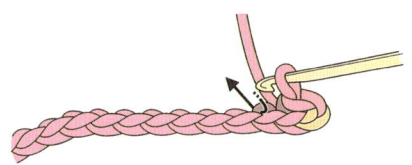
02 다음 코도 사슬코의 뒷산에 코바늘을 넣는다.

03 코바늘에 실을 걸어 빼낸다(빼뜨기).

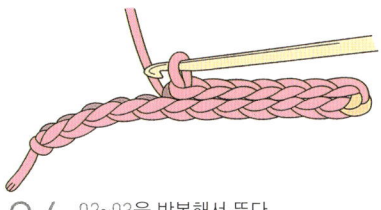
04 02~03을 반복해서 뜬다.

이중 사슬뜨기로 만드는 끈

사슬뜨기로 만들어진 끈보다 굵은 끈을 만들 때 사용한다.

안쪽면과 겉면이 동일

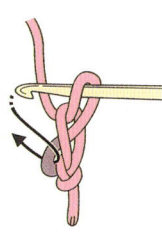
01 사슬을 1코 뜨고, 그 사슬코의 뒷산에 코바늘을 넣는다.

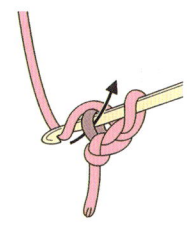
02 코바늘에 실을 걸어 빼낸다.

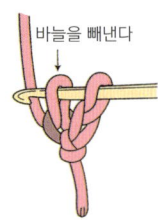

03 02에서 생긴 코에서 코바늘을 뺀다.

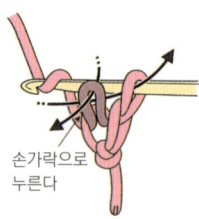

04 코바늘을 뺀 코가 풀어지지 않도록 손가락으로 누르면서 사슬 1코를 뜬다. 이어서 코바늘을 빈 사슬의 뒤에서 앞으로 넣는다.

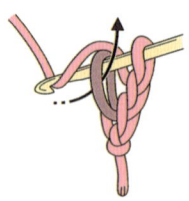

05 코바늘에 실을 걸어 빼낸다.

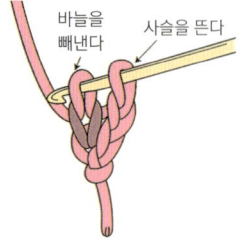

06 실을 빼낸 상태.

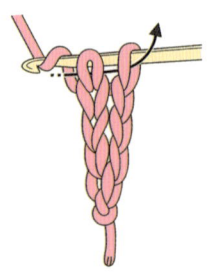

07 03~05를 반복한다. 필요한 길이만큼 뜨고, 마지막에는 바늘에 남은 2코를 한꺼번에 빼낸다.

실을 걸어 사슬뜨기로 만드는 끈

코바늘에 실 끝을 걸어서 사슬뜨기를 하는 방법으로 쉽게 도톰한 끈을 뜰 수 있다.

안쪽면

겉면

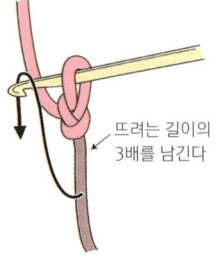

01 실 끝을 뜨려는 길이의 약 3배만큼 남기고, 1번째 사슬뜨기를 뜬다. 남겨놓은 실 끝을 앞에서 뒤로 코바늘에 걸어준다.

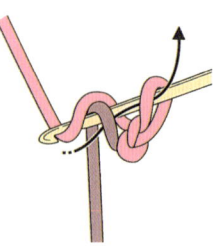

02 코바늘에 뜨고 있는 실을 걸어 바늘에 걸려 있는 2개의 고리를 한꺼번에 빼낸다(사슬뜨기).

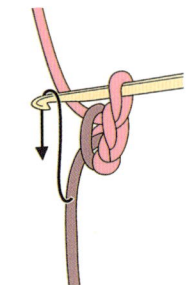

03 다시 남겨놓은 실 끝을 앞에서 뒤로 코바늘에 걸어준다.

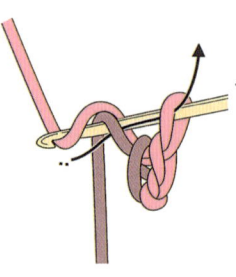

04 코바늘에 뜨고 있는 실을 걸어 바늘에 걸린 고리 2개를 한꺼번에 빼낸다.

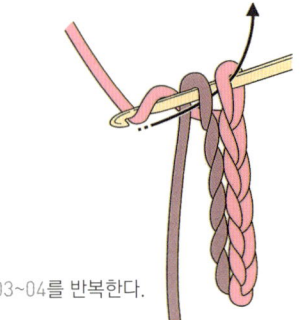

05 03~04를 반복한다.

새우코드뜨기로 만드는 끈

모양이 새우의 마디처럼 생겨서 새우코드뜨기라고 부른다.
끈의 폭이 비교적 넓고, 모양이 입체적이다. 가방끈이나 매듭장식 등에 쓰인다.

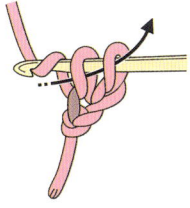

01 사슬 2코를 뜨고, 1번째 코의 반 코와 사슬코의 뒷산에 코바늘을 넣는다.

02 코바늘에 실을 걸어 빼낸 다음, 다시 한 번 코바늘에 실을 걸어 바늘에 걸린 2개의 고리를 한꺼번에 빼낸다(짧은뜨기).

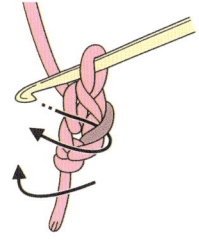

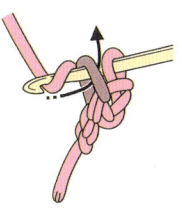

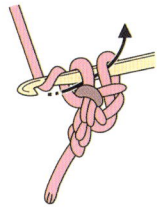

03 01의 2번째 사슬코의 반 코에 코바늘을 넣고, 그대로 뜨개조직을 화살표 방향(왼쪽)으로 돌린다.

04 코바늘에 실을 걸어 빼낸다.

05 바늘에 걸린 2개의 고리를 한꺼번에 빼낸다.

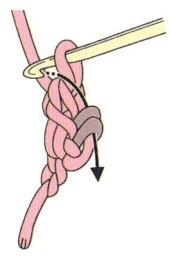

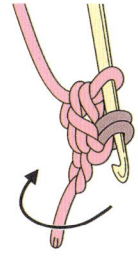

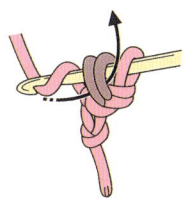

06 그림과 같이 2개의 고리에 한꺼번에 화살표 방향으로 코바늘을 넣는다.

07 코바늘을 넣은 채로 뜨개조직을 화살표 방향(왼쪽)으로 돌린다.

08 코바늘에 실을 걸어 빼낸다.

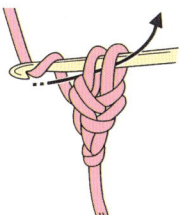

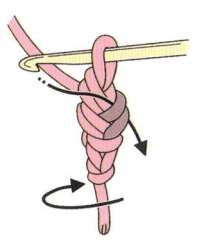

09 다시 코바늘에 실을 걸어 바늘에 걸린 2개의 고리를 한꺼번에 빼낸다.

10 06~09를 반복한다.

매듭으로 만드는 끈

코바늘 없이 손가락만으로 만들 수 있으며 매우 튼튼하다.

안쪽면과 겉면이 동일

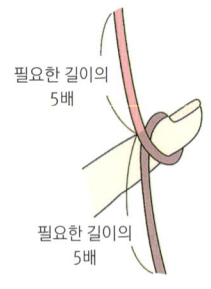
필요한 길이의 5배
필요한 길이의 5배

01 필요한 길이의 10배의 실을 준비하고, 실의 중앙에서 왼손의 집게손가락으로 그림과 같이 고리를 만든다.

02 위쪽 실을 01의 고리 사이로 빼내서 고리를 만든다.

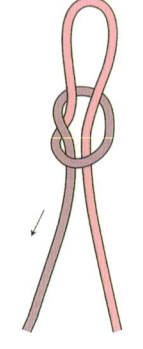

03 왼쪽 실을 잡아당긴다.

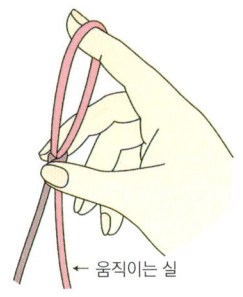
← 움직이는 실

04 오른손에 고리를 걸고, 그림과 같이 매듭부분을 손가락으로 잡는다.

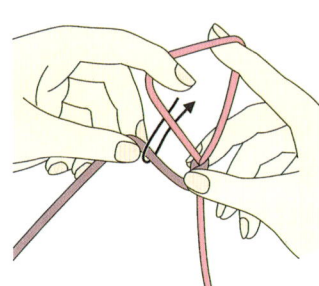

05 왼손의 집게손가락을 고리 안으로 넣고 화살표 방향으로 왼쪽에 있는 실을 걸어서 빼내어 고리를 만든다.

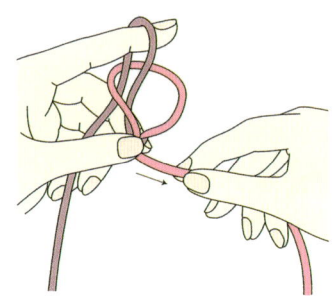

06 오른쪽 손가락을 빼고 오른쪽에 있는 실을 잡아당긴다.

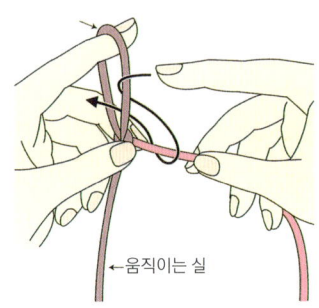
← 움직이는 실

07 오른손의 집게손가락을 고리 안으로 넣고 화살표 방향으로 오른쪽에 있는 실을 걸어서 빼내 고리를 만든다.

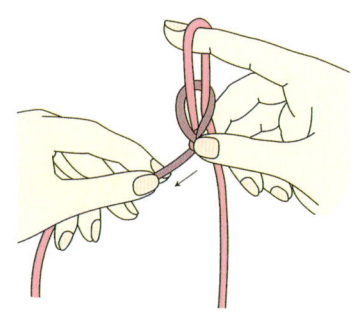

08 왼쪽 손가락을 빼고 왼쪽에 있는 실을 잡아당긴다.

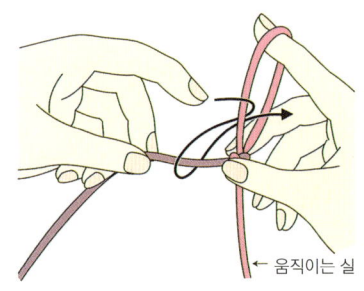
← 움직이는 실

09 05~08을 반복한다.

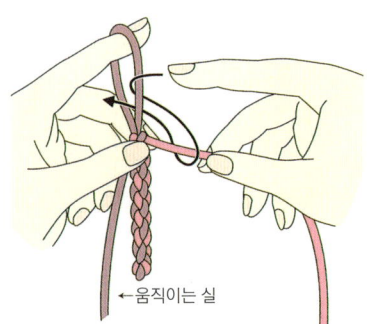
← 움직이는 실

10 마지막 고리에 실을 집어넣어 잡아당긴다.

끈뜨기로 만드는 매듭단추와 장식

새우코드뜨기로 필요한 길이만큼 뜬 후 도안의 화살표 방향으로 형태를 만들어가며, 같은색 실(실을 갈라서 사용)과 봉제용 바늘을 이용하여 형태를 고정한다. 필요한 위치에 바늘로 꿰매어 고정시킨다.

❶ 매듭단추

고리가 없는 쪽에 단추를 달아준다.

끈길이 38㎝

끈길이 34㎝

끈길이 52㎝

끈길이 60㎝

끈길이 38㎝

끈길이 7㎝

❷ **매듭장식**

매듭장식은 앞단이나 목선 등의 장식에 사용한다.

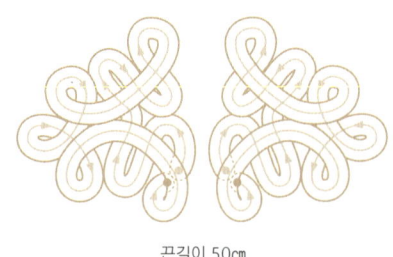

끈길이 50㎝

끈길이 38㎝

02. 방울 뜨기

❶ **큰 방울**

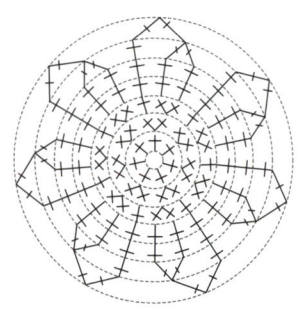

❷ **작은 방울**

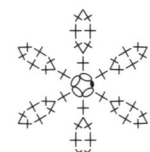

03. 방울 만들기

방울틀이 있을 때

다양한 크기의 방울을 실을 낭비하지 않고 손쉽게 만들 수 있다.

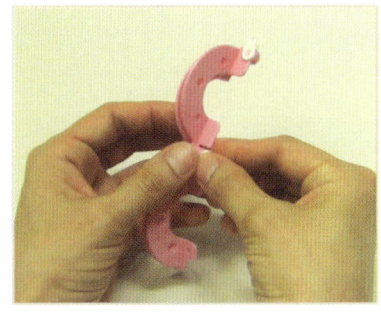

01 1쌍의 방울틀을 겹쳐 놓는다.

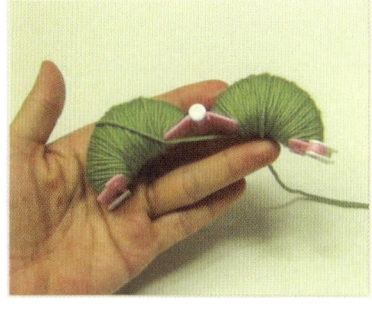

02 가운데 반달모양이 채워질 때까지 실을 고르게 감는다.

03 방울틀 사이를 가위로 자른다.

04 방울과 비슷한 색의 질긴 실로 방울틀 사이를 단단히 묶는다.

05 방울틀을 제거한 후 동그란 모양이 되도록 가위로 다듬는다.

방울틀이 없을 때

01 원하는 수술 길이의 사각형에 실을 충분히 감는다.

02 앞의 중심을 방울실을 이용하여 단단히 매듭짓고 사각형에서 빼낸다. 뒷부분의 중심도 이어서 매듭을 짓는다.

03 매듭실에 끈을 붙인다.

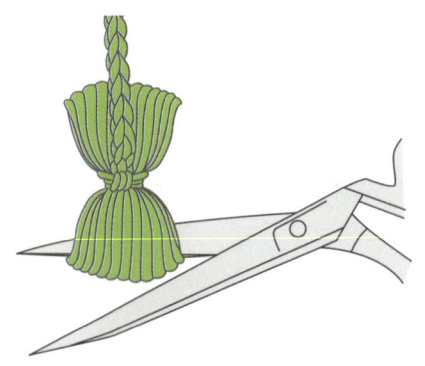

04 아래, 위의 고리를 자른다.

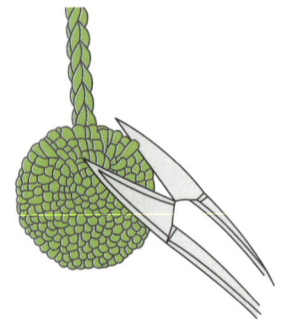

05 동그란 공모양이 되도록 가위로 다듬는다.

04. 술 만들기

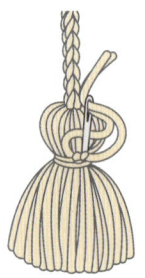

01 원하는 수술 길이의 사각형에 실을 충분히 감는다.

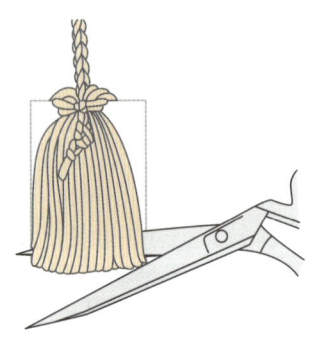

02 끈이 중심에 오게 한 다음, 수술과 비슷한 색상의 끈으로 단단하게 묶는다. 밑의 고리를 자른다.

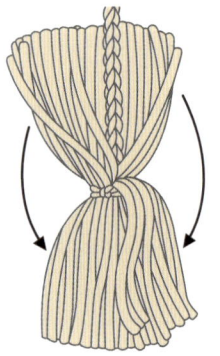

03 화살표 방향으로 반을 접는다.

04 그림처럼 끈 조금 아래쪽에서 술을 묶은 다음 매듭지은 실을 안쪽에 찔러 넣는다.

6 니트의 생활 상식

니트를 세탁할 때
더러워진 니트는 10~30℃의 미지근한 물에 중성세제를 풀어 거품을 낸 다음, 니트를 담가 손으로 가볍게 눌러 세탁하고 맑은 물에 여러 번 헹군다. 세탁용 망이나 보자기에 싸서 30초 정도 탈수한 후, 손으로 톡톡 두드려서 모양을 반듯하게 잡고, 바람이 잘 통하는 곳에 비스듬히 눕혀서 말리거나 바닥에 펴서 말린다. 손뜨개의 옷은 단독으로 손빨래를 해야 모양이 변하지 않고 오래도록 새것처럼 입을 수 있다.

니트를 다릴 때
스팀다리미를 사용해야 니트 원래의 형태를 유지할 수 있다. 니트의 안쪽면을 위로 놓고 손수건처럼 얇은 천을 덮은 뒤 니트가 눌리지 않도록 다리미를 살짝 들어서 스팀을 주면 잘 다려진다.

니트가 줄었을 때
줄어든 니트는 암모니아수를 소량(50㎖) 넣은 미지근한 물에 담근다. 니트가 부드러워지면 반듯하게 펴서 잡아당긴 다음 잘 헹구어서 그늘에 말리고, 마른 뒤에 스팀다리미로 살짝 다려주면 깔끔하게 마무리할 수 있다. 이 때 주의할 점은 암모니아수는 반드시 환기가 잘 되는 곳에서 사용해야 하며, 피부 보호를 위해 장갑을 껴야 한다. 이 방법은 혼방소재의 니트에는 사용할 수 없다.

니트가 늘어났을 때
보기 싫게 늘어난 니트는 주전자에 물을 끓여 올라오는 수증기를 늘어난 부분에 쐬어주면 수축한다. 마찬가지로 스팀다리미를 이용해서 늘어난 부분에 충분히 스팀을 쐬어주면 늘어난 부위가 수축한다.

니트에 보풀이 일었을 때
보풀이 많이 일었을 때는 보풀 제거기나 일회용 면도기를 사용해서 제거하는 것이 좋다. 먼저 옷을 평평한 곳에 올려놓고 보풀 제거기를 사용하거나 면도기로 면도하듯이 밀어내는데, 이때 올이 나가지 않도록 주의해서 밀어야 한다. 또 투명테이프에 보풀을 밀착시켜 살짝 들어올린 뒤, 가위로 잘라내는 방법도 있다.

니트를 보관할 때
입고 난 니트를 옷장에 보관하기 전에 잠깐 동안 바깥에 펼쳐 놓으면 옷에 남아 있던 체온이나 습기가 빠져나가 니트의 수명을 늘릴 수 있다. 또 니트를 보관할 때는 접어서 보관해야 늘어지지 않으며, 장기간 보관할 때는 방충제를 넣어 여유 있는 공간에 보관해야 한다. 좁은 공간에 무리하게 구겨 넣으면 니트가 손상되기 쉽다. 비닐주머니에 보관할 때는 구멍을 뚫어 바람이 잘 통하게 하고, 방충제를 넣어야 하며, 가끔씩 꺼내서 상태를 확인해야 한다.

사용한 실을 재생할 때
떴다가 풀어서 꼬불꼬불해진 실을 다시 사용하고 싶을 때는 먼저 미지근한 물에 중성세제를 풀어 실을 10분 정도 담가 불순물을 제거한다. 실을 건져 깨끗이 헹군 다음 물이 빠지면 그늘이나 바닥에 펴서 말린다. 또는 주전자나 냄비에 물을 넣고 끓이면서 마른 실을 주전자나 냄비 본체와 뚜껑 사이로 통과시키면 라면처럼 꼬불꼬불했던 실이 새실처럼 펴진다.

7. 편물 자격 제도와 시험

편물 자격 제도
편물 자격 제도는 손뜨개에 관한 예술적 기능과 안목을 가지고 대한민국 손뜨개 공예 발전에 이바지하고, 우수한 공예인을 육성할 수 있는 능력을 겸비한 손뜨개 지도자 및 손뜨개 전문가를 양성하기 위한 제도이다.

편물 자격 시험
편물 자격증을 취득하기 위해서는 사단법인 한국손뜨개협회에서 시행하는 시험에 합격해야 한다. 시험은 뜨개에 관심이 있고, 뜨개를 사랑하는 사람이라면 누구나 참여할 수 있는 편물 기술 자격 시험과 편물 기술 자격 시험에 통과한 사람 중 협회가 인준하는 강사과정 교육을 이수한 사람을 대상으로 하는 편물 강사 자격 시험 등 2가지가 있다.

시험 안내
편물기술 자격시험
❶ **과정**
- **손뜨개(대바늘 & 코바늘) 과정** 손뜨개에 관한 전반적인 이론의 숙지 여부와 각각의 아이템에 대한 제작기법 능력을 검증.
- **기계 편물(수편기) 과정** 기계 편물에 관한 전반적인 이론 및 기계 운용법의 숙지 여부와 각각의 아이템에 대한 제작기법 능력을 검증.

❷ **검정 시기**
연 2회 시행. 단, 특별시험은 이사회에 의거하여 실시 가능.

❸ **검정 방법**
이론시험과 실기시험을 당일 함께 실시.

❹ **합격 기준**
절대평가 (총100점 만점에 60점 이상을 받아야 합격)

❺ **공통 준비물**
신분증, 필기도구, 계산기, 자, 줄자, (쪽)가위

편물강사 자격시험
❶ **과정**
- **손뜨개(대바늘 & 코바늘) 과정** 기술 자격증을 소지한 자에 한하여 실시하며, 협회의 해당과정을 이수한 후 작품 구상력, 창의력 및 강의 능력을 검증.
- **기계 편물 과정** 기술 자격증을 소지한 자에 한하여 실시하며, 협회의 해당과정을 이수한 후 작품 구상력, 창의력 및 강의 능력을 검증.

❷ **검정 시기**
연 2회 시행. 단, 실시일은 시험 요강에 따름.

❸ **검정 방법**
작품 심사와 교수법 심사.

❹ **합격 기준**
해당 시험 요강에 따름.

❺ **공통 준비물**
신분증, 자격증 사본, 수료증 사본, 필기도구, 작품(심사 작품수는 시험 요강에 따름)

* 자세한 내용은 사단법인 한국손뜨개협회 홈페이지 www.khka.org 참고

8 뜨개로 함께하는 사랑 나누기

머플러 데이

머플러 데이는 매년 12월 8일이다. 사답법인 한국손뜨개협회에서는 숫자 8이 머플러 모양을 연상시키고, 두 개의 고리가 하나가 된다는 의미에서 이 날을 머플러 데이로 정했다. 머플러 데이의 취지는 평소 자신의 마음을 전달하지 못했던 가족, 친구, 이웃에게 손수 제작한 머플러로 마음을 표현하는 데 있다.

머플러 데이 심볼의 의미

머플러 데이의 첫 글자인 m을 형상화한 디자인으로 주위의 사랑하는 사람들과 사랑을 전하고 싶은 사람, 존경하고 감사하는 사람들에게 따스한 머플러를 손수 만들어 전해 주는 모습을 표현한 것이다.

독거노인(양로원) 머플러 전달

사단법인 한국손뜨개협회는 머플러 데이에 양로원이나 독거노인을 방문해 손수 만든 머플러를 전달하는 등 여러 가지 행사를 마련하고 있다.

* 사단법인 한국손뜨개협회 www.khka.org

신생아 살리기 모자뜨기 캠페인

국제 아동권리 기관인 세이브더칠드런에서 발행한 어머니 보고서에 따르면, 매년 4백만 명의 신생아가 생후 1개월 내에 사망하고 있으며, 이 중 절반은 생후 24시간 이내에 목숨을 잃고 있다고 한다. 그런데 저체온증을 막아 줄 털모자만 있어도 이렇게 안타깝게 죽어가고 있는 신생아 중 60%의 목숨을 구할 수 있다.

신생아 살리기 모자뜨기 캠페인은 세이브더칠드런과 한국손뜨개협회가 함께하는 죽어가는 신생아들을 살리기 위한 행사이다. 죽어가는 신생아들에게 따뜻한 온기를 나누어 주실 분이라면 누구나 참여가 가능하다.

* 캠페인 참여 문의 moja.sc.or.kr
　　　　　　　　　moja@sc.or.kr

Knit Designer 한 미 란

대학에서 의상학을 전공하고, 여성복 디자이너로 근무하였다.
니트대전에서 은상을 수상하였고, 한국경제TV 〈아름다운사람들〉,
KBS 〈무엇이든 물어보세요〉 등 핸드니트 디자이너로 여러 프로그램에 출연했다.
2011년 서울에서 개최한 제8회 국제장애인기능올림픽대회
니트부분 심사위원이었으며, 현재 사단법인 한국손뜨개협회 이사이다.
신한대학교에서 니트디자인을 가르치고 있으며, 〈한미란의 바늘이야기(천호점)〉을 운영하면서
핸드니트 강사로 디자이너 과정 등을 강의하고 있다.
저서로는 『내 아이를 위한 아주 특별한 손뜨개43(부록 한 권으로 끝나는 손뜨개 사전)』,
『한미란의 니트 교실_대바늘 뜨기』, 『한미란의 니트 교실_코바늘 뜨기 기초부터 마무리』,
『한미란의 니트 교실_거꾸로 뜨는 톱다운 니팅』, 『한미란의 니트 교실_거꾸로 뜨는 톱다운 아이옷』 등이 있다.

강의 안내 인스타그램 hanmiran_ knitclass
재료 패키지 구입과 강의 문의 카카오톡 ID knitclass

한미란의 니트교실
코바늘 뜨기
기 초 부 터 마 무 리

펴낸이 유재영
펴낸곳 그린홈
지은이 한미란

기획·책임편집 이화진
일러스트 안소영
사진 조항일
표지 디자인 전지영
본문 디자인 정민애

1판 1쇄 2013년 10월 10일
1판 14쇄 2023년 12월 29일
출판등록 1987년 11월 27일 제10-149
주소 04083 서울 마포구 토정로 53(합정동)
전화 324-6130, 324-6131
팩스 324-6135

E-메일 dhsbook@hanmail.net
홈페이지 www.donghaksa.co.kr / www.green-home.co.kr
페이스북 www.facebook.com/greenhomecook
인스타그램 www.instagram.com / __greencook

ISBN 978-89-7190-429-9 13590

• 이 책은 실로 꿰맨 사철제본으로 튼튼합니다.
• 잘못된 책은 구매처에서 교환하시고, 출판사 교환이 필요할 경우에는 사유를 적어 도서와 함께 위의 주소로 보내주세요.
• 이 책은 저작권법에 따라 보호를 받는 저작물이므로 무단 전재나 복제, 광전자매체 수록 등을 금합니다.
• 이 책의 내용과 사진, 그림의 저작권 문의는 그린홈으로 해주십시오.